父母懂教育　孩子好未来

张益华　著

东南大学出版社
SOUTHEAST UNIVERSITY PRESS
·南京·

内容简介

家庭教育的主要任务是培养身心健康、人格健全的人。家庭教育的主要实施者是父母。教育者必先受教育，方能懂教育，懂教育是做好教育的基本前提。孩子的问题很多是由家长的问题造成的，家长要努力成为没有问题的专家，而不要被动成为解决问题的高手。父母要以专业的理念做家长，以良好的榜样去引领孩子健康成长。要让孩子有一个好未来，就要让孩子终生有好老师，就要抓好孩子关键期的教育，注重对孩子非智力因素的培养，形成好的家风。如何做好关键期教育，如何培养孩子的爱心、自尊心、责任心、自信心、同情心、进取心及良好习惯，如何提高孩子情商，如何让孩子意志更坚强等内容是本书的重点。

图书在版编目(CIP)数据

父母懂教育　孩子好未来/张益华著.—南京：东南大学出版社，2021.10

ISBN 978-7-5641-9685-1

Ⅰ.①父…　Ⅱ.①张…　Ⅲ.①家庭教育　Ⅳ.①G78

中国版本图书馆 CIP 数据核字(2021)第 186274 号

父母懂教育　孩子好未来

Fumu Dong Jiaoyu　Haizi Hao Weilai

出版发行：东南大学出版社
社　　址：南京市四牌楼 2 号　　**邮编**：210096
出 版 人：江建中
网　　址：http://www.seupress.com
经　　销：全国各地新华书店
印　　刷：徐州绪权印刷有限公司
开　　本：700 mm×1000 mm　1/16
印　　张：16.25
字　　数：300 千字
版　　次：2021 年 10 月第 1 版
印　　次：2021 年 10 月第 1 次印刷
书　　号：ISBN 978-7-5641-9685-1
定　　价：50.00 元

中国古代文人有立德、立功与立言之说。明代学者高攀龙有句话说得好："吾人立身天地间，只思量做得一个人，是第一义。"所谓立德，就是要做一个堂堂正正、品德高尚的人；立功，就是要严谨做事，建功立业；立言，就是要总结思想、经验和方略，记载其要，传之于世。立言是立德、立功的延续，是传承文明的载体和途径。

对于现代知识分子来说，立德、立功、立言仍然具有现实指导意义，尤其对于教育者来说，著书立说，将知识经验做系统梳理，是何等幸事、乐事！与其说，张益华过了一把"立言"之瘾，倒不如说，张益华是真正地懂教育、爱教育，退而不休，仍然痴迷于教育，聚焦于教育热点、难点话题，想方略、出思路，问道教育、领航教育，并将立德、立功与立言融为一体，写就这本有关家庭教育的书。

我对张益华还是比较熟悉的。于立德而言，他为人宽厚、待人真诚，有邗江北湖人的耿直与憨实。于立业而言，他先后在四星级高中担任过副校长，在民办学校、九年一贯制学校担任过校长，有丰富的一线工作经验。他还是中国学习科学研究会专家组成员、全国魏书生教育思想研究会理事，曾荣获中国教科院基础教育研究先进个人称号。于立言而言，他早年毕业于华东师范大学教育管理专业，2001—2003年又在南京师范大学研究生课程班系统学习教育管理理论，打下了扎实的教育理论功底。他关注家庭教育的热点和难点问题，收集了丰富翔实的典型案例。对如何进一步推进新家庭教育实验，他认为，家长手中既要有解"痛点""难点"等的指导用书，更要有一本系统防止"痛点""难点"等问题在孩子身上出现的书。中医古训有言"上医治未病"，这里的"治未病"，就是指采取相应措施，防止疾病的发生发展。未病先防和既病防变，是中医主要思想精髓。预防问题总比解决问题更重要。正是在这样的理念指引下，他编著了《父母懂教育　孩子好未来》一书。

说实在话，当前关于家庭教育方面的读物可谓汗牛充栋，但真正聚焦问题、可翻可读、具有较强实操性的相对不多。张益华的《父母懂教育　孩子好未来》一书，绝不是家庭教育知识的“大杂烩”，而是经过体系性的思考、周密的谋划并花了两三年工夫悉心编撰的一本书。这让我想到，罗马不是一天建成的。这本书凝聚了张益华对家庭教育的系统思考和体系建构。虽然个别篇章的观点陈述和案例举隅还有不充分、不尽如人意的地方，但总体上这本书恰中肯綮，直击家庭教育的痛点，提出真知灼见。本书认为，家长要为孩子创造一个良好成长环境，做好孩子的榜样，成为孩子生命中没有问题的专家，而不要被动成为解决问题的高手。家长要从专业型父母的角度不断修炼提升自己。本书强调，要重视孩子关键发展期的教育，这会收到事半功倍的效果。本书提出了比较系统的关键期培养操作方法和注意点，家长一看就会、一读就懂，可供借鉴尝试。科学研究表明，一个人的成功和发展80%是靠非智力因素。如何提升孩子非智力因素在学习、成长中的作用，备受家长和教师关注。本书在这方面花了很大的篇幅，可谓抓住了重点。理论的指导及可操作的方法和流程，是本书的亮点，值得每一个家长和每一个教师学习。情商部分的论述更是通俗易懂，相信读后一定会有所启迪。

近年来，邗江认真学习贯彻全国教育大会精神，以“学在邗江”建设为抓手，以“融教育”为导向，秉承“让所有家庭都成功”的理念，构建“三大中心、六大体系”，全面推进新家庭教育实验，落实立德树人根本任务，探索形成了“政府主导、三方携手、三位一体”富有区域特色的“融教育”格局。新家庭教育实验的经验成果在全省乃至全国已产生广泛关注和影响。教育部官网、江苏省委研究室《调查与研究》、江苏省教育厅《专报信息》、扬州市委《扬州内参》及新华社、中央电视台、《中国教育报》、《光明日报》、《新华日报》等中央、省级媒体先后对邗江区推进新家庭教育实验工作做了专题推介和报道。

新家庭教育实验具有“生根生长”的特点，它像“有力的种子”，种下一颗，成长一片，带动一批，影响一片，最终长成参天大树。张益华老校长的《家长懂教育　孩子好未来》的出版，体现了教师对家庭教育、家校合作的关注，体现了教师的专业成长和发展。新家庭教育是一个系统工程，要探索的内容很多，未来还有更多、更长的路等待我们一路前行。我们期待更多的人像张益华老校长一样投身到新家庭教育研究中来，为新家庭教育贡献自己的智慧和力量，让每个家庭都成功，让每个孩子都精彩！我们期待张益华老校长能翻篇出新，在新家庭教育之路上探索不已，结出更多的硕果！

何云峰

（何云峰　扬州市邗江区委教育工委书记，邗江区教育局局长、党委书记，四级调研员，中华志愿者协会教育委员会副主任，江苏省家庭教育专业委员会副理事长，扬州市家庭教育专业委员会理事长）

前言

天下父母都希望自己的孩子有一个好的未来。怎样才能让自己的孩子有一个好的未来呢？对这个问题的回答可谓仁者见仁，智者见智。我认为要想自己的孩子有一个好的未来，首先是将自己修炼成一个懂教育的好父母，给孩子最好的家庭教育，把孩子培养成一个真正的人，让孩子带着满满的正能量，幸福地走向自己的美好未来。父母是孩子的第一任老师，也是孩子的终身老师，父母的素质直接影响教育的品质。懂教育的父母，会与孩子一起规划合适的目标与路径，选择科学的方法与手段，与孩子一起成长，一起成为更好的自己。如果你真想成为一个好的父母，就要学习点教育常识，掌握些教育规律，为培养好孩子早做准备。本书就是为有志成为好父母的人而写的通俗易懂的好父母教材。这本书将教你怎样进行自我修炼，努力成为孩子的终身好老师；引导你建好孩子的人生第一校，搞好孩子的家庭教育；教给你成为一个好父亲、好母亲的理念、方法与路径；告诉你做好孩子关键发展期教育的内容、方法与技巧；教给你全面提高孩子综合素质的内容、方法与操作要点；让你知道什么是真正的高情商，如何提高自己的情商和孩子的情商；最后向你介绍如何形成好家风，让优秀的家庭教育理念和好的家风代代相传，培养好子孙万代，让家族持续兴旺发达。

我在40多年的教育实践与研究中，发现中国真正懂家庭教育的父母比例是很低的。对家庭教育似懂非懂的父母、任孩子自由发展的父母所占比例较大，打着“为你好”的旗号实际上是在不知不觉伤害孩子的父母为数不少。孩子的问题很多是由父母的问题造成的，孩子的问题总可以在父母身上找到根源。正是这些似懂非懂的父母、任其发展的父母、不知不觉伤害孩子的父母，制造了一批又一批问题孩子。当孩子有问题后，还责怪孩子怎么变成这样呢，而自己根本不知道问题在哪。孩子出现问题，会给家庭、学校、社会增添很大的麻烦，无形中增加教育成本，影响孩子的发展高度，影响家庭的和谐，严重的会给自己、他人和社会造成重大的损失。

“上医治未病”最早源自《黄帝内经》所说：“圣人不治已病，治未病。”“治”，为治理、管理的意思。“治未病”即采取相应的措施，防止疾病的发生发展。其代表的中医主要思想是：未病先防和既病防变。“上医治未病”的思想完全可以引进到家庭教育中来。

在家庭教育的过程中，父母要努力成为没有问题的专家，而不要被动成为解决问题的高手，这是家庭教育的最高境界。怎样才能让你的孩子没有问题，或者说没有什么大的问题呢？父母首先要成为一个学习者、修炼者，必须做好三件事：一是努力让自己没有问题；二是能控制自己的情绪，不让坏情绪去破坏家庭、影响孩子、破坏世界；三是掌握科学的家庭教育知识，采用科学的教育方法对孩子实施有效的家庭教育。最可怕的事是父母不懂教育，还在拼命教育孩子。孩子的时间有限，不能拿去试错。

父母爱学习、会思考、懂教育，这种父母的眼界就会比较开阔，看孩子的眼光就会与众不同，对教育的认识就更为深刻，对待孩子的态度将更为理性，教育孩子的方法就更为科学。懂教育的家长眼中的孩子闪光点就多，孩子的问题自然就少了，孩子的潜能就能及早被发现并深度挖掘，孩子的能力点就多，孩子成长的路就会更宽，成长的速度就会加快，孩子生命的高度就会提升，孩子成为社会精英的可能性将大增。

父母不爱学习，对教育认知甚少，父母看孩子的眼光就比较狭隘，教育行为常常会出现偏差和错误。父母眼光狭隘，孩子稍有不足，父母就认为孩子有问题，甚至将优点看成缺点，孩子成长自然会受到限制。这是谁出了问题？当然是父母出了问题。

若孩子出了问题后，父母能认识到问题的根源，又是解决问题的高手，能及时解决问题，孩子尚能继续走上正路，此时孩子的生命高度可能要因此而降低一点。当然也有越挫越勇的孩子，他们会很快成长。

若孩子出现问题后，父母不能发现问题，那是很糟糕的事。不能发现问题是最大的问题。因为不能发现问题，就不可能解决问题。或者即使发现了问题，而没有能力解决问题，这样孩子的问题就会越来越多、越来越大，孩子就会成为问题少年，成为家庭的心病,成为社会的负担。

奥地利著名心理学家阿尔弗雷德·阿德勒说过:“幸运的人一生被童年治愈,不幸的人用一生治愈童年。”为了您孩子一生的幸运,让他拥有一个健康快乐的童年吧!因为家庭教育的不当或错误,会让孩子在童年有心灵创伤,而给孩子带来的伤害基本是持续一生的。您愿意让您的孩子带着创伤、带着问题上路吗?

天下所有的父母都希望自己的孩子有好未来,最好成为社会的精英。家里要想出现精英级人才,就要对孩子从小实施科学的家庭教育。你可以不是精英,但你可以成为精英的父母。要让孩子有好未来,好多家长首先想到的是让孩子上名校找名师。其实最好的名校是你的家庭,最好的名师是父母。英国诗人乔治·赫伯特说过:“一位好母亲抵得上一百个教师。”英国著名文学家哈伯特曾经说:“一个好父亲胜过一百个校长。”大爱无形,母爱无边,父爱无疆,让我们从现在就行动,将自己孩子的家庭学校办成世界上最好的名校吧!

教师是人类灵魂的工程师,教师工作的核心内容是优化人的灵魂,使孩子的灵魂贴合人性、符合社会性、面向未来。家长是孩子的终身老师,家长工作的重点也应当是孩子灵魂的塑造。精神人格的培养、孩子灵魂的塑造是本书的重点。

优化环节形成合力,创造孩子美好未来。教育孩子是一个系统工程,必须是家长教育体系、家庭教育体系、学校教育体系、社会教育体系、学生自主教育学习管理模式体系五大环节建设有效融合、相互联系、相互补充、相互给力,充分做到无缝对接。缺少智慧型、教导型的家长教育,缺少幸福型、学习型的家庭教育,而单单靠学校教育,是不可取的。这样孩子很难走上成功之路,也不符合教育发展趋势,更不符合教育规律和学习逻辑。本书能给家长提供一个较为先进的比较完整的家庭教育理论方法,让家长知道家庭教育要做什么、怎么做以及家长应当如何修炼等。希望本书的出版能对家长教育体系环节的建设有所贡献。

做好家庭教育的意义重大而深远。养好一个孩子,能幸福一个家庭,和谐一个社会,强大一个国家。让我们现在就行动,为实现家庭的美好梦想,为中华民族的伟大复兴,共同努力吧!

目录

第一章　培养孩子前期准备

第一节　名人论家庭教育

中华民族历来注重家庭、家教、家风，古语有云："天下之本在国，国之本在家。"党的十八大以来，习近平总书记对家庭、家教和家风建设有许多重要论述。他强调，千家万户都好，国家才能好，民族才能好。他指出，家庭是人生的第一个课堂，父母是孩子的第一任老师。有什么样的家教，就有什么样的人。家风是社会风气的重要组成部分。2015 年 2 月 17 日，习近平总书记在 2015 年春节团拜会上的讲话中指出："家庭是社会的基本细胞，是人生的第一所学校。不论时代发生多大变化，不论生活格局发生多大变化，我们都要重视家庭建设，注重家庭、注重家教、注重家风，紧密结合培育和弘扬社会主义核心价值观，发扬光大中华民族传统家庭美德，促进家庭和睦，促进亲人相亲相爱，促进下一代健康成长，促进老年人老有所养，使千千万万个家庭成为国家发展、民族进步、社会和谐的重要基点。"

2019 年《江苏省家庭教育促进条例》出台。《条例》指出，家庭教育是指父母或者其他监护人以及有监护能力的家庭成员通过言传身教和生活实践，对未成年人进行的教育、引导和积极影响。家庭教育应当坚持立德树人，践行社会主义核心价值观，弘扬中华优秀传统文化，传承和培育良好家风，促进未成年人德智体美劳全面发展。家庭教育实行家庭实施、政府推进、学校指导、社会参与的工作机制。

"有什么样的家教，就有什么样的人"，清晰地揭示了家庭教育与个人成长的关系，优秀的家庭才会人才辈出。决定家庭是否优秀的关键是家长的综合素质和家风，高素质的家长和良好的家风会促进孩子的健康成长。一个优秀孩子的背后，一定有优秀家长在支撑，有好的家风在推动。

新时代我们应当怎样当父母呢？如何成为一个优秀的父母呢？如何形成好的家风呢？对此，为人父母者都要提高认识，认清自己的责任，从自身做起，从现在开始重视家庭建设、注重家教工作、注重家风形成，掌握家庭教育的规律，成为一个懂教育的好父母，给孩子树立好榜样，把孩子培养成对家庭、对国家、对社会有价值的人。人就应当活得有价值，不断让自身增值，追求家庭的幸福，对国家有贡献，对社会有价值，并将培养优秀儿女作为体现自身价值的重要途径。正如李嘉诚所说，一个人事业上再大的成功，也弥补不了教育子女失败的缺憾。在中国有些企业家专心创业，忽略了孩子的教育，导致孩子不成器，有的孩子甚至走上歪路，老子创业、儿子败业的剧目不断上演。因此，追求成功的人士都应该努力做到事业发展与教育优秀子女双丰收。全国著名特级教师王金战认为，衡量成功人士的一个重要标准，就是能够培养一个成功的孩子。无论对家庭、对社会，这都是一份责任。个人事业红红火火，孩子教育一塌糊涂，这样的成功，一文不值。每一个人在单位要精心干事业，在家庭要用心育好人。

家庭教育的主要实施者是父母，父母想自己的孩子成为什么样的人，首先要将自己修炼成什么样的人，最终，父母和孩子的高度可能有差异，但方向必须是一致的，本质是相同的。新东方教育集团董事长俞敏洪曾表示，他继承了父亲的宽厚，又从母亲身上学到了坚韧不拔、锲而不舍的精神，“父母成就了我”。教育孩子要从选择好另一半开始，要选择三观端正、知性有爱、积极进取、乐于奉献的人担任孩子的第一任老师。

从《江苏省家庭教育促进条例》中可以看出，家庭教育的主要任务是立德树人，促进未成年人的全面发展。俞敏洪也认为：教书的是老师，但育人的一定是父母。母亲的素质决定孩子的一生。他以自己个人经历和被誉为“韩国首席妈妈”的全惠星博士的教育成果为例，建议妈妈们要懂得发展自我，不仅要有能力养育孩子，还要有能力引导孩子。创造一个能够随时随地读书的环境，书香门第才会涌现出更多优秀人才。

“韩国首席妈妈”全惠星将 6 个子女全部培养成哈佛大学和耶鲁大学的博士，毕业后，他们分别担任著名大学的教授、院长等要职。

全惠星博士在研究中国古代文化时受到启发，中国有句话“功夫在诗外”，运用到她的教育方法中就是功夫在“学”外。她训练孩子保持十多分钟“零思维”状态。

这种强大的入静能力，提高了对大脑思维活动的控制能力，使孩子在学习时高度集中精神，极大地提高学习效率，把自己的智能发挥到极点，为他们以后的成功打下牢固的基础。

全惠星认为，每一个孩子都是一个“特殊”的个体，都有自己独特的要素。家长最需要做的，是让孩子有一个强健的身体、一种极强的学习能力和成为大人物的强烈愿望。有了这三点，天赋普通的孩子也会成为一个成功者。

感情好的夫妻容易成为榜样，更容易打开孩子的心灵。一个家庭，哪怕穷得家徒四壁，只要有一个善良、勤俭、乐观和整洁的女人在料理，这样的家庭仍是心灵的圣堂与快乐力量的源泉。孩子未来与人沟通交流的模式、人际关系模式，最早是在家里学习并逐步形成的。一般来说，父母恩爱、婚姻美满，孩子未来的婚姻极有可能是幸福的，因为孩子从小就学会了怎样正确对待另一半。父母情商高，孩子极有可能情商也高，人际关系也和谐；父母脾气暴躁，孩子的性情极有可能也不好，要么是孩子脾气暴躁，要么是孩子很自卑，总是沉默寡言。

没有规矩的教育，影响孩子的成长。中国的家长在教育孩子的过程中，往往在原则和规矩方面有所疏忽。没规矩，不成才。没有原则的父母，往往会教育出没有原则的孩子，并且失去孩子对他们的尊重。孩子需要原则，这让他们的成长有了土壤。没原则的孩子会经常碰壁，丧失安全感，从而失去进取心。一个好的家庭必须要有科学的家规，并进行严格的训练，最后形成好的家风，当科学与严格相遇的时候教育就有了希望。原则和规矩，必须基于正确的价值观，否则就会和大众形成对抗，被排斥。在原则和规矩后必须给孩子留下放飞的空间，就像对于鸟来说，规矩不是要把翅膀剪掉，而是指引飞行的方向。

鼓励教育应该有建设性的批评和处罚。现在中国的教育者倡导家长实行鼓励教育，鼓励教育非常重要，但鼓励教育不能陷入误区，鼓励教育不是不惩罚、不批评孩子，而是有建设性地批评，让孩子在失败和挫折面前不害怕。国外的教育通常是对过程进行鼓励，我们中国的教育却多是对结果进行鼓励。中外教育的不同鼓励方式，培养出了不一样的人才。教育要多一些唤醒、表扬、肯定、鼓励，要慎用说教、批评，不能一味地否定、打击孩子。

教育是科学，科学就要求真。家长要能根据孩子身心发展规律，适时开展早期教育，抓好教育的关键期，促进孩子快速成长。只有适时的教育、适合的教育、孩子真心参与的教育才能取得最佳效果。

教育要面向未来。孩子是未来世界的建设者、未来世界的创造者。父母在教育孩子的过程中，视野要开阔，要有前瞻性，把自己的孩子培养成能适应未来社会激烈竞争的人。

第二节　学习家庭教育常识

自古以来，大多数中国人都是在一家一户基本封闭的环境中完成“人化”过程的，也有极少数是在家族环境中完成“人化”的，所以中国的家庭教育一直停留在经验的层面上，并且这些教育经验一般不外传。现在社会进步了、管理规范了，好多职业都要求持证上岗，以确保安全高效。其实父母是这个世界上最应该持证上岗的职业。各位读者，你会闭着眼睛过马路吗？你会闭着眼睛开车吗？你会不打开导航就去远方吗？你当然不会，那你怎么闭着眼睛教育孩子呢？你有教育孩子的资格、资质和证书吗？你学习过家庭教育、亲子教育吗？现在开车要驾驶证，厨师炒菜要厨师证，律师有律师证，医生、教师、职业经理人都有职业资格证书，农民种菜都要讲究科学，你教育孩子怎么还用老眼光呢？教育孩子不但要讲究科学还要专业，所以家长也要“持证上岗”。实际上两个年轻人结婚生子的那天，一个新的学校就诞生了。在这个学校里，爸爸、妈妈是老师，孩子是学生。为了保证老师轻松、学生进步，爸爸、妈妈都要会引导孩子、指导孩子、开导孩子、教导孩子。如果这四个“导”做不好或者不会做，那这家的爸爸、妈妈就会误导孩子。如果一个孩子出生在既懂教育又重视教育的家庭，这个孩子就是来到了人间的天堂，这个孩子成为精英的可能性就显著提高。

案例1-1：

梁启超是中国近代著名的政治家、思想家、教育家、史学家。他一生致力于近代中国社会的改造，为民族的强盛和国家的繁荣竭力呐喊，四处奔走，付出了毕生的心血。梁启超更是中国历史上一位百科全书式的人物，他一生的著述包含文学、历史、哲学、法学等各个方面，高达一千五百万字。梁启超共育有九个子女（分别是思顺、思成、思永、思忠、思庄、思达、思懿、思宁、思礼），似乎正应了那句“虎父无犬子”，在他的教育引导下，他的子女们也成了各个方面的优秀人才。“一门三院士，九子皆才俊！”一个家门走出三个院士子女，不得不说创造了中国家庭教育的奇迹，羡煞了天下众人。历史学家傅斯年有言：“梁任公之后嗣，人品学问，皆中国之第一流人物，国际知名。”

我们无法企及梁老的高成就，但他对于子女精神教育的重视，值得我们现代父母去学习：从小打开孩子的人生格局，从小给孩子立志，为他播种一颗理想的种子。

钱氏家族、曾国藩家族等也是中国家族家庭教育的典范。他们通过家训、家规、家书和家庭教育文化规范引领家族教育，也出了很多精英。再如，德国的《卡尔·威特的教育》一书的作者老卡尔·威特是天才家庭教育专家，他的儿子 14 岁被授予哲学博士学位，16 岁又获得法学博士学位，后被柏林大学聘为法学教授。其实家庭教育是有规律的，精英成长是有条件的。家庭教育有科学的理论、系统的方法、实用的技巧。本书就是在研究总结国内外成功家庭教育经验的基础上，汲取现代教育学、心理学理论的最新研究成果，志在为家庭培养精英提供指导。

教育的目标是培养德、智、体、美、劳诸方面全面发展的人。而家庭教育的目标是培养真正的人。古人云：三岁看大，七岁看老。这个时间段孩子大部分时间是在家里，这也说明家庭教育是培养“真正的人”的关键时期，而家长是培养“真正的人”的第一任老师，也是孩子的终生人生导师。所以家长必须要学点教育知识，掌握科学的教育方法，为培养自己的孩子做好准备。一个真正的人应当是健康的人、正直的人、善良的人、智慧的人、进取的人、和谐的人。如何培养健康、正直、善良、智慧、进取、和谐的人是本书的核心内容。当一个生物意义上的人，被培养成有精神品格、有信仰的“真正的人”后，他在学校时必将心中有目标、学有动力、学有长进、学有所成；他走上社会后，一定十分清楚路在何方，必能奋力拼搏，调动一切力量，成就自己的辉煌。

第三节　实施胎教十分重要

胎教主要指准妈妈为了胎儿的健康发育，通过调控自我身心健康，为胎儿提供一个很好的内外生长环境，适当地刺激成长到一定时期的胎儿，从而促进胎儿的健康发育，改善胎儿素质的科学方法。广义的胎教指为了促进胎儿生理上和心理上的健康发育成长，同时确保孕妇能够顺利地度过孕期所采取的精神、饮食、环境等各方面的保健措施。

中国早在西周时就有关于胎教的记载。据刘向《列女传》记载，周文王之母太任在妊娠期间,“目不视恶色,耳不听淫声,口不出傲言,能以胎教。”意思是说,太任怀孕时,眼不看邪恶的东西,耳不听淫乱的声音,口不说狂傲的话,这就是行的胎教。“文王生而明圣,太任教之以一而识百。君子谓太任为能胎教。”文王生下来非常聪明,“教之以一而识百”,这是太任施行胎教的结果。贾谊《新书·胎教》篇中也记载:“周妃后妊成王于身,立而不跛,坐而不差,笑而不喧,独处不倨,虽怒不骂,胎教之谓也。”意思是说,周成王的母亲怀孕时,站有站的样子,站时不将重心倚在一边,坐有坐的样子,坐时也不歪斜,笑时不放声喧哗,独居一处时也不懈怠放任,发怒时也不骂人,如此等等,用礼教的规范来约束自己的一举一动,从而产生对胎儿的良好影响。

两千年前的《黄帝内经》中也有关于胎教的论述,以后如《千金要方》《颅囟经》等不少著作都记载了孕妇孕期的保健和养胎、护胎的知识,并讲述胎儿如何正常发育和对孕妇身心健康保健的指导,为后世积累了丰富的经验,建立了“外象内感”“因感而变”的独特中医理论。中医的“外象内感”“因感而变”是指孕妇的精神状况会直接影响胎儿的智力发育,所以胎教的实质是让孕妇保持良好的精神状态和健康的体魄,以外感而内应。

美国著名医学专家托马斯的研究结果表明,胎儿在6个月时,大脑细胞的数目已接近成人,各种感觉器官已趋于完善,对母体内外的刺激能做出一定的反应。这就给胎教的实施提供了有力的科学依据。

古人的智慧及现代科学研究结论都认为胎教是十分必要的。在具体的操作上要做好如下几方面工作:

一、营养胎教

保证孕妇营养丰富。对于发育中的胎儿来说,丰富全面的营养是最重要的。营养胎教至少包含两个方面:一方面是根据孕期的特点与胎儿发育的进程,合理安排蛋白质、脂肪、碳水化合物、矿物质、维生素、水等六大营养素,以保证母胎双方对营养的需求。另一方面,胎儿出生后的生活与饮食习惯往往带有浓浓的母亲的影子。有些婴儿之所以没有胃口,不喜欢吃东西,常吐奶,消化吸收不良或明显偏食,追本溯源,是因为母亲孕期往往也是这个样子,如食欲不好、偏食,或是吃饭的过程紧张匆忙、常被外界干扰打断,或是常常有一餐没一餐的……这都表明母亲孕期的口味能影响胎儿的口味,因为胎儿是有味觉的,怀孕时母亲爱吃什么,婴儿生下来就会对那些食物有特殊偏好。这就是营养胎教的又一个内容:通过调整孕妈妈的饮食方式，潜移默化地影响胎儿，形成良好的饮食结构模式，以减少出生后的喂养困难。

由此可见，营养胎教不等于以往单纯的营养补给，局限于母胎双方吃好、长好就行了，而是涉及食物的选择与组合、进食模式与习惯的培养等方方面面，展示出整个家庭累积的饮食科学与文明的程度，将优生的概念从胎儿期延伸到孩子出生以后，如婴儿期、幼儿期乃至更长的时期，建立起孩子后天绿色食物源及健康食物结构的雏形，其积极影响将惠及孩子一生。故优生学家将营养胎教列为孕期第一胎教，的确颇有见地。

二、情绪胎教

情绪胎教，是孕妇通过对情绪进行调节，忘掉烦恼和忧虑，营造清新的氛围及和谐的心境，通过妈妈的神经递质作用于胎儿，使胎儿的大脑得以良好地发育。

我国传统医学经典《黄帝内经》中率先提出孕妇“七情”（喜、怒、忧、思、悲、恐、惊）过激会致“胎病”的理论。现代医学研究也表明，情绪与全身各器官功能的变化直接相关。不良的情绪会扰乱神经系统，导致孕妇内分泌紊乱，进而影响胚胎及胎儿的正常发育，甚至造成胎儿畸形。美国心理学家欧西格和西蒙斯在对大量调查材料研究后发现，妇女在孕期若有严重的焦虑和高度紧张的情况，则孩子成长后情绪常不稳定，易激动，更易出现人格或情绪障碍。甚至有人认为，母亲在妊娠期的强烈不良情绪还可能引起腭裂和脑积水之类的先天缺陷。

孕妇应保持愉快平静的情绪状态。不同的情绪下的母亲体内所产生的激素以及细胞的新陈代谢都是不同的。快乐平静的情绪状态刺激良性激素分泌，激活身体功能，从而使得身体健康、情绪快乐，通过内外感应对胎儿是有积极影响的。而在不良情绪状态下，身体受刺激分泌不良的激素，由激素抑制身体功能，从而导致身体功能失调，把身体拖至低迷，进而得病。

我在华东师范大学读本科时，曾参与吴志宏教授组织的“孕妇的情绪与孩子行为习惯的关系”的研究，得出的结论是：孕妇怀孕期间长期处于不良情绪状态，孩子出生后出现不良行为的可能性明显大于正常情绪状态下孕妇生出的孩子。

三、环境胎教

选择优良的环境居住，如空气质量好、湿度适宜、绿色植物丰富的住所。如果居住条件欠佳，可常到绿色植物丰富、鲜花盛开的地方去走一走、看一看，边走边看，边看边说，愉悦身心。这样做也有利于胎儿的成长。

四、音乐胎教

音乐胎教包括两方面内容：一是通过收听轻音乐，让孕期生活中充满优美的乐声，使孕妈妈精神愉悦、心情舒畅；二是孕妈妈用柔和的声调哼唱轻松的歌曲，同时想象胎宝宝在静听，从而达到与胎宝宝心音的共鸣。音乐胎教从怀孕第 2 个月就可以进行，虽然这时候胎宝宝的听力系统还没有发育完全，但是这种音乐胎教可以通过孕妈妈的感受传递给胎宝宝。

孕妈妈听音乐时，不宜戴耳机，音量应控制在 45～55 分贝。给胎宝宝听音乐时间不宜过长，一般是 5～10 分钟，时间最好选在晚上。

五、语言胎教

医学研究证实，父母经常与胎儿对话，能促进其出生以后在语言及智力方面的良好发育。母亲每天满怀真情地朗读优美的文章，对孕妇自己是修炼，对胎儿是很好的语言教育。

六、抚摩胎教

婴幼儿的天性是需要爱抚的。孕妇本人或者丈夫用手在孕妇的腹壁轻轻地抚摩胎儿，引起胎儿触觉上的刺激，以促进胎儿感觉神经及大脑的发育，称为抚摩胎教。胎儿受到父母亲双手轻轻地抚摩之后，亦会产生一定的条件反射，从而激发胎儿活动的积极性，形成良好的触觉刺激，通过反射性躯体蠕动，促进大脑功能的协调发育。孕妇每晚睡觉前先排空膀胱，平卧床上，放松腹部，用双手由上至下、从右向左，轻轻地抚摩胎儿，就像在抚摩出生后的婴儿那样，每次持续 5～10 分钟。但应注意，手活动要轻柔，切忌粗暴。

七、运动胎教

运动胎教，是指孕妇进行适宜的体育锻炼，可促进胎儿大脑及肌肉的健康发育，亦有利于母亲正常妊娠及顺利分娩。

早晨散步是最适宜孕妇的运动。早晨空气清新，可改善和调节大脑皮层及中枢神经系统的功能，又增强抵抗力，有防病保健之功效，更有利于胎儿的发育。

八、美育胎教

美育胎教是指根据胎宝宝意识的存在，通过孕妈妈对美的事物的感受而将美的意识传递给胎宝宝的胎教方法。人们通过看、听、体会，享受着世界上各种各样的美，而胎宝宝无法看到、听到、体会到这一切，所以孕妈妈要通过自己的感受，将美的事物经神经传导输送给胎宝宝。美育胎教也是胎教的一个组成部分，它包括自然美育、感受美育等方面。

美育胎教运用审美心理学的知识，强调胎教中孕妈妈的审美感知、审美情感、审美想象、审美理解，从而达到优化和加强胎宝宝心理素质的目的，为提高胎宝宝出生后对美的感知能力奠定基础。

九、科学胎教的效果

以前，人们只是认为“进行胎教能生出聪明的孩子”。后来的一些研究成果显示了胎教和孩子出生后的健康水平之间存在直接的关系，证实了“进行胎教才能生出健康的孩子”。另外，如果孕妇在怀孕期间承受巨大的精神压力，常常会给孩子带来一定的精神问题，这也得到了科学论证。因此，要想生出身心健康的孩子，就一定要进行好胎教。下面是专家的一些研究结论。

（一）比出生的教育更重要

比起出生后进行 10 个月的教育，10 个月的胎教更加重要。也就是说，比起孩子出生之后接受的智力开发、精英培养等系统教育，在母亲腹中 10 个月所受到的胎教要重要得多。

（二）智力与胎教

如今，很多父母都相信有效的胎教可以生出聪明又健康的孩子，并把此当作进行胎教的核心理由。各种研究成果都说明了这样做是有理论根据的。

此外，英国专家也指出肥胖症、糖尿病、癌症和心脏病等各种疾病，与胎内环境有关。由此我们可以得出结论：没有任何东西可以取代胎儿时期对人一生的健康所起的重大的、决定性影响。

（三）错过胎教的时机将成为毕生的遗憾

我们应当清楚地意识到，胎教的好机会一旦错过就再没有挽回的可能了，毕竟孩子出生以后就不会再回去。但怀孕后才开始研究如何进行胎教并不是十分正确的做法。从制订怀孕计划时就做出胎教计划，能使胎教获得最明显的效果。

第二章　孩子本来是天才

第一节　孩子本来就是天才

爱因斯坦说过“每个人都是天才”，这是千真万确的真理。关于幼儿的天才资质，苏联非常优秀的儿童教育家优尔涅·柴可夫斯基在《两岁到五岁》这本书中提到，只要一想到这么小的幼儿脑海中能浮现这么多、这么困难的文法形态，就令人非常吃惊。然而孩子们却能够很自然地在混沌中掌握方向，并且记住各项语言要素，毫不混乱地将其归类。也许大家都没有注意到这是一件多么困难的工作。如果要成人在这么短的时间内学习儿童所学习到的这么大量的文法，那么，成人的头脑恐怕要破碎了。孩子在这段时间所付出的努力，实在令人惊叹。比这个更令人惊叹的是，孩子毫不费力就可以从事这项工作。我们甚至可以说，地球上恐怕再也找不出像孩子这么善用头脑工作的人了。但是还好，孩子并没有注意到这件事情。孩子记住自己本国的母语时，并不是单纯的语言记忆而已，他还将语言进行各式各样的组合、变形，以提高其语言才能，这并不单单只是语言的记忆能力而已，而是完整地学会一国语言。

关于孩子创造性的音乐才能，著名的指挥家雷欧波特·斯德多夫斯基也提出证言：“大约 8 岁时结束，在 1 岁 5 个月时出现。”孩子创作诗的才能也是一样，画画的才能更不用说。

孩子愈是接近 0 岁，其愈是能够显现天才的资质，关于这一点，从来都一样。这些发现不只是在音乐才能、语言才能方面，因为教育的关系，各方面都能够显著地成长。如果不给予这些天才的潜能适当刺激以及训练，天才潜质会急速地丧失。家长都要深信每一个孩子都是天才，让我们支持孩子做大自己的心灵地图，尽快发现他的潜能所在，让他的潜能得到最大程度的开发，为让他们将来能成为家庭的栋梁、社会的精英而共同努力。

第二节　办好孩子人生第一校

苏联著名教育家马卡连柯说过："教育的基础主要是在5岁以前奠定的，它占整个教育的90%。在这以后，教育还要继续进行，使人进一步开花、结果。而你精心培植的花朵在5岁前就已绽蕾。"教育家的真知灼见告诉我们，办好孩子的人生第一校是多么重要。因为孩子5岁前大部分时间都在家里，所以这个家就成了孩子的第一所学校，这所学校是孩子人生中最重要的学校，是对孩子一生影响最大、影响最明显、影响最持久的学校。办好这所学校，孩子终身受益；这所学校办不好，孩子终生受害，且童年时的伤害对孩子的影响更大、更持久。怎样才能办好这所学校呢？多年的校长生涯告诉我，办好家庭学校必须具备如下几个条件：

一、教育理念先进

（一）家庭教育重于学校教育

一个老师再用心，都代替不了家长的作用；一个学校再卓越，都取代不了家庭。家庭是孩子的第一所学校，父母是孩子的第一任老师，也是孩子永不退休的班主任，是孩子终生的人生导师。家庭是对孩子影响最深远、最深刻的一所学校。我真想建议所有幼儿教育的从业者都把幼儿教育的核心和重点放在教育家长身上。小学也应该这样，就是让所有孩子的家长每个月至少拿出两天来上封闭式的课程。为什么呢？因为如果家长不配合，如果家长不改变，老师所有的教育都是要打折扣的甚至是徒劳的。就教育孩子来讲，学校是主体还是家庭是主体？从孩子的人格健全和孩子的心理发展来讲，家庭是主体；从知识的灌输、从能力的提升来讲学校是主体。家长们觉得是知识和能力重要呢，还是人格和性格重要？那当然是人格和性格重要了。那么人格和性格是家庭主宰的还是学校主宰的？是家庭。现代教育研究与大量案例都表明：一个人是否成才，与他的家庭教育有很大的关系。一些孩子厌学、离家出走，甚至走上犯罪道路，都跟他们从小受到不良的家庭教育有关，很少出现是因学校教育不当而走上犯罪道路的。综上所述，家庭教育远远重于学校教育。如果二八定律在这里存在的话，家庭教育占到80%，学校教育仅仅占到20%。

美国前总统奥巴马说："我做总统，不可能做一辈子；我做爸爸，一定会做一辈子。"所以家长这个职业一做就是一辈子，它是终身制。我们不能下岗，不能请假，不能退休，不能辞职，甚至累了我们也不能休息一天。累了我们也不能喊累，因为这是我们自愿的；苦了我们也不能抱怨，因为这是我们选择的。所以既然是一辈子的一个职业，那我们每个家长就应该在孩子一出生就参与对他的家庭教育。有的家庭里只有妈妈一人教育孩子，爸爸除了上班啥都不管，这样子是不可以的。既然孩子是两个人共同生的，那么养育孩子、教育孩子的也应该是两个人，家庭教育的核心是让孩子成为家庭的骄傲，让他飞翔！

（二）幼儿教育重于成人教育

1978年，75位诺贝尔奖获得者在巴黎聚会。有人问其中一位："你在哪所大学、哪所实验室里学到了你认为最重要的东西呢？"出人意料，这位白发苍苍的学者回答说："是在幼儿园。"又问："在幼儿园里学到了什么呢？"学者答："把自己的东西分一半给小伙伴们；不是自己的东西不要拿；东西要放整齐，饭前要洗手，午饭后要休息；做了错事要表示歉意；学习要多思考，要仔细观察大自然。从根本上说，我学到的全部东西就是这些。"诺贝尔奖获得者的现身说法，足以说明幼儿教育十分重要。

美国哈佛大学曾经做过一个调研，说如果一个人一生的幸福是100分，有50分取决于他0～7岁的童年。换句话说，就是一个人一辈子能活100年的话，前7年决定他50%的幸福，后面93年决定他剩下50%的幸福。所以各位家长，如果你真的爱你的孩子，你一定要搞明白这样一个道理：0～7岁或者0～10岁的童年是对孩子一生影响最大的一个年龄段。有幸看到这本书的家长，您家里有0～10岁的孩子吗？有的话，恭喜您，恭喜您还来得及！

我们中国的家长有个说法叫孩子还小不懂事，所以孩子0～7岁的时候我们不会进行太多的管教，没有太多的关注，没有对他的管教用太多的心，等到孩子14岁叛逆了、15岁早恋了，家长想管已经晚了。这样的情况是不是不在少数？

中国有句古话：3岁看大，7岁看老。我们都看过电视剧，我们知道电视剧是有剧本的，演员根据剧本去演。那么请问：人生有彩排吗？人生有没有剧本？有人说人生没有剧本，人生的每一天都是现场直播。可是如果人生没有剧本，何谈3岁看大、7岁看老？其实人生是有剧本的，孩子一出生他的潜意识就开始创造人生剧本，用六七年的时间完成这个剧本。7 岁之后没有新鲜事，7 岁以后这个孩子就按照他的人生剧本去度过自己的一生。所以，有些事是命中注定的，所谓命是孩子 0～7 岁的所见所闻、所思所想、所作所为，所谓命是 0～7 岁用潜意识写的剧本，还包括我们的基因。我们的命由我们的基因决定一部分，我们 0～7 岁的所见所闻、所思所想、所作所为又决定了一部分。年轻父母可能对此不太相信，那就去问问年纪大的爷爷奶奶，请他们回忆一下周边的人和事，看看是不是真是这样。

所以西方心理学和东方心理学在这一方面是统一的，在孩子写人生剧本的 7 年，在孩子 0～7 岁的时候，各位一定要着重去培养，非常用心地培养。如果你打算用 200 万元培养一个孩子，我建议你拿出 100 万元放在孩子的 0～7 岁。你与其给孩子留套别墅，留辆豪车，不如给孩子一个幸福的童年！因为童年在极大程度上影响着他的婚姻——婚姻有 90% 的决定因素在童年。如果给孩子找一个好学校非常重要的话，那么为孩子先建一个好的家庭学校是最重要的。

我们都曾经流过眼泪，我们流眼泪很少是因为陌生人，我们流眼泪很少是因为竞争对手，我们流眼泪也很少因为同事或者邻居。我们流眼泪往往是因为我们的婚姻或者童年。童年就是我们和父母的关系，而婚姻又受到童年的影响。

我学习心理学的时候，有个同学是个老板，每当他上台讲话，都是还没有说三分钟就开始流眼泪，为啥？后来心理学的老师给他做了分析，一分析发现跟他童年的事情、童年的心结有很大的关系。所以说童年发生的事会影响人的一辈子，孩子大了以后发生的事最多影响他一阵子。不要以为孩子小不懂事，孩子越小，越要重视对孩子的教育。所以说童年教育远远重要于成人教育。

（三）亲子关系重于亲子教育

我在 5 个学校工作过，在 3 个学校担任过校长，在 2 个学校担任过副校长。担任校长期间，我规定学校所有行政人员都要参与指导班级管理，研究班级管理，全面了解学生，更好地服务学生，这同时也是为了减轻班主任的工作负担。校长负责各年级“最难管教”学生的教育工作，副校长负责各年级“第二号难管教”的学生，主任、副主任管理的学生依此类推。通过多年与这些学生及家长接触，我发现所谓的“最难管教”学生，所谓的“暂时后进生”，他们的亲子关系普遍都不好。所以你教育不好孩子，重要原因是亲子关系不好。各位父母，如果你和孩子的关系不好，不要谈教育，如果你和孩子连关系都处理不好，你对孩子的所有教育都是自取其辱、自讨没趣！所以教育的前提是你要处理好和孩子的关系，关系大于教育。如果此时此刻你和孩子的关系不好，放弃教育吧，先去把关系处理好，我们再谈教育。所以各位父母,我们自问一下,我们和孩子的关系到底怎样?自以为不错还是真的不错?如果孩子非常尊重父母,非常崇拜父母,他是会主动和父母沟通的,他是会听父母的建议、指导和批评的。所以我们只有跟孩子处理好了关系才谈得上教育,没有亲子关系就没有教育的基础。

(四)夫妻关系重于亲子关系

从校长岗位退下后,空闲时间多了点,就有时间经常去电视台、广播电台、学校、社区、家庭教育培训机构给家长做讲座、做咨询,帮助家长解决教育中的问题。多年的教育实践及与一些家长的深度接触引发我的深思,我发现:亲子教育出问题了,往往是因为亲子关系出了问题;亲子关系出问题了,往往是因为夫妻关系出了问题。

有很多夫妻之间夫妻关系处得不好,但夫妻双方对孩子的爱都是发自内心的,他们以为这样就影响不到孩子。但对于一个孩子而言,孩子看待父母之间的关系比孩子看待父母与自己的关系更重要!因为父母之间的关系关系到孩子的安全感、价值感、资格感、自信及品质的培养等等。当你看到一个孩子身上有非常严重的问题的时候,当你看到一个孩子的性格非常地暴躁、非常地古怪、非常地自卑、非常地反复无常的时候,当你看到一个孩子厌学厌世、身上问题很严重的时候,我要告诉你,孩子本身很可能没有问题。孩子之所以有如此表现,很可能是因为他的父母之间的关系出了问题。任何一个人内心最大的恐惧就是被抛弃。什么情况下会被抛弃?组织破裂,家庭破碎。那为什么组织破裂、家庭破碎?就是因为父母关系不好。我想问看到这本书的所有人一句:"你们是最爱自己的伴侣,还是最爱自己的孩子?"相信很多人的回答都会是最爱自己的孩子。各位朋友,你们弄反了,请你们永远把爱人放在第一位。你越爱你的爱人,你的孩子越能健康快乐长大;你越爱你的爱人,你的爱人越能安心工作、快乐生活,你的孩子和你的爱人才愿意将更多的爱奉献给你。如果你不爱你的爱人,你们天天吵架或者长期冷战,你的爱人是不幸福的,你的孩子也是不开心的。所以孩子出问题是因为父母关系出了问题。孩子是用自己出问题的方式来提醒父母要调整、要改变,提醒父母学习。所以要想教育好孩子,首先要处理好亲子关系;想要处理好和孩子的关系,首先要处理好夫妻之间的关系。所以,夫妻关系重于亲子关系。

(五)名人指路优于盲目闯荡

在人的一生中,如果没有导师的指引,要想成为杰出的人,成功的概率是非常小的。人生犹如复杂的迷宫,从哪条道路能够走到成功的顶峰,光靠自己盲目闯荡几乎不可能到达。我研究发现，普通人之所以普通平庸，是因为在他们的生命中没有人给他们正确的指导。由于缺乏导师的指引，他们根本就不知道人生是需要精心规划的，这个规划是需要有高人指导的，是先要知道杰出的人是怎么思考、怎么感受、怎么行动的，也就是说人从小就要知道成功是怎么达成的。

要想把孩子培养成为杰出的人，家长必须扮演孩子的生命导师的角色，给孩子演示各种人生模型，让孩子看到，当科学家是怎样的人生，当政治家是怎样的人生，当企业家是怎样的人生，当法官是什么样的感受，当文学家会有什么作为，当文娱体育明星会过什么样的生活，当律师或医生会有什么样的人生。家长可以给孩子讲述各种名人的故事，观察孩子的反应，看什么样的人生能够吸引他的注意力，能引起他的兴奋点，借此让孩子在心中描画他生活的远景镜头。如果家长自己的文化水平比较低，可以给孩子买各种世界名人传记，鼓励引导孩子读世界名人传记。当孩子为某一位名人的事迹而感动时，很可能他的人生从此有了目标。当孩子心中有了偶像要效仿时，他就会被偶像的一举一动所吸引，会不由自主地学习模仿。问题是，如果孩子没有经过有意识的引导，而是自发和随机地选择他心中崇拜的对象，那么十之八九会选择时髦的文体明星，或者是生活中那些比他大一些的不务正业、表现得很“酷”的高年级的孩子做他学习的榜样。这样的结果是孩子变得顽劣平庸，盲目追求时髦，而耽误了大好年华。

我们现在的中学生，在报考大学时，百分之八十的人不知道自己要报考什么大学、什么专业。这说明我们的教育——不论是学校教育还是家庭教育——存在大的问题，是培养庸人的教育。我们没有在孩子小的时候，帮助孩子树立起理想，没有激发起他奋斗的雄心，没有唤起他为理想而读书的热情，那么孩子表现平庸无为就是不可避免的了。理想是把孩子拉向未来的牵引绳，当我们的孩子有了理想，为他的理想而着迷时，这个孩子就摆脱了原地打转的泥潭，人生开始定向，开始了奋斗的历程。

（六）责任心重于知识能力

责任心是具有责任感的心态，指个人对自己和他人、对家庭和集体、对国家和社会所负责任的认识、情感和信念，以及与之相应的遵守规范、承担责任和履行义务的自觉态度。它是一个人应该具备的基本素养，是健全人格的基础，是家庭和睦、社会安定的保障。当孩子知道自己的责任，会认识到自己在人生、在家庭和集体、在国家和社会中的重要性，把实现各自的目标当成是自己的追求。他自然会根据实现目标的需要去学习相关知识，提升全面的能力，努力去实现目标。这样的事例是很多的。

案例 2-1：

钱伟长是我国著名的力学家、应用数学家、教育家和社会活动家，是我国近代力学的奠基人之一。

1937 年钱伟长 18 岁，以语文、历史双百分走进了清华大学的校园。而那时候的他物理才考了 5 分，数学、物理、化学总共 25 分，明显有文理的“长短腿”。但是广播里播报的“九一八”事变严重刺激了他的精神，东北三省顷刻被日本占领，而蒋介石奉行不抵抗政策。有评论称，中国战则必败，因为日本人有飞机大炮。钱伟长心中愤慨：自己一定要学会造飞机大炮，国家都没有了哪还有自己的什么专业。考入历史系的钱伟长毅然要转系攻读“物理”。由于钱伟长物理知识底子太薄，物理系主任当然不会同意他的要求。在钱伟长的请求下，经与物理系主任商量，学校决定给他三个月时间补习物理，若考试成绩合格可让他转系。因为钱伟长未系统学过物理知识，三个月后考试成绩仍未合格。这时钱伟长再次请求，再给他三个月时间，但三个月后成绩仍欠理想。经不住钱伟长的执意恳求，物理系主任终于收下了这个理科“白丁”学生。从此怀着强烈救国责任心的钱伟长废寝忘食，极度用功，每日都是宿舍、教室、图书馆三点一线。毕业时，钱学长成了物理系里成绩最好的学生。

1940 年钱伟长考取公费留学生，去加拿大留学，随后进入美国加州理工学院喷射推进研究所，研习最先进的火箭航天科学技术。

就在他在美国的事业如日中天的时候，他却选择回国在母校清华大学当一名普通教授。那时候在美国他的年薪高达 8 万美金，而回国工资却只有 15 万金元券，只够购买两个暖瓶。他开创了中国大学里第一个“力学专业”，创建了上海应用数学和力学研究所，被人称为近代“力学之父”“应用数学之父”。在反右期间，他被打成了右派分子，但是他从来没有失望过，不能教书，就潜心研究，解决了多个技术难题。

平反之后，钱伟长将更多的精力投入到了教育事业中去，因为他深知教育才能兴国。1994 年，他被任命为上海大学校长。他在上海大学定下的办学宗旨是：我们首先要培养一个全面的人，一个爱国主义者，一个辩证唯物主义者，一个具有文化艺术修养、道德品质高尚的人，其次才是一个拥有学科专业知识的未来的专家。

历史上总有一些传奇人物让我们敬仰、佩服。也是因为有像钱伟长这样拥有对国家高度责任感、深切的爱国之心和高尚人文情怀的人，才能有我们今天的美好生活。

（七）发挥孩子的主体作用

现代教育的显著特征之一就是尊重孩子的主体地位，注重唤醒孩子的主体意识，充分调动孩子的学习积极性、主动性和创造性，促进孩子生动活泼、主动和谐地发展。在整个学习工作过程中，要始终发挥孩子的主动性和积极性，培养孩子的学习兴趣，营造宽松和谐的学习气氛，优化教育教学方法，改善教育教学手段，创造最佳的学习工作效益。

（八）精英是培养出来的

精英是培养出来的，不是天生的。在电视小品中大家可能看过，两个产妇在医院生孩子，由于护士的大意，两个家庭把孩子抱错了，一个农民把企业家的孩子抱回了家，企业家把农民的孩子抱回了家。几十年后，企业家将农民的孩子培养成了企业家，农民把企业家的孩子培养成了农民。这看上去是个笑话，其实这个笑话正说明家庭教育环境对人的影响是如此之大。在现实生活中类似这样的事例也是有的。我有一堂姑母，生有6个小孩，其中5个留在家中长大，一个生下后由别人家领养。成年后，被别人家领养的小孩在养父母的精心培养下考上了大学，成为一名工程师。留在家中长大的，二人上过高中，无一人考上大学。这6个孩子其遗传因素差异不大，但最终的结果相差较大，说明家庭在人的成长中的重要性，所以我们必须要按照教育规律办事，充分了解孩子，充分尊重孩子，精心培养孩子，唯有这样你的孩子才会一天比一天优秀。你在阅读此书的过程中可能有所觉悟，但更加重要的是在深悟其理的基础上要立即行动、精耕细作、持之以恒，在不远的将来你的孩子也会成为精英。

（九）兴趣是可以培养的

2017年10月28日，在未来科技论坛上，清华大学副校长、教授、著名生物学家、中国科学院院士、美国国家科学院外籍院士、美国艺术与科学学院外籍院士施一公同几位中学生对话时，回忆自己的求学和研究道路说自己和很多科学家不同，他其实并不是一开始就对生命科学有兴趣，只是到后来，这个兴趣才被培养出来。而他也因为一直坚持在这个领域做研究，最终成为大家。

案例2-2：

施一公在读高中时，数学、物理都很好，生物这门课其实比较差。但是，有一次老师跟他说，21世纪是生物化学的世纪。他听完之后很激动，因为他对探索科学很感兴趣。虽然施一公一直对数学很热衷，但是选择专业时，他没有选择数学系，而是选择了生物系。

因为基础不好，尽管自己拼命想学好，但在清华读书及出国后，他的生物成绩还是不理想。大学时他的生物学成绩经常是勉强及格，为了拿奖学金，就去数学系和物理系选几门课，拿满分，来弥补生物成绩的不好。一直到后来，博士读了三四年，他才找到了一点感觉："原来生物是这么回事。"施一公说："当时没有人告诉我生物是一个领域，数学是一个方法。如果知道这个区别的话，我会更快一点，我老想拿数理思维去想生物学问题，所以我走了不少弯路。"

当博士读到四年以后，施一公才对生物学产生浓厚兴趣，有了兴趣，再加上他认为生命科学的确很重要，从此一发而不可收，在这个领域一直工作到了现在。

因此，施一公相信"人的兴趣是可以培养的""你只要好好走你的路，走下去，总会能达到你的目标"。他也经常对自己实验室里的学生，包括清华的学生叮嘱："你自己心里想的，你信仰的东西，远远重于外界别人对于你的看法和整个社会上的舆论、走向，这是非常关键的。"

后来成为篮球巨星的姚明，在小时候其实也不喜欢打篮球，只是后来慢慢地才爱上了这项运动。所以兴趣其实是可以培养的，而不是通常所认为的是天生的。

但如果从"生物是一个领域，数学是一个方法"角度来说，很多人的抽象思维能力强大，就特别适合数学、物理方向的研究，另外一些人偏好具体细致的观察，更适合发展生物、地理等方面的工作。那么顺应兴趣可以让人在选择职业时利用特长，顺应时代可以让人的选择跟上或者引领未来的社会发展。

（十）快乐的情绪对孩子的学习与成长具有决定性作用

传统观念认为，孩子要有一个快乐的童年，情绪是与生俱来的，理智是人后天训练出来的。一个人的成长，情绪是动力，理智就像一个车的方向盘和刹车。一个人如果形成了消极情绪（紧张、焦虑、烦恼、自我价值低下、无奈无助），他的信息接收源就死了，大脑的思考模式就中断了，在这种消极的状态下学习是没有效率的。如果再遭到父母打骂，消极的痛苦感觉就会和学习联系在一起。一学习这种消极的情绪痛苦感就会出现，只是程度不同而已，重者就会厌学。

著名教育家董进宇博士认为，教育孩子，引发孩子的良性情绪是根本的法则，这个法则被破坏，就不能教育好孩子。只有在积极情绪下才能教育好孩子，学习更是如此。我们在一件事中找到快乐这叫兴趣，它是指做一件事本身给人以快乐，童年时孩子是凭着兴趣做事情的。

（十一）孩子的身体、智力与心灵教育必须同步进行

假如一个人是一棵树，要被培养起来的话，树根就是人的心灵之根——我们也叫它人格，树干是身体和智力。如果一个人在成长过程中，心灵、身体和智力这三部分不同步发展、不同时培养，那么这个孩子就没有形成自己的个性和价值观念体系。

孩子是如何教育出来的？没有一个孩子的家长会整天让孩子学习，学小提琴、学钢琴、学数学、学语文，其他的一概不管。我看了所有教育理论，也根本没有这种说法。并且我自己的实践，我的家庭实践，我自己教育孩子的实践、教育学生的实践，都让我觉得那样是不可能的。在这个世界上，除非那个孩子是极端智障者，否则一个人智力的发展，比如说他的知识、逻辑、思考能力的发展，和他的身体健康发育，和他的心理，包括他的自尊心、自信心、责任心，他的爱心、同情心、对社会的关爱、对人生的关爱、对自己的态度等等，这些必须同时同步发生和发展。目前中国家庭教育的最大误区是过度重智力发展，对孩子身体素质的关心不够，对心灵的修炼认识不足，对于如何修炼更是知之甚少。

假如有二十件事要做，可先把前十件事暂停，先做其余的几件事。但人不是这么回事，人的成长必须各方面同步增长。澳大利亚的教育学家说过这样一句话："如果一个生命的根出现了问题，那么所有这些都不必谈了。在早期教育中，任何一个孩子可能是这个世界的一个亮点，也可能是这个世界的一个暗点，他可能成为对这个世界有价值、有贡献的人，也可能成为这个世界的罪人，关键在于生命之根的教育。"

如果说一个人在他的早期生活中找不到自我价值，没有被无条件地爱，没有被尊重，自我价值确定不起来，那么这个人的"根"一定会出现问题。身体发育得再快，智力发育跟不上也根本不行。举个例子。我们试想一下，如果孩子到了十四五岁时，家长拼命地禁止他看有关接吻的镜头，不给他科普有关性的知识，我想问你一下，你的孩子从哪里学会性知识？如果在这个时候能适当地引导，让他知道人世间这些事情，让他知道男女之间有别、人是怎样来的，消除这些不应该有的好奇心，他反倒会把精力集中到学习上，根本不会学坏。

著名家庭教育专家董进宇讲过："实事求是讲，我到十二三岁已经知道人是怎样来的，我也并没有学坏。孩子到十二三岁产生感情，这很正常啊！但需要你去引导，引导他和男同学、女同学正常交往，在交往过程中告诉他应该注意哪些。而如果你说不行，不就引起他的反感了吗？他不出去了，在家里想，在人的脑海里，天堂可以变成地狱，地狱可以变成天堂。在人的脑海里反复出现一个镜头，他的精神世界就可以变成真实的，这样对孩子来说害处就太大了。实际上，精神病就是这样产生的——往往反复播放一个镜头。比如反复播放一个恶劣的镜头，在他的精神世界里，这就是真实的。所以孩子到了这个阶段，相应的精神营养就该由家长负责了。”什么时候就应该做什么事情家长听说孩子在搞对象千万别着急，孩子这种交往是正常的，他们应该知道，这个世界还存在和他们不一样的人。男人和女人是不一样的。男孩和女孩交往就一定有恶劣行为？一般情况下是不可能的，只要你从小培养的孩子是有自尊的人，是有自信的人，是有责任心的人——这是前提我记得曾经有一位父亲，他的妻子去世了，留下了两个女儿，大女儿18岁，小女儿16岁，都特别漂亮。父亲就觉得他的两个孩子出去随时可能被人强暴，所以最后他把孩子锁在家里，一锁就是10年，不让孩子见任何人。10年后，两个孩子还是十二三岁时的智力水平和精神状态。人的社会化必须在社会中完成，必须跟着未来走，才能实现人的真正成长。

说实话，对孩子的教育，很大程度上也是在考验父母的勇气。比如说，你家的女儿十五六岁，不让她一个人上街，就剥夺了她对生命的探索权利，但是，允许她自己一个人上街，又担心她遇到坏人。其实，可以教孩子一些成长的方法，该去的让她去。如跟她说：“上街时，和那些不熟悉的人、陌生的人，不要随便搭话。要往人多的地方去，遇到坏人要找警察。”这样孩子就会获得成长。不要把责任心当神话。如果他的行为对别人一点没有影响，就不会有责任心。如果你从来不让他照顾一些年老的人，照顾别的孩子，照顾父母，他从来没有看到他的行为对别人产生过影响，怎么会有责任心？记住，责任心是你教出来的。

（十二）父母好好学习，孩子天天向上

年轻的父母们，如果我们每个人都成为孩子的领袖，如果我们每个人都成为孩子的榜样，如果我们每个人都成为孩子的偶像，我们根本就不用教育。教育本身就是个伪命题，真正的教育是无形的、无声的、不留痕迹的。所以我们只要做好自己，孩子就会自然而然地模仿。如果我们把自己的身体照顾好，把自己的人际关系照顾好，把自己的家庭事业照顾好，把上下级关系照顾好，把自己的父母照顾好，把自己的心情照顾好，把自己的品德、梦想照顾好，孩子就会以我们为榜样，向下扎根，向上生长。所以真正的教育是自我教育，父母是一万米的高度，孩子随便一飞，都是雄鹰；父母是十米的高度，孩子再怎么扑棱，都是麻雀。

所以亲子教育的核心和关键是父母要自我约束、自我成长，让自己更加卓越、更加醒悟、更加优秀。明心见性，开悟得道，当所有的父母都能达到这样的层次和这样的状态的时候，我相信这是对天底下所有的孩子最好的福报和最大的福音。

二、师资力量雄厚

决定学校教育质量的关键是教师的素质。家庭教育的质量是由家庭教师的素质决定的。孩子第一所学校的主要教师是父母，辅助教师有爷爷、奶奶、外公、外婆等，这里主要以父母为例谈家庭教师的素质问题，其他人可参照标准进行修炼。目前中国的家庭教育方面存在一个误区，认为家庭教育就是家长教育孩子，孩子出了问题就责怪孩子，责任是孩子的。家庭教育专家董进宇博士说过："孩子出了问题，很多是家长问题。"其实家庭教育应当是先教育好家长，让家长持证上岗，用教育好的家长去教育他们的孩子。家长好好学习，孩子天天向上。这样一个小小的改变，会让中国教育有一个大的进步。从此国家会多一大批优秀的孩子，会多出现一批精英人才，会少一批"熊孩子"，会极大地减少教育的成本，减少社会负担，增加社会财富。父母要想成为一个合格的父母，应有什么样的修炼呢？前面已从相关知识的层面进行了论述，下面来论述父母在孩子的成长过程中的文化责任和使命。

（一）父亲在家庭教育中的责任和使命

父亲的责任和使命中最重要的是在对孩子方向性的引领过程中，注入理性思辨精神和责任担当。从文化视角，从孩子精神信仰、性格塑造、气质层面对孩子进行引导，以此设定孩子日后的方向。

1. 理性的使命

理性，是缜密思考后所期待的一种深刻。理性的深刻性是透过现象思考本质，理性的前瞻性是把握事物发展方向。

父亲的责任在于把握孩子的发展方向，总结孩子精神行为的优点，提升孩子的人性。

"天行健"是父亲文化中的理性、刚毅、果敢，所表达的是自强不息的精神，这是因天之序，是担当精神的表达。教育引导孩子在欢乐中要把握庄严，在挫折中要保持清醒，在顺境中要远离轻狂。理性是对无度的节制，唯有理性才能在关键的时候看得准、走得正。

当孩子离开家庭走向社会时，带走的不仅是知识，还应有面对复杂生活的睿智和深刻。任何一个家庭都希望培养出杰出的孩子，家长必须明白，杰出首先是思想的深刻和伟大，因此，培养孩子的理性思维是在孩子的生命中提供一种向上的精神，以此产生思想的力量。

父亲的理性是家庭走向理性的旗帜，是照亮孩子未来的灯塔，是医治浮躁的一剂良药。父亲的理性是孩子最好的财富。父亲最大的乐趣就是在有生之年根据自己走过的路，理性地引领孩子面对社会，这才是父亲文化的责任与使命。

2. 方向的引领

“大学之道，在明明德，在亲民，在止于至善。”这是传统学校教育所指出的“道”。而家庭教育之道，在于格物、致知、诚意、正心、修身、齐家、治国、平天下。这种“天将降大任于是人也”的经世伟业的抱负，来自家庭的文化熏陶，来自做人做事所表达的人性修养，可见家庭正是培养孩子“成就大业”所需基本素养的物化场，而成就这种“平天下”能力的理性、方向、定力来自父亲“道”的引领。父爱守道，实际是给孩子的成长设定做人做事的原则，是对未来人生方向目标的设定。

中国科学院原院长、当代杰出文学家、史学界权威、考古学家郭沫若认为父字乃斧字初文，其两把斧，一把是思想与智慧的给予，一把是方向和力量的给予。

父亲对方向的引领是以理念使者的身份来显示力量的，并以此确定孩子未来的人生航向。如果一个做了父亲的人汲汲于名利，短视、浅薄，这种氛围下浸润出的孩子可能会崇拜金钱；如果做父亲的重视官僚、重视权力的作用，孩子的未来可能会在官场下功夫；如果一个父亲不思进取，以打麻将为主业，以吃喝为乐，孩子往往会没有上进心，养成随波逐流的习惯；如果一个父亲学有所长，重视动手能力，这种文化熏陶出的孩子往往都重视能力的培养和创新思维的铸就。

3. 阳刚的铸就

如果母亲在教育孩子中所表达的厚德、贤惠、知书达礼决定了孩子成长中做人做事的深度，那么父亲所表达的理性、睿智、阳刚之气则形成孩子未来的进取精神和生存智慧。

阳，是男性外露的一种气质；刚，是坚强、勇武特质的表现。阳刚之气表达的是风度、气概，是体魄的伟岸和强健气质的外化；其内涵是执着、进取、顽强、正直、勇敢、毅力、奋斗、自信、自强。阳刚虽然在气质类型上偏于男性，却并不是男性的专利，女性同样可以有阳刚的气质。

养成阳刚之气不能一蹴而就，而是日积月累所致的一种人性。阳刚不是好斗，无谓争执，而是谦谦君子所表现出深沉、儒雅与刚毅。阳刚之气缘于生活的历练，缘于人性提升，缘于精神的境界。

“有容乃大”是阳刚的底蕴，“壁立千仞”是阳刚的精神，“贫贱不能移”是阳刚的境界，“威武不能屈”是阳刚的尊严，“富贵不能淫”是阳刚的品质。

阳刚的意义不是顺境下的闲庭信步，阳刚的本色是不畏艰险、顽强拼搏、淡泊明志的心境，是宠辱不惊的精神长歌。

人生的使命需要阳刚，父亲的伟大之处就在于对孩子阳刚的铸就。文化是心灵的感知，阳刚是父爱的灵魂。阳刚之气，是亘古不变的生命不息、奋斗不止，更是父亲帮助子女立于天地之间的伟岸情怀。

4. 责任的担当

对责任与担当通常有两种理解：一是指分内应做的事，如职责、尽责任、岗位责任等；二是指没有做好自己工作，而应承担的不利后果。

责任是一种使命，是一种品质，是对自己所负使命的忠诚和守信，是一个人成熟的标志。

一个缺乏责任感或者一个不负责任的人，不仅会失去别人的信任与尊重，还会失去社会的基本认可，而且在工作中往往一事无成。作为父亲，就应当在不同的时刻，及时准确地将责任传递给孩子，帮助他承担起责任，并明白地告诉孩子，人可以不伟大，可以不富有，但不可以没有责任心。坚守一份责任，就是坚守生命的追求与信念，就是享受工作的乐趣和生活的幸福。责任产生使命，责任创造卓越。

承担工作任务并对其负责，将责任付诸实践，即是担当的过程。在面对责任时，我们必须要有敢于承担责任的态度、勇于担当的信心和勇气，才能在各种角色中负起责任，才能有更多、更大、更好的担当。

在工作中，我们要采取积极主动的态度对待每一件事，而不是消极被动地接受任务，并且要用"解决问题，对结果负责"的态度来工作。只有时刻将责任感和担当牢记心中，我们的工作才更有效率、更容易成功。不为失败找借口，只为成功寻方法，我们不但要对工作过程负责，也要对结果负责，绝不为过错寻找借口。负责任的人，愿意接受别人的考验和审查，喜欢承担以结果为导向的任务，并乐于承担责任，这样才能一步步走向成功。

在当今社会中，每个人一生中可以碰到很多种承担责任的机会，如果你是一个有良好的担当态度、敢于担当的信心和勇气、出色的担当能力的人，那么就不要错失良机，使自己不断进步、提高，从而更好地对自己的未来负责。

每一个人只要生命不息，就一直走在奔波的路上，只是因为有了追求和向往，才活出了自己应有的精彩。不管男人还是女人，只要每天都在为生活而努力地拼搏，就需要更多的责任和担当。

如何让孩子承担责任，以勇于负责的态度、敢于担当的信心和勇气，行走在正确的发展道路上，始终保持正确的方向，阳光地面对世事，敏锐地发现问题，理性地思考问题，智慧地解决问题，不断走向人生的辉煌呢？可从古人造字文化中汲取教育的方法与智慧。

“从、比、北、化”四个字所蕴含的家庭教育内涵，代表了中国文化中父亲以文化的视角教育引导孩子的方法：科学地将孩子培养成有理性的人、明方向的人、会选择的人、有阳刚之气的人、有责任担当的人。

（1）“从”字

关于“从”字，《说文解字》中许慎明确地提出“相听也”，有听从、服从的意思。从字是由两个“人”字组成，是两个人一前一后地往前走。基于中国传统家教对父亲文化的理解，则“从”字中的两个人，走在前面的是父亲，跟在后面的是孩子。在从的过程中，不管是对父亲教诲的服从，还是方向引领的听从，以及一前一后的跟从，都是父亲在孩子成长的历程中，以领航的前行者的思维、行为、信仰、价值取向等诸方面，给幼稚又渴望了解人生的孩子以方向性的引领和思想、视野的开拓。孩子的成长历程是漫长的，有时会显得天真和幼稚，这就要求前面领航的人在前行过程中，让后面跟着学习的孩子产生“追星族”式的敬佩，以此让孩子产生坚定的学习信念，形成浓厚的学习兴趣，进而明确人生的方向，产生青出于蓝而胜于蓝的结果。在孩子的学习过程中，前行者要成为学习者的榜样和骄傲，这种榜样的力量将会对孩子产生终生的、深刻的甚至是刻骨铭心的影响。你想孩子走多远、飞多高，你自己也要准备走多远、飞多高。当你能力不足时，至少你要给孩子指明方向在哪，帮他谋划最佳路径。在这样的父亲引领下的孩子能不优秀吗？

案例 2-3：

钱学森，世界著名科学家、空气动力学家、中国载人航天奠基人、中国科学院及中国工程院院士、中国两弹一星功勋奖章获得者，被誉为“中国航天之父”“中国导弹之父”“中国自动化控制之父”和“火箭之王”。由于钱学森回国效力，中国导弹、原子弹的发展向前推进了至少 20 年。

钱学森的父亲钱均夫早年赴日本求学，1911 年回国，曾担任浙江省教育厅厅长。钱均夫与蒋百里是莫逆之交。蒋百里被誉为“现代兵学之父”，当时就任国民政府保定陆军学校校长。钱均夫十分重视钱学森的教育，精心规划钱学森的人生。钱学森于 1911 年出生于上海，1923 年 9 月进入北京师范大学附属中学学习，1929 年考入铁道部交通大学上海学校机械工程学院铁道工程系，1934 年毕业于国立交通大学（现上海交通大学和西安交通大学前身），6 月考取清华大学第七届庚款留美学生。出国前钱学森父亲嘱咐他要“学好知识，报效祖国”。

1935年9月进入美国麻省理工学院航空系学习，1936年9月获麻省理工学院航空工程硕士学位，后转入加州理工学院航空系学习，成为世界著名的大科学家冯·卡门的学生，并很快成为冯·卡门最重视的学生。

1938年7月至1955年8月，钱学森在美国从事空气动力学、固体力学和火箭、导弹等领域研究，并与导师共同完成高速空气动力学问题研究课题和建立“卡门-钱学森”公式，在28岁时就成为世界知名的空气动力学家。

1939年，钱学森获美国加州理工学院航空、数学博士学位。1943年，任加州理工学院助理教授。1945年，任加州理工学院副教授。1947年，任麻省理工学院教授。

1956年参加中国第一个五年科学规划的制定。钱学森与钱伟长、钱三强一起，被周恩来称为中国科技界的“三钱”。钱学森受命组建中国第一个火箭、导弹研究所——国防部第五研究院并担任首任院长。

钱学森生前常对人说，对他一生影响最深和帮助最大的有两个人：一个是开国总理周恩来，一个是自己的岳父蒋百里。1935年8月，钱学森赴美深造，原本读的是航空工程专业，但在继续深造的问题上，他与父亲发生了争论。钱学森打算下一步攻读航天理论，但父亲回信说中国航天工业落后，落后就要挨打，还是研究飞机制造技术为好。钱学森则告诉父亲，中国在飞机制造领域与西方差得太多，只有掌握航天理论，才有超越西方的可能。蒋百里知道了钱家父子的分歧，他对老友钱均夫说道：“欧美各国的航空研究趋向工程、理论一元化，工程是跟着理论走的。”钱均夫听了这番话，终于应允儿子继续学航天理论。钱学森如释重负，从此对蒋百里感激不尽。

父亲的这种引领，是一种视野、智慧在孩子的目标定力上的反映。父亲的方向引领，可以是精神式的树立榜样的引领，也可以是视野前瞻及思想、目标定力的思辨式的引领，这种引领是对学校之外做人做事的学问的补充。孩子未来的路能走多远，就看在跟从的过程中父亲的理性目标设定有多远。一分智慧，一分收获；一种行为，一种方向；一个思想，一个目标。智慧、行为、思想是父爱精神的体现，收获、方向、目标是父爱理性的关照。

(2)“比”字

比，在甲骨文和钟鼎文里，是两个亲近的人紧靠相依、并肩向前，这正是“比”的本义：紧靠、亲近、比并；发展到秦代小篆，“比”的形体像小两口弯着腰、垂手过膝向来宾们鞠躬致谢；发展到汉隶阶段，弯腰鞠躬的一对变成平坐搭肩的一对；楷书中的“比”，平坐搭肩的姿势没有变，由此产生出并列、挨着、接近等引申义。

“比”字文化的内涵进入父亲的教育文化，首先是一种亲情。因为亲其师，才能信其道。只有父亲与孩子保持良好的亲子关系，才能构建引领的基础。比的过程中孕育着情感的释放、智慧的传承、方向的引领。其次是并肩向前、精心陪伴、相互理解、相互信任、相互交流、相互支持、携手前行，在此过程中，父亲将人生的智慧、男人的责任、理性的思维、刚毅果绝的风格一起融入孩子性格与人性的塑造中，并对孩子的判断做出明晰的解读。比的逻辑起点，其实质是引领之下的比，是把父亲一生的经验和智慧融入孩子一生自我目标的反省和定力的设定。在比的过程中发现孩子的兴趣，强化孩子的创新力，形成终生追求的目标。

(3)“北”字

传统文化认为“北”就是背，本意在于背离、违背，二人相背是一种不和谐，“相背相违也”。

孩子经过多年的教育培养，到了十三四岁的时候，是独立思想、独立行为走向成熟的开始，这时候，孩子会极力模仿社会中其他人的一些行为，平时对孩子较少关注的家庭会感到孩子“突然不听话了”。心理学上把这一时期叫“仇视期”，或叫“心理逆反现象”，时间一般持续 1～3 年。这是一件令教者、令父母既感到高兴又应该反思的事。

关于这一现象，不同的学者有不同的看法。比较普遍的观点认为这是必然发生的现象。孩子对一些问题有了自己的主见和追求，家长应顺势引导，反思在孩子的成长中教者(家长)都给予了孩子什么样的思想启迪和人生智慧的注入。我认为所谓的“心理逆反现象”是可以避免的。我们家长应当认清孩子在生活中不仅有物质的需求，也有精神的需求，孩子需要社会，需要理性观照，需要文化的浸润。若家长在孩子的成长过程中适时地、有技巧地给予方向引导、情绪疏导，满足合理需求，给孩子更多的关爱，给孩子成长的空间，给孩子以宽容，孩子可顺利渡过所谓的“逆反期”。若处理不当，不认同孩子的一些正常需求，关爱不够，甚至责备孩子，孩子就会在社会上寻找认同，很可能被坏人拉拢学坏；在男女同学中寻找同伴，很可能造成青春期的性冲动；在网络中寻找志同道合者，很可能形成网瘾、断送前程。关注孩子的同辈群体十分重要，跟好人学好人也是规律。综上可知，孩子所谓“反叛期”的根源在于家庭只关注物质，而少了思想的交流，少了人性的教育，少了精神需求的满足；在于社会舆论功利性的引导。

(4)“化”字

“化”字中,两个人字的一正一反,表示变化。“因时而化”在于能动的深刻;“终不能化”表示事物的冥顽;若得其化者“犹生也”。这种化是父教子的思想之化,是社会之道的文化之化,是父爱理性的智慧沉淀之化。据《说文解字》,化,教行也。化心,在于对子女心性的改变;化观,在于对子女思维状态的修正;化治,在于对子女行为状态的引领:最终抵达以礼合天地之化。

若从生命进程的角度领略化中的意义,则父亲对子女的化是无私的贡献。当父亲对孩子教化若干年,当父爱把青春、活力、智慧都浇灌于孩子的身上,化的行为便融入了一个生命所能给予的全部热量、期望和理想。化的目的是体现“道”,把握发展规律。

家庭教育倡导德行出气质、礼仪出君子、智慧出方向、学习出能力。这是文化天下必要的素养,也是父亲“化”的初衷。这种化是孩子做人做事的根,根深才能叶茂,才能走得远。而这种根是化的意境的表达,表达了父亲职业意识在文化上的建树,是父亲对孩子方向性引领的智慧贡献,是父亲文化设定的目标定力。

世界上最美的语言是人类的思维,最美的情谊是父子真挚的情感。我们在“从”字的文化蕴涵中感觉到方向的力量,“从”的过程是一种心领神会的感化;我们在“比”字的文化蕴涵中体会到真情的天伦之乐,“比”的过程是一种过程自律、自省;我们在“北”字的文化蕴涵中懂得了自立向上,“北”的过程是一种注入理性的深化;我们在“化”字的文化蕴涵中感到了做人做事的根基,“化”的过程则是一种精神信仰、方向设定。

5.培养孩子的九个重要意识

父亲是一个职业。职业是指专门从事某种工作的行家里手。作为父亲要有强烈的职业意识、职业技能、岗位责任。做父亲这项工作只能成功,不能失败,因为孩子的一生不能从头再来。父亲的不当教育,影响的是孩子的发展,影响的是自身的幸福,影响的是民族的未来。所以父亲必须具备良好的职业素养,带着父亲的深爱,以前瞻的视野、以深刻的理性、以高超的技巧,对孩子实施最好的教育。

(1)为孩子成长明确人生方向和目标

哈佛大学有一个关于目标对人生影响的跟踪调查。对象是一群智力、学历、环境等各方面都差不多的人。调查结果发现,27%的人没有目标,60%的人目标模糊,10%的人有清晰而短期的目标,只有3%的人有清晰而长期的目标。

25年的跟踪结果显示:3%的人25年来都不曾更改过目标,他们朝着目标不懈努力,25年后他们几乎都成了社会各界的顶尖人士,成为社会的精英。10%的人,生活在社会的中上层,短期的目标不断地被达成,生活状态稳步上升。60%的人,几乎都生活在社会的中下层,他们能够安稳地生活与工作,但似乎都没什么特别的成就。27%的人,几乎都生活在社会的最底层,25年来生活过得不如意,常常失业,靠社会救济,并常常抱怨他人、抱怨政府、抱怨社会。这个结论说明:目标对人生有着巨大的导向性作用。成功在一开始,仅仅就是一个选择。你选择什么样的目标,就会有什么样的成就,有什么样的人生。

著名教育家乌申斯基也曾说过:“方向目标是使人产生美德和人类幸福的心脏。”目标是人不懈奋斗的动力源,对人生是有巨大威力的,有巨大的引领作用。其作用至少有六方面:一是目标可以给人的行为设定明确的方向;二是知道什么是重要的,合理安排时间;三是目标促使自己未雨绸缪,把握今天;四是使人能清晰地评估自己每个行为的进展;五是把重点从工作本身转移到工作的成果上来;六是产生持续的信心、热情与行动力。方向目标,是给孩子未来设定的奋斗理想,父亲必须从小帮助孩子确立明确的目标。

高尔基说过:“一个人追求的目标越高,他的才力就发展得越快,对社会就越有益。”我确信这也是一个真理。目标越高,志向必将可贵;没有目标指引方向,就会丧失自己。对于一艘盲目航行的船来说,可能所有的风都是逆风;有了目标和方向却走得慢的人,也会比盲目徘徊的人更快到达目的地。英才的成长需要方向目标,需要文化氛围,需要持之以恒的坚持。

(2) 为孩子成长进行精神引领

精神是指人的意识思维活动和一般心理状态,又指宗旨。辩证唯物主义理论告诉我们,物质决定意识,意识反作用于物质。有精神的人就像是在混凝土中加了钢筋,有了钢筋的混凝土才能立得起、站得住、拉得开、铸得高,能承载巨大重量。有精神的人就像装了大的发动机,始终不停地在学习、工作、思考、前进。

一个人精神上的贫瘠比物质上的贫乏更可怕。因为物质上的贫乏只是暂时的,你大可以通过自己的聪明才智和努力拼搏来获得物质上的满足。精神上的匮乏才是最可怕的。这样会让你失去拼搏的动力和生活的勇气。精神贫瘠,生活就没有任何动力,对任何事都提不起兴趣,做一件事永远不能坚持到底;没有目的,就像行尸走肉一样活在这个世界上。这就是精神上的贫瘠比物质上的贫乏更可怕的原因。

一个人如何才能摆脱精神贫瘠呢?第一,最重要的是在家庭教育中从小对孩子进行精神引领。第二,在成年后多加入社交圈,用不同的交流方式认识不同的人和事,理性地分析别人的优点,并结合自身的条件提升自己,从而丰富自己的精神观。第三,积极参加健康有益的文化活动,接触来自各个层面能激发自身正能量的人,不断丰富自身的精神世界。第四,多阅读书籍,阅读可陶冶情操,可以开阔人们的视野,优秀文化能促成自立意识,也能提高个人修养,有助于提高我们的精神世界。第五,丰富自己的生活,合理地安排好工作、家庭和休闲的时间,同时保持运动。

人应当有点精神,中国人应当有中国精神的特质。作为父亲应当深悟其理、积极践行。父亲在家庭中以理念的使者身份出现。“天行健,君子以自强不息”,“天”就是父亲,这是因天之序。父亲在家庭中应是每个家庭成员的精神示范者、引领者。将家庭的每一个成员都培养成具有先进时代精神的人,有鲜明中国精神特质的大写的人。

中国精神以马克思主义、毛泽东思想、邓小平理论、“三个代表”重要思想、科学发展观、习近平新时代中国特色社会主义思想为指导,体现在社会主义荣辱观。中国精神包括以爱国主义为核心的民族精神和以改革创新为核心的时代精神。民族精神体现为团结统一、爱好和平、勤劳勇敢、自强不息、执着、仁爱、谦恭、自省、和谐、善良、热爱、无私奉献、顶天立地、吃苦耐劳、任劳任怨、自觉自信、厚德载物等传统文化之精华;时代精神体现为敢于创造的思想观念、追求进步的责任感与使命感、锐意进取的精神状态。

中国精神是民族精神和时代精神的统一。当这些重要的精神元素被植入孩子精神的时候,你的孩子将成为人格完善的人、充满人性的人、动力十足的人、前途无量的人。

自觉觉人是父亲要把握的一个重要原则。自觉,是教者要自强不息、诲人不倦。觉人,是一种包容和耐心,是学而不厌、相互启迪,在反思自省中不断提升。父亲要拓展自己的视野,从对人性提升和世界人才需求的前瞻性中,对孩子进行理性精神引领,绝不做仅关注孩子分数,浮躁、短视与功利的父亲。

(3) 为孩子成长制定规划

为孩子制定成长规划,实际就是对孩子的未来进行设计。一个理性的父亲,一个有责任感的父亲,就应将成功的路修到孩子脚下。

一个人的精力是有限的,全面出击、广泛收获几乎是不可能的。父亲要在与孩子的接触中、观察中、交流中发展孩子的兴趣点、能力点、潜能点,绘制出孩子的特质,根据未来人才需求,对孩子进行人生规划,让孩子的成长从小就行走在精心设计规划的道路上，而不是盲目跟潮流。

案例 2-4：

郎朗出生在辽宁省沈阳市沈河区一个充满音乐氛围的家庭。在家庭环境的影响下，郎朗很小就对音乐产生了浓厚兴趣。郎朗 2 岁半时就被动画片《猫和老鼠》中汤姆猫演奏的《匈牙利第二号狂想曲》所吸引，从而对钢琴演奏者的手指产生了浓厚的兴趣，并无师自通地在家里的国产立式钢琴上弹出了基本旋律。从此父亲郎国任开始对他进行钢琴启蒙。

郎朗 3 岁时正式师从沈阳音乐学院的朱雅芬教授学习钢琴。5 岁时第一次参加东三省少年儿童钢琴比赛，获得第一名，并在赛后举办了生平第一场个人演奏会。1989 年，年仅 7 岁的郎朗参加首届沈阳少儿钢琴比赛，再次获得第一名。为了郎朗更好的发展，朗朗的父亲郎国任决定将郎朗送到北京培养深造。1991 年，郎朗从 3 000 余人的报考大军中脱颖而出，以第一名的成绩考取中央音乐学院附小钢琴科，师从赵屏国老师。1993 年 11 月，郎朗参加第五届“星海杯”全国少年儿童钢琴比赛，获得专业二组第一名。1994 年，自费参加德国埃特林根第四届国际青少年钢琴比赛，获得甲组冠军、杰出艺术成就奖。

1995 年 9 月，以公派的身份参加在日本仙台举办的第二届柴可夫斯基国际青年音乐家比赛，获得金奖。回国后，郎朗在北京音乐厅举办个人独奏音乐会。1996 年，郎朗应邀与新成立的中国国家交响乐团合作，在时任中国国家主席江泽民作为嘉宾出席的乐团音乐秀开幕式音乐会上，14 岁的郎朗被指定担任钢琴独奏。1997 年 3 月，郎朗以第一名的成绩考取了位于美国费城的世界著名的柯蒂斯音乐学院，师从加里·格拉夫曼；同年，在格拉夫曼的引荐下，郎朗通过甄试，与 IMG 演出经纪公司签约，从此走上了职业钢琴演奏者的道路。

2008 年 2 月，郎朗获得美国录音师协会颁发的“艺术荣誉奖”；2 月 11 日，他出席“格莱美颁奖典礼”，并进行了长达 6 分钟的表演；5 月 9 日，他应俄罗斯政府的邀请，参加了“第二次世界大战欧洲战场胜利 61 周年庆典暨俄罗斯总统换届庆典”的演出 ；6 月 30 日，他应邀为欧洲杯足球赛助兴，并演奏了肖邦《第一钢琴协奏曲》，之后，郎朗被德国国家电视台正式邀请成为该台的文化大使，并在北京奥运期间作为主播宣传北京和奥运会；8 月 8 日，他在北京奥运会开幕式上独奏了长达 8 分钟的钢琴曲《灿烂星空》。

2009 年 2 月 3 日，为纪念门德尔松诞辰 200 周年，郎朗与里卡多·夏伊指挥的德国莱比锡布商大厦管弦乐团合作，在莱比锡演奏门德尔松《g 小调第一钢琴协奏曲》;8 月,被评为“中国最有品牌影响力的 60 位明星”之一;10 月 1 日,参加在天安门广场举行的“首都各界庆祝中华人民共和国成立 60 周年联欢晚会”,并演奏了《今天是你的生日》;12 月 10 日,郎朗再次出席诺贝尔颁奖仪式,并压轴演奏肖邦的《离别》和李斯特的《爱之梦》;12 月 31 日,受邀担任柏林爱乐乐团在柏林爱乐大厅举办的新年音乐会的独奏。

2010 年 1 月 7 日,郎朗接受波兰政府的邀请,在华沙举行的纪念肖邦诞辰 200 周年的“肖邦年”开幕式音乐会上担任唯一的钢琴独奏;4 月 30 日,在上海世博会开幕式上演奏《新上海协奏曲》《长江之歌》;6 月 2 日,再次受邀在白宫为美国总统奥巴马进行演出,并演奏了钢琴曲《庆典》;6 月 12 日,获得国际门德尔松大奖,成为首位获得该奖项的中国人 ;10 月 29 日,接受美国哈佛大学的邀请,在哈佛大学桑德斯剧场举办钢琴大师课。

2011 年 1 月 19 日,郎朗受邀出席在白宫为中国国家主席胡锦涛举办的国宴,不仅与赫比・汉考克四手联弹拉威尔的《瓷偶女王》,还独奏了《我的祖国》;9 月 8 日,应邀担任旧金山交响乐团 100 周年庆典音乐会的独奏;9 月 10 日,受邀参加伦敦(BBC)逍遥音乐节的压轴音乐会;10 月 22 日,举行了“弗朗茨・李斯特诞辰 200 周年郎朗现场音乐会”,并演奏了《李斯特第一钢琴协奏曲》等曲目;11 月 12 日,在广州亚运会开幕式上演奏《时光》。

2012 年 1 月 1 日,“郎朗音乐世界”在深圳成立;同年,郎朗携手余隆、纽约爱乐乐团在纽约林肯艺术中心举行了乐团有史以来的第一个中国新春音乐会,并通过美国公共电视台(PBS)进行全球直播;3 月,在英国皇家阿尔伯特音乐厅举行“贝多芬五大钢琴协奏曲音乐会”;3 月 28 日,参加维也纳金色大厅 200 周年音乐季庆典演出;6 月 5 日,受邀在英国女王伊丽莎白二世登基 60 周年钻禧庆典音乐会上献艺,演奏李斯特的《匈牙利狂想曲第 6 号》以及格什温的《蓝色狂想曲》;6 月 15 日,在德国柏林的体育馆举行了 30 岁生日音乐会,不仅演奏了柴可夫斯基的《第一钢琴协奏曲》,更与从世界各地选拔来的 50 名琴童合奏了舒伯特的《军队进行曲》、勃拉姆斯的《匈牙利舞曲》,以及贝多芬的《第五交响曲・命运》;8 月 28 日,与指挥师埃森巴赫和北德意志电台交响乐团在德国“石荷州中国音乐节”闭幕式上演奏了贝多芬的《第五钢琴协奏曲》。

从郎朗的成功可以看出,一个大师的成长,这几点很重要:一是及早发现孩子潜能所在;二是及时规划,开发潜能;三是名师指导,用心培养;四是参加比赛,检验自己;五是完善人格,快速发展。

（4）孩子成长需要较强的沟通能力

关心和被关心是人类基本的需求，关心别人需要沟通，被别人关心同样需要沟通；让人认可需要沟通，确立相互的信任需要沟通。知识能博得人们的尊敬，善行能得到众人的认可，沟通则能得到人们的理解支持。沟通能力是人性在精神轨道上对外的宣言，是成就事业的基础，是精英成长走向成功的必备能力之一。

沟通能力的生长点源于家庭，沟通能力的导师是父母，沟通能力的训练员是父母、兄妹、亲属、同辈群体等。一个在家里善于和父母、兄妹、亲属沟通的孩子，走上社会后一定会善于和同事、朋友及领导沟通。沟通可以交换思想、表达意识。沟通的前提是心态，沟通的目的是共赢，沟通的技巧是倾听，沟通的原则是善行，沟通的基础是人性。和上级沟通需要视野和胆识，视野和胆识需要阅历与实力；和下级沟通需要关心和支持，关心和支持需要精准与给力；和同级沟通需要谦虚和畅言，谦虚和畅言需要态度和坦诚；和长辈沟通需要倾听和尊重，倾听和尊重需要真心与真情；和平辈沟通需要理解和包容，理解和包容需要同情与胸怀；和晚辈沟通需要慈爱和引领，慈爱和引领需要善意和方向。

和孩子的沟通需要技巧，要注意氛围的营造。与孩子沟通要关注孩子的需求，要充分理解孩子、真心尊重孩子。孩子不高兴时要辅以兴趣，孩子伤心时要辅以智慧的注入，孩子遇到困难时，要辅以勇气的给予。要学会观察，要学会倾听，要敏于发现，要多一点鼓励、多一点交流、多一点慈祥。

沟通不只有语言的沟通，与孩子沟通时要让孩子看着父母的眼睛，同样父母也要看着孩子的眼睛，沟通时要有表情、有动作、有互动、有思考、有温度、有智慧，这样的沟通才能达到共鸣共识、心心相印。

与孩子沟通时要避免思想贫瘠、思维简单、语言空洞、情感干瘪、批评指责、情绪焦躁，这样的沟通注定没有好效果，甚至还会带来沟通的障碍。

（5）关键时期做出前瞻性的决定

人生的路虽然漫长，但关键只有几步。走好了关键的几步，人生就比较顺畅，成功就离你越来越近。一步走错了会影响人的一个时期，甚至一生。关键性的选择，需要视野的广阔，需要理性的深邃，需要有前瞻性，是对父爱理性的检验，也是对孩子生命的真切关爱。

正如前面所说，父亲对子女的关心，首先是从择妻上开始的。母亲不仅要能与丈夫相敬如宾、共鸣、共识，还要有做母亲的能力，有厚德载物的修养，有知书达礼的底蕴，有勤劳进取的品格，有慈母之心的修为。这是因为，家是母亲文化的历练场，孩子的教养、品德、意识、修养等品格是母亲给予的。家中有一个好妻子，不只是丈夫的荣幸、孩子的幸福，甚至可以幸福三代人。

其次，是对学校和专业的选择。对学校的选择，就伴随着对同辈群体的选择，而同辈群体对成长中的孩子影响是很大的。“近朱者赤，近墨者黑”是有道理的。专业的选择，决定着未来的发展，必须要有前瞻性，要结合兴趣通盘考虑。

再次，是对工作的选择。要尊重个性，能发挥特长，有上升空间，再加上适合自己。

最后，是对象的选择。要身心健康、三观相同、阶层相近、性格互补、情投意合。

(6) 孩子成长要戒除浮躁

浮躁是精英成长的大敌，世上从来没有随随便便的成功。浮躁的人在工作时，一张嘴就是困难，对待稍有难度的工作，退缩、畏难、躲避、放弃成为常态。这样的人眼高手低，兴趣很多，但专注做一件事很难。他们习惯于浅尝辄止，兴趣转移像流星雨。这部分人心浮气躁，缺乏平和安静的心境。浮躁，是因为灵魂的栖息地没有建设好。心理学认为，浮躁是一种冲动性、情绪化与盲目性相互交织的复杂的病态心理，使人失去准确定位，让人随波逐流，做事没耐性，难以持之以恒。浮躁，是过度自负或极端的不自信心理造成的。这两种极端的心理往往纠结于一处，一方面过度膨胀，另一方面又心虚气短，只好先把口号喊出来，再千方百计地投机取巧、蒙混过关。浮躁表现在心态上，就是急功近利，总想一举成功；表现在学习上，就是静不下心，学不进去，急学现用，不求甚解。

电影《中国合伙人》中说：“梦想是一种让你感到坚持就是幸福的东西。”曾有一位学者去英国考察，看到牛津大学的草坪很好，于是向园丁询问经验。园丁说，没有什么经验，就是要不停地浇水，只不过要浇900年。浇灌我们的梦想，时间不是唯一的尺度，要有只争朝夕的心气，更需有日积月累的实干。这既是方法论，更是改变世界的信仰。

如果我们能安下心来认真做一件事情，就没有做不好的。一日三省的孔子、墨黑池水的王羲之、虚怀纳谏的唐太宗，他们克服了浮躁之心，隐去浮躁之气，于是，成功显得如此简单。浮躁被扎实所代替，冲动被理智所折服，这才是不断成长、走向成功的硬道理。

曾国藩有一副名联：“好人半自苦中来，莫图便益；世事多因忙里错，且更从容。”意思是说：好人从逆境中崛起，但不要贪占；很多错误都是因为草率应对、顾及不周而犯，应该从容面对并解决问题。

浮躁其实质是缺少人性的厚重与沉稳，同时也和睿智、理性背道而驰。根本是缺少坚忍不拔、锲而不舍的精神。当今浮躁产生的原因主要是市场经济优胜劣汰，一味地追求速度、追求利益，扭曲了人性。人如果浮躁，终日都会处在又忙又烦又乱的应激状态中。浮躁表现在脾气上，影响周围关系；表现在问题处理上，让人感到肤浅；表现在利益上，会让人感到急功近利；表现在性格上，让人感到人性的缺失。求官求利心切，一定会使思想价值观浮躁；求欲求得心切，会表现出浅薄且贪婪、骄奢放纵；求名求誉心切，会让人沽名钓誉，“文明行乞”。孩子染上浮躁之风，极易背负终身债务。

浮躁产生的根源在于家庭的引导不当，一个家庭如果价值取向盲目，甚至短视、浮躁，父爱缺少理性，丢失冷静、睿智思想，就会助长孩子身上的浮躁。

中国文化特点是讲究沉稳、含蓄、从容、镇静、不急不躁的品质。古往今来，历来教导“欲速则不达”“见小利则大事不成”“小不忍，则乱大谋”“遇事要三思而后行”，是很有道理的。所以，父亲必须教育引导孩子远离浮躁，戒除浮躁。

(7) 孩子成长要关注兴趣

对孩子的兴趣的培养，也是对孩子思想培养的起步。有什么样的兴趣和爱好，孩子就会在社会上表现什么样的个性和修养。一个人的兴趣点就是一个人的兴奋点并由此表达志向和实现创新，当一个人的兴趣点、潜能点、创新点、事业志向、社会发展方向一致时，他的生命将活力四射、大放异彩。

兴趣和爱好固然重在培养，但也有一半因素在环境影响。良好的兴趣使人增智，兴趣可以增强记忆，兴趣可以产生良知，兴趣可以促进人的发展。兴趣衰退会使杰出的人失色，兴趣的淡漠是走向平庸的开始。兴趣是真实的自我，是自我对外表达的美，是一种个性的张扬。

培养孩子兴趣是关注孩子的个性和性格的培养，经过有个性的家庭文化浸润，孩子从而形成有个性的逻辑思维，挖掘出生命的潜能。表达灵魂的教育，体现理性的教育，是鲜活的，是针对每个个体的天性、天赋所表达的特色教育。这是追求人全面发展，促进每个人有个性发展的必然要求。

当前中国的学校基础教育，基本上是在以国家课程为主、地方课程补充的大环境下对学生实施教育教学。但也有少数学校在按学生个性设计课程、实施教学，影响比较大的有北京市十一学校，这个学校号称是一人一课程，很有特色。这样的学校无疑对促进学生的个性发展有很大帮助。我们期盼这样的学校课程建设能越来越适合学生的个性发展，办学的水平越来越高，促进各类人才的爆发式增长。随着我国的经济发展和人们对教育认识的深化,特别是家长对个性教育的需求显著增长,学校教育的结构、目标、内容、方法、手段等必将有新的突破。教育需求是推动教育改革的巨大力量,所以,家长要发现孩子的个性特长,要有理性的思考、科学的规划,更要有扎实的行动。

(8) 让孩子成为理性豁达之人

亚洲前首富李嘉诚先生曾说过:做事要找靠谱的人,太聪明的人只能聊聊天;聪明的人未必幸福,但智慧的人会看到幸福;灵巧的人未必幸福,但豁达的人会找到幸福。幸福与智慧、豁达始终相伴。真诚赢天下,豁达通四海。

在家庭中,父亲理性的睿智、豁达的胸襟,自然会形成方向性凝聚力,这是思想的力量对家庭表达的责任。看不见的人性是豁达胸襟的基础,历练是豁达胸襟的路径,幸福是豁达胸襟的目标。在家中尊重家庭成员意见,表面上看是一种人生态度,其实质是对孩子为人处事思维模式的精神示范。父母的豁达示范对孩子的成长十分重要。

一个心胸豁达的人,能够咬牙顶住外界压力,并能够继续保持微笑。

人生难免都有情绪失落的时候,但心胸豁达之人,有着聪慧的心智,能够不着痕迹地擦干泪水,能够一边微笑,一边自我安慰:"你一定可以的!"

一个心胸豁达的人,眼神总是那么宁静深邃。你猜不出他在想什么,但是能够感受到他的气场很强大。通常,沉默寡言比说一堆要有用得多。

一个心胸豁达的人,时刻保持理性的头脑,做事不焦躁,从不冒冒失失、虎头蛇尾,待人从不乱发脾气、胡搅蛮缠。心胸豁达之人少闹矛盾,少情绪化,总是能够在关键之时,洞察秋毫,找到方向,从未感到迷惘。

一个心胸豁达的人,绝不像一些口无遮拦的人一样喋喋不休、没完没了、他懂得守口守心、惜字如金。不论遇到什么问题,总能够从容淡定,总能保持缜密的心思。给自己一个思考的空间,给他人留些余地。

一个心胸豁达的人,爱情、事业即使处于人生低谷,也并不觉得害怕。他总能够克制自己不宁的心绪,只要经过一段时间的淡化,就能够摆脱阴影,走出困境,投身于更精彩的爱情或事业中。

一个心胸豁达之人,总会经营自己的人生,发掘自己的闪亮点,让事业蒸蒸日上,让真爱慢慢靠近自己。

心胸豁达不是挂在嘴边,而是得到别人真心认可。真正的豁达大度不像那些鼠目寸光之人总喜欢斤斤计较,凡事必争个输赢。就算争到别人不愿意说话了,又有何意义？只不过让自己徒增烦恼，还遭人厌恶。

一个心胸豁达的人，一定是一个有素质、有修养的人，凡事都能好好说，有商有量；遇事当面说；不懂的不乱说；不造谣，不搬弄是非；就算真的明白，也能够假装糊涂，“赠人玫瑰，手留余香”，不着痕迹地给人留下退路！

一个人如果心胸狭窄，不仅仅伤害别人，同时也伤害自己，这又是何苦呢？人生匆匆，稍纵即逝，生命是用来享受的，而不是拿来自寻烦恼的。

一个人如果心胸狭窄，很难有一个好的心情，很难找到幸福，长此以往，身心疲惫，最后连健康都难以保证。所以心胸狭窄是一种心病，必须克服，及时改过。

心胸豁达之人喜欢赞美他人，赞美别人容易获得好心情。赞美也是一种激励，批评虽然是一种鞭策，但总是让人难堪。有时候忠言逆耳，未必利于行，特别是如今的人，好言好语听惯了，诚心尖锐的话，反倒成了一种负担。

做一个心胸豁达的人并不难，从学会沉默开始，多三思而行，多做生活的“局外人”，守护好自己的心灵，勿闹心，勿烦心；需开心，需宁静！

无论何时何地，我们都应该做一个心宽似海、豁达大度之人。

豁达是一种超人的智慧，豁达之人一定少有尖刻，远离势利，鄙视贪婪，藐视嫉妒；豁达之人为人处事光明磊落，遇事化干戈为玉帛，为人处事往远看。别和往事过不去，因为它已经过去；别和现实过不去，因为你还要过下去。

给孩子留下豁达、超然、整合人生智慧的处世哲学，是文化育人之要义，也是父亲这一职业要表达的责任与力量。

(9) 孩子成长需要坚毅品格

真正的成功往往发生在人们突破边界和障碍的时候。如果你的孩子一直没有机会战胜一些困难，他可能永远不会具备面对挑战的自信。体验冒险和障碍是孩子学习的一个重要途径。

案例 2-5：

近年，整个美国教育学界被一种全新的教育理念所席卷，那就是 Grit。

(1) Grit 的定义是什么？

Grit 可译为“坚毅”，但其含义远比毅力、勤勉、坚强都要丰富得多。Grit 是对长期目标的持续激情及持久耐力，是不忘初衷、专注投入、坚持不懈，是一种包含了自我激励、自我约束和自我调整的性格特征。

(2) 如果你见一个孩子“能很投入地一直做一件事很久”，这就是坚毅。

“向着长期的目标，坚持自己的激情，即便历经失败，依然能够坚持不懈地努力下去,这种品质就叫作坚毅。”

从2005年开始,Angela Duckworth一直致力于研究性格对于成功起到的作用。她对数以千计的高中生进行了调研,并跟随西点军校学员、全国拼字比赛冠军、国内一流大学学生等进行观察和分析,她发现:无论在何种情况下,比起智力、学习成绩或者长相,坚毅是最为可靠的预示成功的指标。

在这种社会思潮下,美国很多学校已经在引进新的课程,比如加利福尼亚州长滩中学创建了新型的课堂文化,让孩子在学习中面对更多挣扎和冒险,而不只是获得正确答案。在他们看来,智商是与生俱来的,而坚毅是每个人都可以开发的。父母和学校还是有很多空间,可以帮助孩子塑造坚毅的品格,这将有助于他将来在任何领域获得成功。

席卷美国的Grit教育正在给美国家长重新洗脑。跟中国家长望子成龙一样,美国家长也为孩子未来面临的竞争感到焦虑。家长的这种焦虑从根本上说源自一个假设,那就是:如今要在美国获得成功,最重要的是以智商为代表的认知技能,而培养这些技能的最佳方式就是尽可能多、尽可能早地开始练习。

这种认知假设显然有一些牵强。它所描述的让人以为世界是“线性”的,并因此帮孩子学习知识、增添技能、获得学历、考取证书……所有这些,都是给孩子在这条线性的跑道上增加成功的筹码,即有投入就必定会有产出,比如,3岁孩子做过的数学题越多,读小学时的数学成绩就越好。

近几年来,经济学家、教育家、心理学家和神经专家等各个不同领域的专家都对这种认知假设提出了质疑。他们普遍认为,决定孩子成功的最重要因素,并不是我们给幼年的孩子灌输了多少知识,而在于帮助孩子培养一系列的重要性格特质,如毅力、自我控制力、好奇心、责任心、勇气以及自信心,这些都将影响其一生。

(3) Grit开启性格教育时代,什么商都不如性格重要。

什么是教育中最重要的部分?怎么培养,才能帮孩子取得成功?

过去,人们将注意力主要放在智力开发上,认为掌握知识的多寡,直接决定了孩子的学业、事业表现及能否在未来的社会竞争中取得胜利。

由美国心理学家Daniel Goldman完善的情商概念则指出,儿童未来的学业表现、事业成就、生活的幸福程度,只有不足20%取决于智商,其余绝大部分是由情商决定的。

正向心理学(Positive Psychology)则提出了七项指标,认为它们是预示孩子未来成功的“七大秘密武器”。这七项指标分别是:grit坚毅、zest激情、self-control自制力、optimism 乐观态度、gratitude 感恩精神、social intelligence 社交智力、curiosity 好奇心。情商，只是社交智力的一部分，而智商，压根被排除在了这“七大秘密武器”之外。

以正向心理学为基础的性格教育不相信“智商决定论”及“人的命、天注定”的遗传出身论，认为儿童是后天教育可塑的。家长、教师等如能给儿童做出表率和示范，则儿童完全可以被培养成在未来成功的人。

性格教育的追随者、美国 KIPP 学校的创办人 David Levin 将 Grit 作为教育的核心理念。KIPP 在全美 20 个州拥有 162 家连锁学校，会对学生一一进行包括 Grit 在内的七项教育指标的评估。Grit 研究的创始人——Angela Duckworth 是这所学校的合作人之一，她将 Grit 看作所有七项指标中最重要的一个。

坚毅教育警示我们：决定孩子成功的最重要因素，不在于我们给孩子灌输了多少知识，而在于我们是否帮助孩子获得了以坚毅为首的七项重要的性格特质。

具体说来，一个 6 岁的孩子是否知道 3＋2＝5 根本不重要，重要的是在学习的过程中，他是否愿意在第一遍回答成 3＋2＝4 之后重新尝试，直到得出正确答案为止。我们应教会孩子的不是跑得多快，而是在摔倒之后站起来继续跑，哪怕他是最后一名。

（4）美国社会为何如此关注坚毅？

如今的美国儿童，特别是那些在优越环境中长大的孩子，在成长的过程中比以往任何时代都更少面对失败。当然，他们同样也学习刻苦，常常承受压力。但是，实际上他们接受教育的过程比以往任何一代人都更容易、顺利，他们中的许多人都不用面临重大挑战就顺利从大学毕业。学生们在家中和学校受到过度保护，很少遭遇困境，因此他们鲜有机会培养出克服挫折的关键能力。

许多标榜美国教育的人并没有意识到，美国儿童其实面临着与中国儿童同样的问题，就是在生活水平更高、获得教育更容易的今天，孩子比过去更少面对失败，而在步入社会以后，面对网络时代的全球竞争，孩子们比过去更容易遇见失败，却比过去更不懂得如何面对失败。

如今，再讲“失败乃成功之母”似乎已经过时，但其实今天的美国教育家恰恰是“老调新弹”，又把这些“老祖宗的传统”拿了出来。

（5）父母应该做什么？

父母应该怎样塑造孩子坚毅的性格，Angela Duckworth 教授提出了五个行之有效的做法：

一是把挑战摆在孩子的面前。

真正的成功往往发生在人们突破边界和障碍的时候。如果你的孩子一直没有机会战胜一些困难,他可能永远不会具备面对挑战的自信。体验冒险和障碍是孩子学习的一个重要途径。

让孩子有机会去追求至少一件很难的事情,最好是一件有严格纪律和规则,需要长期练习的事,比如钢琴、芭蕾。做得怎样并不重要,尽可能去努力才是重点。在这个过程中,孩子也许会很焦虑,但是当他克服障碍时,他就会真正爱上这件事,并且得到发自内心的坚持下去的动力和自信。

二是不要在感觉糟糕的时刻结束。

许多人认为,才能是与生俱来的,我们擅长什么或不擅长什么,皆是因天赋所致。这可能会导致孩子养成轻易放弃的习惯。其实,即便是天才也需要通过不懈的努力来磨炼自己的天赋。

不要在感觉糟糕的时刻结束。在遭遇挫折的那一刻就立即放弃,可能意味着你将错过最棒的时刻——比如最终打进了制胜一球或在演出结束后听到雷鸣般的掌声。所以 Duckworth 教授坚持要求她的两个女儿(9 岁和 11 岁)每做一件事都要坚持到底,这样的锻炼使她们认识到,学习过程中需要克服一些不适感和障碍,这是很自然的事。

三是尊重每一棵树的天性。

没有人想成为那种总是督促孩子进步的爸妈,但这样的确有助于让孩子知道你的期望,并且可以帮助他做到最好。

当孩子学习任何新技能时,应适时地推动孩子,制定时间表,然后鼓励孩子坚持,反复练习。

“我还没有听说过哪一个孩子是完全自动‘上链’的。”Duckworth 教授说,“每天规定一定的练习时间没什么错,虽然你的孩子可能会抱怨,但如果你很坚定,他的抱怨会日渐减少,练习的乐趣反而会与日俱增。”

四是拥抱无聊和沮丧。

成功很少发生于第一次尝试。事实上,这通常是一段相当漫长的旅程,并且布满艰难险阻。困惑、沮丧甚至觉得无聊透顶,这些都是旅程的一部分。然而,如果孩子明白,学习遇到困难并不意味着他们很笨,他们就会更有毅力坚持下去。

与其在孩子遇到困难时直接给他一个解决方案,不如看看他自己能否想出办法解决。抑制住想要帮他的冲动,即使他很明显正处于迷茫状态,也可以这样和他谈谈:“看起来你真的遇到困难了,你觉得有什么办法能解决吗?”启发他自己思考解决方案,而不是直接告诉他怎么办。这样的锻炼让孩子养成一种自信——“嘿,我自己能解决。”

五是分享父母的失败经历。

从失败中站起来继续前进,这是孩子所能学到的最好的能力。

(二)母亲在家庭教育中的责任和使命

著名作家茅盾说过:“我的第一个启蒙老师是我的母亲。”北京大学原校长、著名学者胡适先生在《我的母亲》一文中说过:“在这广漠的人海里独自混了二十多年,没有一个人管束过我。如果我学得了一丝一毫的好脾气,如果我学得了一点点待人接物的和气,如果我能宽恕他人,体谅人……我都得感谢我的慈母。”母亲是孩子的第一任老师,家庭是孩子的第一所学校,父母是孩子的终生班主任。父母的素质,特别是母亲的素质,对孩子的教育影响极为重要。有人这样说过:“教育一个男人,是教育一个人;而教育一个女人,是教育一个家庭,教育三代人,也就是教育一个民族,所以,教育女人更重要。”这话说得很有道理,女人是要当母亲的,要想孩子有出息,首先要教育好自己。德国哲学家、教育家福禄培尔说过:“教育孩子,首先要从改造母亲开始。国民的素质把握在母亲手中,撼动世界的手是摇动摇篮的手。因此,我们必须启发母亲——人类的教育者。”

母亲应具有什么样的责任和使命呢?母亲的最大责任就是培养出杰出的儿女,在对孩子德行、礼仪、品格、气质的养育过程中,以慈母之心、以德淑高雅的行为对子女人格进行浸润。优秀的母亲对孩子是一种激励和力量,母亲所表达出的修为和牺牲精神,是孩子永恒的精神教练。如果一个母亲能准确把握自己的责任使命,并能结合自身及孩子实际创造性地去思考、去实践,就一定能培养出一个优秀的孩子,建设一个幸福的家庭,拥有一个美好的未来。

1. 好母亲的三项核心修炼

(1) 厚德载物的美德

家,是母亲文化的传播场,也是女性厚德、善良、仁爱、温柔、委婉的人性灵魂的舞台,母亲是孩子生命中礼仪、礼教、礼数的航标。

一个家庭中,如果母亲品格下乘,性格浮躁,心胸狭窄,遇事专横跋扈,与人交往过于自私,考虑问题目光短视,她所教育的孩子也一定对新事物不感兴趣,遇事麻木不仁,对同学和家人甚至表现得冷酷、没有人情味。这样教育出的孩子往往急功近利、鼠目寸光、不思上进。母亲的品行虽然是在自己的工作中和家务处理中表达出来的，却都在孩子的模仿中透射出来。“一个品行下乘的母亲，是孩子最恶劣的领导者。”如果母亲品格高尚、心胸宽阔、行为端庄、乐于助人、积极向上，她所教育的孩子一定是有品格、有视野、能助人、积极阳光、有责任感的人、有人情味的人。

一个家庭中母亲所表达的品行不但影响孩子，甚至影响到丈夫。家庭文化是母亲创造的。孩子的品行、礼仪、情怀是母亲耳濡目染浇灌出来的，一个家庭的祥和、快乐、幸福也是母亲的价值观和人生观所导致的。

母亲的行为对孩子做人做事的心态产生影响，心态决定事物的发展；母亲的宽容、厚德对孩子的信心产生影响，信心决定事物的成败；母亲的知书达礼、秀外慧中、见识通达会对孩子的性格产生影响，性格又决定命运。

如果一个孩子遇到问题时表现得意志沉沦、情绪低落、胸无大志、不懂礼数、不知感恩、没有责任感，实质是因为家庭文化没有“礼”的教育。“中国家庭教育第一人”梁启超曾说过：“中国的教育应先从母亲的教育开始。”而德行、礼数、礼节、礼仪正是母亲在对孩子的教育中最强有力的管束。

(2) 知书达礼的美德

案例 2-6：

法国伟大的思想家、文学家雨果，以品质的高洁、思想的伟大、行为的高尚受到世人的爱戴。1855 年雨果在法国巴黎与世长辞时，震动整个法国乃至欧洲，人们怀着十分悲痛的心情悼念这位法国历史上最令人尊敬的思想者。雨果的灵柩停在了凯旋门下，整整一昼夜，人们狂热地前来悼念，围着不肯散去。全国乃至整个欧洲赶来悼念雨果的人超过百万。人们高唱《马赛曲》护送雨果的灵柩安葬在伟人墓地，雨果享受了极高的礼遇。

雨果的成绩是受母亲知书达礼的教育影响而产生的巨大的精神力和信仰力作用的结果。

雨果童年的大部分时间是在意大利和西班牙度过的。1812 年 10 月，雨果随母亲回到法国，在巴黎上学。母亲是雨果成长中的“文化场”，母亲对雨果的关照不只体现在物质方面，更重要的在于对他的精神影响。

“知书”是母亲的视野和阅历，“达礼”是母亲的胸怀和风范。少年时代的雨果深受母亲的学识、品格的影响。因此，雨果一生都感激母亲，是母亲对文学的修养引领雨果进入文学的殿堂，是母亲教给雨果做人的道理。有一次，年轻的雨果得到一套时髦的西装，母亲却教导他：“一个人的价值在于他的人品和才学，而不在于衣着。”这句话雨果记了一辈子。雨果将受母亲影响促成的成熟思想表达在剧本《克伦威尔》和长篇小说《巴黎圣母院》中；雨果将母亲传授的仁德化为对社会的思考，表现在坚定地站在共和派一边参加反政权的斗争上。“如果只剩下一个人，我就是最后一个人。”雨果的作品中体现了社会的良知，充满了伟大的人道主义精神，而这些正是知书达礼的母亲在精神上赋予他的，是在理性上深入引导的结果。

优秀的母亲对于孩子有一种激励的力量，也有遇事知书达礼的行为示范。母亲在子女教育中不但要表现出德行，更要表现出文雅、真诚、庄重和对善恶的爱憎。人们常常赞美母亲的伟大，而这种伟大首先体现在宽厚的仁德、慈母的胸怀。人们常说，人类的未来寄托在孩子身上，而孩子的未来却寄托在母亲身上，原因是有什么样的母亲就有什么样的孩子，人类的素质和命运是由母亲的素质制约的。母亲知书达礼的修养不只是一种美德，同时也制约着孩子的性格、秉性和意志的进步。母亲“知书”的素质形成孩子的德行，母亲“达礼”的行为形成孩子未来表达人性优雅的礼仪。

（3）温柔贤惠的美德

马克思的女儿让马克思分别用一个词概括出男人与女人最可贵的品质，马克思为男人选择了“刚强”，为女人选择了“温柔”，这种选择表现出了一位哲学大家对人性的洞察。

造物主分别赐予男人与女人不同的性别形态与内在气质。男人之阳刚是力的象征，女人之温柔是美的表达。如果说玲珑的曲线和妩媚的娇容是女性的外在之美，那么温柔则是女性的内在之美。

与温柔相比，贤惠更侧重于内涵。在使用范围上，更多地用于一个妻子和母亲，它表达的是一种对家庭责任的承担，是一种任劳任怨的奉献，是一种明大义、识大体的睿智。对一位母亲来说，温柔给了她行为的外在表达，贤惠为其注入人文的内涵，由此共同构成了母亲文化的厚德形态。

母亲温柔贤惠的美德表现在淡泊宁静的心境上。中国有句古话，叫“妻贤夫祸少”，说的意思就是一位温柔贤惠的妻子能以其德行让一个家庭远离灾难。在今天浮躁功利的社会环境下，一位母亲更需要以淡泊宁静的心去守护自己的心境和家庭的幸福。社会的发展，价值的多元，信息的畅通，更是让一个家庭随时面对众多的诱惑。一个母亲没有宁静淡泊的心境很容易迷失自己，陷入攀比的陷阱，自怨自艾，牢骚满腹，曾经的温柔贤惠也离她远去。这样的母亲只会成为家庭的火药库，成为孩子烦恼的根源，又怎么会给孩子以德行的引领呢？

母亲温柔贤惠的美德表现在任劳任怨的家庭操劳上，正是这每日的操劳、默默的奉献成就了母亲的伟大。一个温柔贤惠的母亲会以勤劳的工作让孩子明白什么是自强自立,以窗明几净的环境和整洁的衣物让孩子明白什么是良好的生活习惯,以可口的饭菜让孩子明白什么是家庭的温馨和父母的慈爱,以充溢书香的氛围带动孩子自主学习的意识,让孩子明白什么是上进和责任。一位终日操劳的母亲是美丽的,温柔贤惠的气质是她特殊的风韵。相反,如果一位母亲沉溺于麻将,流连于舞场,即使她和孩子说话再柔声细语、言笑晏晏,她与温柔贤惠也差之千里,因为她只具备温柔的外表而失去了德行的内涵。

母亲温柔贤惠的美德还表现在对孩子的包容引领上。如果你的孩子天赋不凡,样样领先,父母深为孩子骄傲,家庭中一片阳光普照,这时母亲表现出温柔贤惠并不难。但是孩子的成长不可能总是顺遂的。如果你的孩子的自主意识迟迟不能苏醒,你是否能耐心等待、善加引导?如果你的孩子先天残疾,在学校受到歧视,你是否能承受外界和内心的压力,用你的爱帮助他走向人生正确的旅程?如果你的孩子犯了错,甚至犯了罪,你是否依然能对他抱有信心,用母爱融化他内心的冰霜?当你对上面的问题都能坚定地做出肯定的回答时,你才有资格说自己是温柔贤惠的母亲,才具有母亲的人性美。

温柔贤惠看似是一种品德、一种气质,其实质又是一种智慧的表现,是一位母亲的性别意识和角色意识经智慧之光照射后的提升,是对自身的深刻认知。淡泊宁静是自身修养的智慧,任劳任怨是维持家庭和谐的行动智慧,对孩子的包容和引导是提升人性的教育智慧。这些智慧,集中体现了一位女性对自己、对家庭、对社会的责任。一个有了这种妻子和母亲的家庭,在浮世喧嚣的大海上就有了一处宁静的港湾,在从天而降的灾难面前就有了挺直的脊梁。在这样的智慧引导下,孩子的德行、礼仪、智慧、学问得以奠基,从而诠释了母亲存在的使命。

2. 好母亲的四大素养

品德的高尚、言语的谨慎、胸怀的宽容和技能的修炼,是母亲的文化修养在子女教育过程中要表达的内在的理性思考。“德、言、容、功”是母亲以文化的视角、用文化的方式对孩子的思想和行为状态施以文化浸润的四种价值思考,也是一个优秀母亲必需的修炼,是母亲的思想和气质所表达出的育人智慧。

(1)以德为先的素养

德,是女人为人母、为人妇重要的人性内涵,也是为人处事、教育子女所表达的第一社会要素。德的表现形式不是知识的多少,而是人性所散发出的仁慈、包容、谦让、良知、博爱的行为状态。“德”所表达的是一种德行的布施,是一种“德”的善为，也是一种为人处事的严谨和自律。因此人们认为，教人以德，就是教人以尊重。德是做人做事得到尊重的资本，德同时也是高雅、贞洁和牺牲精神的象征。提升到文化的层面，就如当代著名作家梁晓声所说，要有植根于内心的修养、无须提醒的自觉、以约束为前提的自由、为别人着想的善良。当前，个人道德教育、社会公德教育、职业道德教育是每一个母亲的必修课。

（2）良言教子的素养

语言其实是母亲所思所想的表达，是母亲对事物的一个基本判断的表态。母亲的语言不只是女性的修养、见识的表述，也是德行的表述，同时也是德行所表达的生命的力量。力量来自语言，孩子对日后行动的准则把握，价值观、人生观、世界观的形成，主要受到母亲言行影响，因此，母亲的语言给予孩子力量。母亲要用温柔的语言浸润孩子的心灵，打动孩子的心，从而与孩子达成思想上的共鸣，使孩子产生积极自觉的行动。

如果母亲所言不当，在与孩子交流时充满指责、抱怨、敌意、恐惧、讽刺、否定等情绪，在这样的环境中长大的孩子一生会受到影响。在指责中长大的孩子，容易抱怨他人；在敌意中长大的孩子，容易逞强好斗；在恐惧中长大的孩子，容易畏首畏尾；在怜悯中长大的孩子，容易产生自卑；在讽刺中长大的孩子，容易消极退缩；在否定中长大的孩子，容易缺少自我价值感。可见语言的负面力量是很大的。

如果说男人所表达的言是精神，那么女人所表达的言是心灵，精神的意义在于对性格的引领，而心灵的浸润往往产生思想和灵魂的共鸣。因此，女性的伟大在于真诚，在于胸怀，在于心态，在于德行。这是母亲之言所必须表达的修养，也是母亲之言所体现的人性的从容。

（3）容字育人内涵的把握

容，容纳，盛也。女人所表达的容，其实是对“地势坤”精神的包容，承载万物而不推，包容万物而不居功。女人的容颜修饰、穿戴打扮看似表达一种外观审美，其实是内心修养、见识的沉淀后而表达出的“容随心生”。

没有贤雅、中慧，是无从表达出宽厚、仁慈、知书达礼的气质的。思想与智慧的修为，是漂亮与美丽的最终分野。思想的伟大铸就行为的高尚，智慧的气质是女子齐家的向往。

在教育孩子的过程中，母亲要将自信扬在脸上，将宽厚藏在心底，将仁慈化在行为中，以知书达礼的优雅潜移默化地影响孩子，培养出有德行、有自信、有大度、有礼貌，又端庄得体的优秀儿女。

（4）以实功真做育人

传统文化认为功表示用力从事工作。从母亲文化的角度审视，功是家庭对母亲劳动和智慧的认可。母亲的功主要表现在持家的技能上，在古代体现在刺绣、缝纫、烹调、操持家务和精工纺织等方面；现代体现在对孩子做人做事、独立人格的教育，以及劳动意识、劳动技能、劳动美德、劳动智慧的教育。技能的修炼既表达勤俭、勤劳的志向，又表达俭朴的世界观。

现代母亲是孩子的生活教练、学习的榜样、人生导师，如果自己认识不到位，自己修炼不够，指导孩子不力，示范不标准，甚至常常出错，在这种状态下想培养出优秀的孩子几乎是不可能的。

3. 以职业理念修炼成好母亲

一个母亲最大的社会责任就是培养出优秀的子女，而这种责任是以职业意识为前提，以品德修养为核心，以职业技能为关键，以职业艺术为追求，以共同成长为目标的。家是母亲的文化场，也是母亲用文化的方式营造出的职业场。

（1）科学的思想价值观选择

现代职场上选人用人要看"三观"，而孩子"三观"的形成与母亲有很大的关系。母亲若告诉孩子人生要奋斗、要勤奋、要积极、要乐观、要向上、要宽容，孩子这辈子就舒服，到哪儿都勤奋、上进、乐观、宽容，到哪儿都能拿得起、进得去、想得深、干得实，干自己能干的事，到哪儿都不会在那儿发牢骚、吹冷风、说怪话。这大大地节省了生存成本，让自己的人生道路更为顺畅。而在落后的思想观念下所形成的思想习惯会腐蚀进取的灵魂，会阻碍孩子的发展。母亲对孩子的教育或影响，是潜移默化的，这样养成的习性"像霜一样重，像生命一样根深蒂固"。因此，母亲要以超前的视野，形成自省的意识，以此建立科学的价值取向。

母亲的最大责任就是培养出优秀的孩子，母亲思想观念正确是对子女的责任，也是对社会所表达的敬畏。

母亲思想观念先进和行为高洁是培养孩子高尚性格的基础及最有力的精神保障。母亲为人处世高雅圣洁是一种视野超前的职业意识，也是对现实美好生活的设定。

当前，在孩子的教育中存在的急功近利、盲目跟风、浮躁的现象是十分危险的，这其实是教育的一种病。最好的教育是适合的教育，只有适合你孩子的教育才是最好的。所以家长应根据孩子的潜能、兴趣爱好、家庭背景、未来社会发展需求等综合因素，科学规划孩子的学习生活，以务实的作风做人做事，而不是盲目跟风，浪费孩子宝贵的时间精力。

（2）对现实的敏感和顺时应变的素养

母亲对现实敏锐的感知，是母亲在教育孩子的方法和观点上与对现实的看法上的应变素养。现代社会瞬息万变，强大的信息流冲击着每一个人的大脑，新的思想不断出现，新的行业不断涌现，新的工作岗位不断产生，新的创造层出不穷。在这样的大背景下生活，如何识别真伪，如何应对变化，如何选择自己的未来，对每一个人都是考验。这是现实给家庭教育乃至整个社会教育提出的新的挑战。母亲应当从小培养孩子这方面的感知能力和应变素养。

应变素养，首先是对现实的尊重和认可。这是因为“凡是合乎理性的东西都是现实的，凡是现实的东西都是合乎理性的”。其次，应变素养是迅速地分析、处理信息的能力，以此来快速适应瞬息万变的社会，因而“随机应变”是对一个人能力的肯定。再次，母亲应变素养的铸就，会给孩子一幅完美的、深刻的、更有说服力的教育情境，而且母亲对这种能力见解越深，就越能表达出既定教育细节，适应社会文化价值取向，越有利于孩子的理性形成。

母亲的这种对现实的应变素养，也是观察孩子成长的艺术，是一种责任和思想的保障。在对现实的把握中，母亲的行为影响着孩子的人性和性格的培养，母亲对现实高效率的领悟往往促成孩子思维的敏捷、对现代社会的适应、具有超前的视野。

对现实高效率的认知，不是要表达一种意见，也不是意见的产物，而是母亲所把握的客观“真理”，以此表现母亲责任的重大。

对现实高效的把握不只是教育理念对接社会的一种解释，更会影响孩子的意识和性格。

（3）包容宽厚、愉悦他人的修养

母亲包容、宽厚所表达的人性既是一种知书达礼的素养，更是一种美德，是文明得以进化的根源，也是孩子易于跟随母亲的引领、同意母亲的观点、接受母亲的影响的前提。

有容乃大。包容是市场经济急功近利、优胜劣汰的条件下，人们走向成功所必备的一种人性。包容首先是以心胸开阔、善于吸纳各种智慧为前提的，同时也是辉映创新精神、善于聚集不同意见的文化品格。母亲只有具备了包容之素养才能有宽厚的风范。母亲必须有一种意识：家庭的欢乐与幸福，善与美的表达，是以母亲的包容胸怀、宽厚的人性为基础的。在缺少包容的环境中长大的孩子，经常受到母亲的尖刻指责、蛮横对待甚至辱骂，基本上在与人的交往过程中，也易表现出尖刻、指责、蛮横的特性。

我国台湾的星云大师曾说过包容十有"好心肠、慈悲意、讲道理、尊重人、有道德、守信用、老实、中直、豁达、与人方便"，并且重申包容之心要用宽厚来护理，遇事脾气不要大，要用关爱之心体现包容之心。孩子未来的人生终要进入社会的大舞台，培养孩子的包容的境界，尤其是对与自己意见不一样的家人的包容，看似憨，实则是爱的智慧。

爱所表达的包容，也是一种修养德行和与人相处的境界。一定要告诉孩子，遇事不给别人留余地就将使自己没有立锥之地。对孩子的包容要激励，对自己要能做到止于至善。

包容的另一种意义在于变通。少了包容，剩下的自然是强词夺理的蛮横、迂腐的尖刻和酸楚的指责，自然也就不会产生愉悦他人的能力，由此孩子失去仁爱，少了厚德，这不能不说是一种人性的遗憾。

对孩子的包容、宽厚，不只在于愉悦孩子的精神，更在于培养孩子的能力。母亲有厚德，孩子才会仁慈；母亲包容，孩子才会有仁德；母亲宽厚，孩子才会有仁义；母亲有愉悦他人的能力，孩子日后才会有团队合作的精神。

包容是东方文化用心做事的基本素养体现。包容强调情感感化心灵。人，只有心顺才能听得进去别人的意见，只有愉悦才能表现出情怀。

"天地有大美而不言"，沟通有技巧而不争，包容有规律而不张。西方哲学讲"世界上最广阔的是海洋，比海洋更广阔的是天空，比天空更广阔的是人的胸怀。"东方哲学讲"有包容的贤达能听进别人的意见"叫"贤而能容罢"，聪明的人能容得下愚蠢的人叫"知而能容愚"，心胸博大的人能容得下浅薄的人叫"博而能容浅"。

包容把挑剔和批评，把委屈和怨恨都留在了心底，视之为命运馈予的精神食粮，以此养成海纳百川的宽广胸怀。这种"万物有成理而不说"的伟大精神是德润天下、匡复人性、文化天下的至要。

（4）品格独立、宁静致远的修养

品格独立是人性中卓尔不群、积极求索的气质所在，也是母亲自身进取、保持独立品格的要素。现代思想多种多样，新旧媒体种类众多，它们表达着各阶层的声音，代表着各自的利益诉求，受众必须独立思考、慎重行事。品格独立、宁静致远的修养，反映在母亲身上则表达了理智清醒的优秀素养，是母亲在家庭教育中以思想和智慧所体现出的职业意识。而宁静致远所表达的气质既是人性中恬淡优雅、理性睿智精神的外显，又是母亲在家庭中时时以身垂范、陶冶历练性格与人性的精神场。

当前的市场经济和应试教育催生出急功近利的浮躁心态，扭曲的竞争意识已经严重影响到众多家长的思想和育人方式，这种缺乏远见的短视，其严重后果是“造就”了一大批性格有缺陷的孩子。中国因应试取向而出现了缺少德行、礼仪、智慧的教育，培养出的部分学生自私、冷漠，少有关心他人的意识，更缺少关心祖国和人类命运的伟大胸怀，因此说这是“半拉子的教育”，大有导致全盘皆输的风险。在家庭中，提倡母亲保持独立的信念和品格，拒绝社会浮躁，营造宁静致远的精神氛围，是跟进时代所须弘扬的母亲的职业意识。

保持独立的信念和品格，是为了保证自身不受外界干扰，不盲目地追随错误的思想，具有客观独立的思考能力和判断标准，提高自己以理性思维和质疑、批判的精神去观察、分析、判断事物的能力。这是避免人云亦云、随波逐流的最佳途径，更是古今中外无数贤达智者取得卓越成就的基本素质。

母亲保持独立的品格，在家庭中营造宁静致远的氛围，不仅是为了“独善其身”，更重要的是积极地影响孩子，培养孩子以理性的思维看待事物，提高孩子对社会现象的深层分析能力，同时也引导孩子的心灵远离嘈杂，从小培养孩子“每日三省吾身”，观照内心，反省自己做事是否浮躁、心态是否功利。

诸葛亮在《诫子书》中提出“非淡泊无以明志，非宁静无以致远”，反映了一种心无杂念、凝神安适的意境。当母亲具备这种风范，她的日常行为一定是言语优美、举止端庄、德行贤惠的，才会把教育孩子的着眼点放在塑造人格、品行礼仪上，从而实现在潜移默化中，培养孩子的独立精神和坚韧不拔、刚毅果决、独立思考、敢于质疑、富有责任心的可贵品格。

(5) 追求理性和道德教育

理性的注入和道德的教化，是母亲教育孩子时应始终捍卫的理念，也是孩子人性塑造必修的课程。理性是缜密思索后的一种表现行为，它透过现实思考事物的本质，展示追求的方向，道德是人们共同生活时其行为的准则和规范，是社会的需要。

母亲追求的理性，是目光远大、见识通达、敢于质疑的睿智思维。没有理性的“远望”会造成溺爱的短视，把眼光仅放在孩子的物质需求上，为孩子提供一切生活便利，以至于使孩子安逸于物质享受，失掉实现自我价值的理想和创造社会价值的责任感。

母亲要启发孩子敢于质疑的精神，这种精神是孩子不断成长、完善自我的创新动力。个性的发展需要体现理性的思辨性，抓住批判质疑这一育人的根本，引导孩子实现对事物、自我、他人、社会、自然等文化形态的认知过程。进行理性质疑是认识世界、改造世界的批判利器，也是孩子自我改造的必由之路。

母亲所奉守的道德是厚德载物、温柔贤淑、知书达礼的崇高品德。道德理念的传递是母亲美德的播种，是家庭文化的传承，是孩子享用不尽的精神食粮，是孩子不可或缺的精神发展之引领。这种教育应从幼儿开始，通过"感染""感化""润物无声"的方式养成的孩子习性、性格。

母亲给孩子的理性关注，实际是给予孩子安身立命的至宝；给孩子道德支持，实际是给孩子做人做事的资本；对孩子道德的建构、理性引领，是给他们处世的智慧和立世的学问。对理性和道德的追求，是母亲给孩子上的人生重要一课。母亲因其对理性和道德的追求而伟大，孩子因受到母亲伟大理念的教导而成功。

(6) 创新生活，时刻保持新鲜感

生命的意义在于活得充实、有新意、体现创造，而不在于活多久。人生不是一支短短的蜡烛，而是一支由我们暂时拿着待传下去的火炬，在我们的手里不能熄灭，而是要燃得光明灿烂，然后交给下一代。这是英国著名社会批评家、评论家萧伯纳对人生价值的希望，形象地告诉我们父母所承担的责任和使命。

在人类文明的传承中，进取的心态就是要对社会、对家庭所担负的责任"保持新鲜感"。

新鲜感绝不是让孩子吃穿常变花样，而是让子女进行创新。新鲜感的满足程度是随着视野的开阔程度而强化的。一个没有新鲜感的母亲实质是没有时代感的，因此也察觉不到自己的落后意识，并因此影响孩子的创新力、进取意识和对问题的追索。母亲的保守和愚昧是新鲜感的大碍，遇事总是寻求熟悉的东西以求慰藉的母亲是无法体会"新鲜感"带来的惬意的。一个失去"新鲜感"，只为生活而生存的人，其精神必然会变得无奈和灰暗，并由此产生厌世、愤世嫉俗的心境，影响孩子的心理向上。母亲对生活充满"新鲜感"，自然就会在繁杂的事物中用痛苦换取欢乐，用平凡取得新意。一个具备了对生活有创新思维、阳光、进取的孩子，对于母亲最大的要求就是日日新之下的兴趣，而最大的厌烦则是重复的没有思想的唠叨。

新鲜感是赢家的行为规范，新鲜感是精神的道德，新鲜感是使童真烂漫的生命获得快乐的承诺。

孩子有了新鲜感便会对生命产生敬畏，由此产生创新的兴趣与感恩的情怀。

新鲜感是喜悦，是兴奋，是想法，是幻想的保健品。母亲的新鲜感是生命的活力，是形成孩子习惯的动力，是富有新意的“明天更美好”。

生命短暂，人生不能没有新鲜感。

(7) 母亲的人际关系修养

亲情表达是一种仁德，即以慈爱之心关爱家人。友情表达是一种品德，即以关心、帮助、启迪来和周围的同志或朋友相处。乐于助人是一种美德，即以同情、善良表达社会公德。

母亲应善于保持亲情的和谐，懂得以人性的仁慈去教育孩子如何善待亲人，教会孩子懂得宽恕。一个妻子、一个母亲，应懂得如何善待自己的丈夫、孩子、长辈和亲属，以一颗仁慈之心关爱、宽恕他们，保持良好的亲情关系。母亲的伟大不仅是给孩子生命，还在于给孩子母爱，给予家庭温暖，让孩子成长于充满亲情关爱的氛围中，使孩子明白亲情的可贵，从而塑造孩子以爱己之心爱人的良好品德。

母亲长于维持友情的长久，就是教孩子如何以人性的仁爱去关爱朋友，其实质是教孩子懂得尊重，是给予孩子生存之道。母亲要善于交朋友，善于以仁爱之心关爱朋友，懂得在社会中为人处世、与人交际，为孩子日后交朋友树立一个良好的榜样，在潜移默化中，教会孩子与人相处的“秘笈”。

孩子生长于家庭，成长于学校，成熟于社会。要教会孩子如何选择朋友，教会孩子如何以一颗仁爱的心去爱他人，善待他人。“己所不欲，勿施于人”是建立在尊重人性基础上的仁爱，是促进人与人之间保持良好秩序的前提，是确保孩子铸就美好行为礼仪的根本所在。

母亲乐于帮助他人，是懂得以人性的仁道和社会公德去教导孩子关爱他人，教会孩子什么是互帮互爱。

美好的德行表现在对待亲人热情，对待朋友友善。而人性的“善”则在于以“仁道”去对待世人，以己之力去爱人助人，这才谓之人性之道。用母亲的一颗悲悯之心、仁道之德，同情友爱世间无助之人，教育出博爱天下、济世救人的孩子。教育孩子懂得如何与他人互助互爱，如何在“爱己”的小爱到爱人的“大爱”中体会幸福。

母亲保持亲情、友情及乐于助人的职业修养，体现了母亲对仁慈、仁爱、仁道的呼唤，展现了人性中的善。这种教育铸就孩子的品格，净化孩子的灵魂，更使孩子在由爱己到爱人的过程中，心智得到成长和历练，人性得到提升，强化了孩子对幸福的理解，因为“慈善的行为比金钱更能排除别人的痛苦”。

家庭是社会的细胞，孩子是世界的未来。如果一个孩子在家庭中体会不到亲情，体会不到母亲的仁慈、包容、善良，又怎么期望孩子去珍惜友情，会对朋友仁爱、友善？更难奢望孩子会对世间的陌生人施以仁道的关心爱护！这样孩子生命里充斥着冷漠、孤独、自私、浮躁、偏激、短视就不足为奇了。由此可见，母亲拥有保持亲情、友情及乐于助人的职业修养，就能以此影响孩子，孩子便拥有了仁慈、仁爱、仁道之心，获得了向善、向爱的人性，一个社会也便拥有"大爱"，社会文明因此才能走上成功的道路，社会的价值观念才能得到匡正，人性的光辉才能普照大地，人们的幸福感才能充满整个社会。

案例 2-7：

杨绛先生的传记《每一天都是最好的生活》中曾说到杨绛母亲的待人之道。无论对家人还是下人，杨绛的母亲永远都是一副顺和的样子。她可以容忍脾气古怪的小姑子，也会善待为家里服务的下人。有些下人身上有一些小缺点，就连父亲都因为受不了而躲避，而母亲却总是毫无怨言地容忍，甚至还会无条件地收留别人引荐来的苦命人，留他们一段时间，教会一些手艺，再放他们离去。

阿季（杨绛）和姐妹们个个都受到母亲的影响，婚后对丈夫无微不至地照顾，从不无端生事，懂得付出和宽容。她们也都像母亲一样赢得了丈夫的尊重，都像父母一样，有着完美的婚姻。钱钟书先生称赞"杨绛是最贤的妻、最才的女"，其实背后是有她母亲的功劳的。

（8）把持欢乐与承受挫折的修炼

孩子来到这个世界，这个世界对孩子来说是新奇的、陌生的，孩子对这个世界是无力的、脆弱的。在孩子的人生历程中，母亲无一例外地充当着第一个启蒙老师的角色。要做一个合格的母亲，还应该竭尽全力使孩子意志坚强，能够把持生活给予的欢乐，又能承受生活中的忧伤甚至打击。做到在欢乐中不迷恋，遇挫折时顶得住，跌倒了爬起来调整状态继续前行。

母亲要让孩子具备以足够勇气面对欢乐与忧伤的能力，必须从小锻炼他们的心理承受能力。从一个孩子的成长规律看，逆境、挫折的情境更容易磨炼意志。顺境当然可以成才，但逆境更可以锻炼人。因为，在逆境中奋斗的人既有失败的教训又有成功的经验，会更趋于成熟。他们能把挫折看成一种财富，深知只有经历过失败才可能成功，成功是建立在失败基础上的道理，因此更具有笑对挫折、迎难而上的风范。

许多人总企求人生一帆风顺，稍有不顺就觉得上天不公。他们不明白真正的欢乐是在众多不如意中找到一条通向成功的人生之路，并坚定地走下去。

案例 2-8：

常想一二

朋友买来纸笔砚台，请我题几个字让他挂在新居的客厅补壁。这使我感到有些为难，因为我自知字写得不好看，何况已经有很多年没有写书法了。朋友说："怕什么？挂你的字我感到很光荣，我都不怕了，你怕什么？"我便在朋友面前，展纸、磨墨，写了四个字"常想一二"。朋友说："这是什么意思？"我说："意思是说我的字写得不好，你看到这幅字，请多多包涵，多想一二件我的好处，就原谅我了。"看到我玩笑的态度，朋友说："讲正经的，到底是什么意思？""俗话说'人生不如意事十之八九'，我们生命里不如意的事情占了绝大部分，因此，活着的本身就是痛苦的。但是扣除了八九成的不如意，至少还有一二成如意的、快乐的、欣慰的事情。我们如果要过快乐人生，就要常常想那一二成好事，这样就会感到庆幸、懂得珍惜，不致被八九的不如意所打倒了。"朋友听了，非常欢喜，抱着"常想一二"回家了。

几个月后，他来探视我，又来向我求字，说是："每天在办公室劳累受气，一回到家看见那幅'常想一二'就很开心。但是墙壁太大，字显得太小，你再写几个字吧！"对于好朋友，我一向都是有求必应的，于是为"常想一二"写了下联"不思八九"，上面又写了"如意"的横批，中间顺手画一幅写意的瓶花。没想到又过了几个月，我被许多离奇的传说与流言困扰。朋友有一天打电话来，说他正坐在客厅里我写的字前面，他说："想不出什么话来安慰你，念你自己写的字给你听，常想一二，不思八九，事事如意！"接到朋友的电话，我很感动。我常觉得在别人的喜庆里锦上添花是容易的，在别人的苦难里雪中送炭却很困难，那种比例，大约也是"八九"与"一二"之比。不能雪中送炭的不是真朋友，当然更甭说那些落井下石的人了。

不过，一个人到了四十岁以后，在生活里大概都锻炼出了"宠辱不惊"的本事，也不会在乎锦上添花、雪中送炭或落井下石了。那是由于我们早已经历过生命的痛苦和挫折，也经历过许多情感的相逢与离散，慢慢地寻索出生命中积极的、快乐的、正向的观想。这种观想，正是"常想一二"的观想。"常想一二"的观想，乃是在重重的乌云中寻觅一丝黎明的曙光；乃是在滚滚红尘里开启一些宁静的消息；乃是在濒临窒息时浮出水面，有一次深长的呼吸。生命已经够苦了，如果我们把五十年的不如意事总和起来，一定会使我们举步维艰。生活与感情陷入苦境，有时是无可奈何的，但如果连思想和心情都陷入苦境，那就是自讨苦吃、苦上加苦了。

我从小喜欢阅读大人物的传记和回忆录，慢慢归纳出一个公式：凡是大人物都是受苦受难的，他们的生命几乎就是"人生不如意事十之八九"的真实证言，但他们在面对苦难时也都能保持正向的思考，能“常想一二”，最后，他们超越苦难，苦难便化成为生命最肥沃的养料。使我深受感动的不是他们的苦难，因为苦难到处都有；使我感动的是，他们面对苦难时的坚持、乐观与勇气。

原来，“如意”或“不如意”，并不是决定于人生的际遇，而是取决于思想的瞬间。原来，决定生命品质的不是“八九”，而是“一二”。

（作者：林清玄）（有删改）

原来，苦难对陷入其中的人是以数量计算，对超越的人却变成质量。数量会累积，质量会活化。既然生命的苦乐都只是过程，我们何必放弃自我的思想去迎合每一个过程呢？就快乐地活在当下吧，让每一个当下有情有义、发光发热、如诗如歌！一帆风顺是人们的美好愿望，“八九不如意”才是常态，这个道理要适时让孩子理解。

人的一生难免会因遇到逆境而感到忧伤。在欢乐和忧伤面前，相信不会有人刻意去选择忧伤。但是，在人生旅途上，忧伤常常会不期而至。在这种情况下，只有保持平和的心态、坚定的信念、必胜的信心，与忧伤做斗争，最终才能战胜忧伤，并将忧伤转化为一种机遇和对自身素质的磨炼，将与忧伤做斗争变成一种经验、资历和财富，才能超越忧伤，换来快乐，这恐怕也是对母亲教育子女的职业意识的考验。

人生既美好又坎坷，既漫长又短暂，既洒脱自由又受社会制约，既有欢乐享受又有忧伤相伴。人生总是有正负两面，辉煌中孕育着更多的艰辛，成就里包含着太多的遗憾，幸运中存在着可能的不幸，鲜花的背后常常都是平淡，欢乐和忧伤各有自己的天地。生活不全是欢乐，必定有痛苦、忧伤、失意的时候。一个精神充实、身心健康、和谐幸福的母亲，会在生活中寻找到趣味所在，学会享受生活，也教会孩子享受生活。

母亲是神圣的，而越是神圣，越需要充足的精神准备和职业意识的铸就。

母亲对孩子的教育，表现在文化上的责任就是厚“德”的原则。“德”是孩子立人、立事、立功的根本，“德”对于人性而言，是做人的质量。母亲把对孩子的教养着眼在孩子的德行上的时候，实际就是给予孩子做人做事的资本。

母亲作为孩子的第一位启蒙老师，首先要把握的就是自身的文化品位和行为高雅得体，而这种榜样的示范又表现在母亲为人处世的德、言、容、功的行为状态中。母亲德行的高尚，会带来孩子人品和行为的高尚；母亲言行的示范，会带给孩子做事的指南；母亲操持家务和为人处世中的功绩，影响孩子知书达礼的品格；而母亲仪容的得体，是对孩子文化修为和生命的导航。

孩子的精神发育史，就是母亲的教养史，母亲这种精神教练式的示范，体现了母亲的伟大和人性的高尚。

把父母当职业做，职业就应当有标准、有追求。真诚希望天下的父母都能以职业的理念做家长，以职业的标准去修炼，以和谐的关系为基础，以科学的态度去践行，以一流的榜样去引领，以精进的状态去坚守，以全程的优化为追求，以共同的成长去见证。

第三节　办学路径清晰

办好家庭这个学校，理念是核心，校长是灵魂，教师是关键，路径选择是教育者的智慧的体现。家庭教育应当选择什么样的路径呢？

1. 掌握先进的家庭教育理念

目前各种媒体十分发达，关于家庭教育的文章满天飞，各种教育理念搞得家长无所适从。在这里我要说的是，前面提到的十二个家庭教育重要理念，家长是要深刻理解积极践行的。同时还要提醒家长的是，当你要学习别人理念的时候，一定要跟着大师走，跟着成功者走，切不可跟着所谓的“名人”走，特别是自封的“名人”更要小心。好多人对教育一知半解，更没有深入系统地研究过教育，仅仅根据自己的一点点感悟就大谈教育，这是不正常的教育现象，常常误导家长。家长对此可以看看听听，但在实施的时候一定要三思而后行。因为孩子的人生只有一次，实验不可重复。而能称得上大师的人，他们对教育、对人生、对世事有着深刻的认识和丰富的实践，跟着他们走是靠谱的。跟着成功者走，你可更放心。如你跟着老卡尔·威特走，他有培养卡尔·威特的成功的经验；你可以跟着梁启超学习教育子女的经验，因为他是中国历史上一位百科全书式的人物，而在他的教育引导下，他的子女们也成了各个方面的优秀人才，“一门三院士，九子皆才俊！”；你跟着董进宇博士走，他有培养出 4 个博士的成功经验，你当然学得踏实。您精读这本书也是很好的选择，因为我有 40 多年的教育研究与实践。

2. 校长要当好学校灵魂

这个家庭学校的校长一般情况下是父亲当，母亲当也行，谁当都可以，但关键是要有灵魂作用。这名校长要将家庭教育的先进理念深深植入每一个参与教育孩子的人员的心里，要有将先进教育理念转化成先进教育方法、教育手段的能力，使先进的教育理念具有可操作性。同时这名校长还要有教育培训每一个家庭教师的能力，让他们有先进理念、有科学方法、有先进手段。这名校长要有很强的学习能力，能及时将先进的家庭教育理念、方法、手段引入家庭，并迅速让它生根发芽开花结果。这名校长也要有较强的执行力和监督改进的能力。

3. 抓好家庭教师队伍建设

这是教育成功的关键。承担着教育孩子任务的各位老师，首先要明白的道理是：没有家庭教师的高素质，就没有孩子的高素质。所以担负着教育孩子任务的人，首先要提高自身的素质，认清自己的使命，并将前面列出的父母职业意识修养及早修炼到位，力争全面达标，并能与时俱进地给自己提出更高的素质要求并加以修炼。

许多人说这是一个“拼”父母的时代，我们不否认这句话确实有一定的道理，但是它具有片面性。现在孩子拼的并不只是父母的物质财富，还有父母的思维、远见和格局。而这些因素对于孩子的成长有着至关重要的作用，直接影响孩子一生的发展。可以说，父母的远见和视野，决定孩子人生道路的广度；父母的格局，决定孩子将来所在的高度。有大格局的父母，看到的是孩子的未来和前景，不一味地宠爱孩子，而是给孩子自由成长的空间；不仅着眼于成绩，还注重孩子的涵养、品性、能力、胆量等全方面素质的培养。育人先育己，只有父母好好学习，才有孩子天天向上，这是家庭教育的真理。

4. 有理性、有感情、有温度、有技巧地做好每项育儿工作

在实践中落实先进教育理念，在实践中优化教育理念，在实践中创新育儿方法，在选择中为自己的孩子开辟一条适合他的最佳成长路径。

第四节　教育方法得当

1. 言传身教的方法

言传身教是指用言语来传授，用行动来示范。也指父母通过示范来教孩子，给孩子树立榜样，让孩子从中受教育。

2. 营造环境的方法

父母要营造民主、平等、和谐的家庭环境。我国古代孟母三迁的故事，可以警醒大家。孟子家开始住在周围都是坟地的地方，后又迁到集市附近，最后迁到学校旁定居下来。使孟子成为伟大的思想家。《三字经》里就有“昔孟母，择邻处，子不学，断机杼”的记载。

3. 心平气和的力量

面对孩子的成长，一定要永远保持心平气和的状态，始终给孩子正能量。大人们习惯于把自己在社会中受到不公而产生的怨气散发出来，这时你的态度是负面的，你负面的态度一定会影响到你的孩子，你的孩子看这个世界的时候也是负面的。当你的情绪被孩子理解并接受的时候，你做父母才是合格的。

4. 要给孩子立好规矩

家长要给孩子立规矩。而这些规矩也是要利于孩子成长发展的。比如给孩子立的规矩是，孩子不能用电脑玩游戏，看电视要有时间限制，并且书房门不能关、不能锁。要让孩子知道得到一些东西，是要通过自己的努力才能实现的。此外，一旦定好了规矩，父母一定要坚决执行。

5. 培养孩子酷爱读书的好习惯

一定要影响孩子多读书，父母最好要和孩子一起读书。我现在还坚持每天读书，写一篇读书笔记。从小培养读书的习惯和爱好，对孩子的影响将是持续一生的。读书的范围要广泛。武汉大学校长刘道玉认为“真正的人才都是自学成材的”。他谈到要酷爱读书时说：“成材要文理兼修，以博取胜。我原本是一个理科至上主义者，30 岁以前没有读过一本小说，认为那是浪费时间。但是，到了不惑之年，由于工作的需要，我才不得不恶补人文社科知识，其教训是极为深刻的。”台湾国学大师钱穆先生没有上过大学，是从一个中学毕业生成为无可争议的国学大师的。他曾经深刻指出：“今日国家社会所需者，通人尤重于专家。而今日大学教育之智识传授，则只望人为专家，而不望人为通人。夫通方之与专门，为智识之两途，本难轩轾。”

我国 1951 年提出“一边倒向苏联”，全盘照搬“老大哥”的经验。大学也全部采用苏联的教学大纲、教科书和专业化教学制度，完全否定了之前的通才教育。自 1960 年代初开始，为了追求高升学率，各高中陆续实行文理科分科教学，大学也随之实行按文理分科考试与录取，又进一步强化了实用主义的教育目的。1970 年代末，包括周培源先生在内的众多教育家呼吁恢复通才教育，但多年来依然没有清除苏联专业化教育的弊端。事实证明,文科单科独进和“学会数理化、走遍天下不害怕”的成才道路,都是行不通的。试问,一个科盲怎么能够成为穷究宇宙真理的哲学家?又怎么能够出现博古通今的学术大师?截止到2014年,共有889人获得诺贝尔奖。无论是就科学家或是就各类奖项的设立者,诺贝尔无疑是全世界家喻户晓的人。但是,大多数人只知道诺贝尔是发明大王,是19世纪集科学家与资本家于一身的人,可是,却很少有人知道他同时也是一位颇有建树的文学家、诗人和精通5种文字的翻译家。他的自传诗《谜》,以及《赋与梦》《说教》《兄弟们》等诗作发表以后,都受到读者们的欢迎,他完全有资格被称为桂冠诗人、作家和剧作家。化学家罗德·霍夫曼因发现“分子轨道对称守恒定律”而获得1981年诺贝尔化学奖,他同时出版了多部诗歌和散文。他的《化学畅想》一书,把科学典故融入诗中,把文学的美与科学的美巧妙地结合起来。因此,无论是学校、家长或是学生,都不要太在意专业的选择,要走出专业化教育的误区,打好厚实的文理知识基本功,力求文理兼备。

6. 全面提升的思想方法

孩子的智力发展是当下父母用心最多、投入最大的一部分。其实要培养一个精英,必须要培养他们的综合素质。如孩子从小就要有承受挫折的能力。对于抗击打的能力,只有家长有了,才能传递给孩子。当你有逆商的时候,你会发现你人生当中出现的很多困境、所承受的许多痛苦,其实是在为你未来一个更大的目标做准备。家长一旦有这样的胸怀,就不会太在意你孩子的成绩是班里第几名。家长会更关注孩子有没有逆商,能不能承受住打击,受打击以后还能不能保持对生活的热情;孩子有没有情商,跟人打交道是不是特别流畅,做人是否做得非常到位,能赢得周围朋友的信任。

7. 母亲引导的力量

中国90%以上的家庭都是母亲跟孩子在一起的时间非常多,因此母亲的一言一行对孩子的影响变得尤其重大。妈妈当不好,孩子就不太好,这基本上是必然的。

8. 眼面传递法

父母在教育子女时不用其他的方式,只通过眼神和面部表情的变化传递指令,使孩子服从指挥,终止当前的不正确行为。这种方法对孩子的教育非常适用。

第三章　抓住教育的关键时期

第一节　儿童潜能的递减法则

大量的科学研究表明：儿童的潜能培养遵循着一种奇特的规律——天赋递减规律，即儿童的天赋随着年龄增大而递减，教育得越晚，儿童与生俱来的潜能就发挥得越少。每个人生来都具有潜在能力，而人在来到这个世界的前几年是一个人智力发展最快和最佳的时期，因此，早期教育是开发儿童潜能的必要方式之一。著名的早期教育专家蒙台梭利在《吸收性心智》一书中明确指出，生命中最重要的时期，并非大学念书的阶段，而是人生最早期，它是智力形成的最重要时期。而且，不仅是智力，还有其他的心智潜能…… 假如把儿童生来就具有的潜能以 100 分来计算，如果从孩子一生下来就进行科学的教育，那么很有可能孩子长大后就会具有 100 分的能力；如果从孩子 5 岁开始教育，我们假定仍旧进行十分科学的教育，那么长大以后，只能具有 80 分的能力；如果从 10 岁开始教育，就是教育得再科学，长大后也只能达到 60 分；如果到 15 岁以后才开始教育，成人后连 40 分都难以达到了。很多人认为，人的能力会随着年龄的增长而增强，并不需要进行特别的教育。事实上，这种观念是错误的。人的大脑在刚开始发育时是感应度最强的时期，随着年龄的慢慢增长，感应度开始逐步减退，就像绷紧了的弦一样慢慢松弛下来。如果将人的婴儿期看成一个起点，那么随着年龄的增加，这种适应环境的灵敏度反而会逐步减退，适应的速度也会越来越慢。随着人的年龄的逐渐增长，如果不能通过受教育获得新的能力，他的内在能力会迅速消失。这就如一棵橡树，假如它能够充分地生长，可以长到 30 米，那么这棵橡树就具有长到 30 米高的潜能。但事实上，能够长到30米的橡树很少，如果放任其自生自灭，一般只能长到12～15米，生长环境不好的甚至只能长到6～9米；如果肥料充足，再加上精心培育，则可以长到18～21米，甚至是24～26米。用音乐开启"天才教育"的大门而轰动全世界的铃木镇一老师在教学的过程中发现了一个发人深省的现象：在学习某种技巧的时候，十几岁的孩子不管怎样努力都达不到要求，但是才几岁大的孩子却很容易就达到了，越是幼小的孩子，学习的效果就越好。在我国国民教育普及的今天，杰出的手工艺人反而少了，这也是天赋递减法则的一个体现。据有经验的老渔夫说，如今没有像过去那样善于游泳、摇橹、撒网的人了，这是因为孩子们在十一二岁期间都在上学，而水上功夫必须从10岁左右开始练起。孩子的外语学习也是如此。如果不从10岁以前开始学习使用外语，就很难掌握地道的外国口音，腔调总会有点"怪"。甚至不少专家认为，钢琴如果不从5岁开始练，小提琴如果不从3岁开始练，就不可能达到很高的境界。也就是说，儿童的能力，如果不在发展期内进行培养，就会出现儿童潜能递减的现象，这就是早期教育能够造就天才的根本原因。所以望子成龙、望女成凤的家长，对孩子的潜能一定要早发现、早开发、早培养。

第二节　关键期与教育方法

一、什么是教育关键期、发展敏感期

关键期这一概念最初是由奥地利生态学家康罗德·洛伦兹提出来的。

1935年，洛伦兹首先发现，小鹅在刚孵化出来后的几个到十几个(13～16)小时之内，会有明显的认母行为。它追随第一次见到的活动物体，把它当成母亲而跟着走。如果小鹅第一眼见到的是鹅妈妈，它就跟着鹅妈妈走；如果第一眼见到的是洛伦兹，就把他当成母亲，跟着他走；而当它第一眼见到的是跳动的气球时，它也会跟着气球走，也把它当成母亲。

如果在出生后的20小时内不让小鹅接触到活动物体，那么过了一两天后，无论是货真价实的鹅妈妈还是洛伦兹自己，无论再怎样努力与小鹅接触，小鹅都不会跟随，更不会认母。这说明，小鹅的认母行为能力丧失了。

洛伦兹把这种无须强化的、在一定时期容易形成的反应叫作铭记(imprinting)现象(印刻现象),把铭记现象发生的时期叫作发展关键期。后来的许多研究还发现,这种关键期现象,不仅发生在小鹅身上,几乎所有的哺乳动物都有,在人类身上也存在类似现象。不仅是认母行为的发生具有关键期,其他的许多行为、能力也都有类似的关键期现象。

案例 3-1:

卡玛拉是印度发现的狼哺育的裸体女孩。1920 年 10 月,一位印度传教士辛格在加尔各答的丛林中发现两个狼哺育的裸体女孩。

大的女孩约 8 岁,小的 1 岁半左右。据推测,她们必是在半岁左右时被母狼带到洞里去的。辛格给她们起了名字,大的叫卡玛拉,小的叫阿玛拉。卡玛拉 17 岁那年死于伤寒热病,智力只相当于三四岁的孩子的水平。

在孤儿院里,人们首先对她们进行了身体检查,发现她们身体的生物系统是正常的。人们还发现这两个狼孩虽长得与人一样,但一切生活习惯都同野兽一样,不会用双脚站立,只能用四肢走路。她们害怕日光,在太阳下,眼睛只开一条窄缝,而且不断地眨眼。她们习惯在黑夜里看东西。她们经常白天睡觉,一到晚上则活泼起来。每夜 10 点、1 点和 3 点循例发出非人非兽的尖锐的怪声。她们完全不懂语言,也发不出人类的音节。她们两人经常动物似的蜷伏在一起,不愿与他人接近。她们有触觉过敏症状。她们不会用手拿东西,吃起东西来真的是狼吞虎咽,喝水也和狼一样用舌头舔。吃东西时,如果有人或动物走近,便呜呜作声去吓唬人。在太阳下晒得热时,即张着嘴,伸出舌头来,和狗一样地喘气。怕火和水。她们不肯洗澡,也不肯穿衣服,并随地便溺。卡玛拉对阿玛拉很依赖,她们像小狗一样相互依偎睡在一起。她们被领进孤儿院后,辛格夫妇异常爱护她们,耐心抚养和教育她们。总的说来,小的阿玛拉的发展比大的卡玛拉的发展快些。进了孤儿院两个月后,当阿玛拉渴时,她开始会说“bhoo”(水,孟加拉语),并且较早对别的孩子的活动表现出兴趣。遗憾的是,阿玛拉进院不到一年便离开人世了。卡玛拉流了眼泪,而且两天两夜不吃不喝。辛格博士下了很大功夫使卡玛拉“恢复人性”,但进展非常缓慢。进院后 16 个多月,卡玛拉才会用膝盖走路,再过了 2 年后,卡玛拉终于学会了直立,但需要有人扶着。

1926 年,卡玛拉能够单独直立行走,但是不会跑,她想走快时,需要四肢并用。卡玛拉用了 25 个月时间才学会说第一个词“ma”,4 年后一共只学会了 6 个单词,7 年后增加到 45 个单词,并曾说出用 3 个单词组成的句子。但她直到死还没真正学会说话。在她生命的最后3年中，卡玛拉喜欢并开始适应人类社会了。她能照料孤儿院的幼小儿童了。她会为跑腿受到赞扬而高兴，为自己想做的事情（例如解纽扣）做不好而哭泣。这些行为表明，卡玛拉正在改变野孩的习性，显示出获得了人的感情和需要进步的样子。但在智力上，在刚被发现时8岁，她的智力只相当于6个月的婴儿；快到15岁的时候，相当于2岁婴儿；卡玛拉17岁那年死于伤寒热病，智力只相当于三四岁的孩子的水平。

在大脑结构上，这个狼孩和同龄人没多大差别。一个10岁儿童的大脑在重量和容量上已达成人的95%，脑细胞间的神经纤维发育也接近完成。只是因为狼孩长期脱离人类社会，大脑的功能得不到开发，智力也就低下。

从狼孩的故事可以看出，一个人的智力高低，并不完全取决于大脑的生理状态，而更多地受到后天成长环境的影响。如果在教育的关键期未能实施有效的教育，那么后面的教育即使得法，也不能取得令人想要的教育效果。

哈佛大学的猫眼实验（即猫眼视觉发展关键期实验）也能很好说明这个问题。

下面介绍一下关键期的一些理论与实践。关键期，是指个体在生命发展过程中，对外界刺激最敏感、受环境影响最大的时期，又称最佳期、敏感期、临界期、转折期。

儿童发展敏感期由意大利教育家蒙台梭利最先系统地提出（她称之为敏感期）。她指出，人的行为发展绝大部分敏感期都在6岁前出现，通过对儿童之家孩子们的观察，蒙台梭利发现0～6岁儿童主要存在以下九大敏感期：

（一）语言敏感期；

（二）秩序敏感期；

（三）感官敏感期；

（四）细节敏感期；

（五）动作敏感期；

（六）社会规范敏感期；

（七）书写敏感期；

（八）阅读敏感期；

（九）文化敏感期。

（一）语言敏感期　（0～6岁）

是掌握口语的最佳年龄。口语发展分为三个阶段：乳儿期，语音发展阶段；婴儿期，掌握词汇阶段；幼儿期，3～4岁时语音、语法和口语表达能力迅速发展。6岁前基本掌握口语。

也有学者提出2～3岁是儿童学习口头言语的关键期,4～5岁开始是学习书面语言的关键期等。

1. 语言敏感期的两个重要阶段

1) 语言准备期,又称语言的预备阶段(1～3岁幼儿前期)

(1) 单词句阶段:12～18个月之间。用简单词汇代替和表达完整句子所包含的意义。会用手势、表情等辅助表达自己的意愿。

(2) 多词句阶段:18～24个月之间。用两三个词汇代替表达完整句子的意思。如:外外,车车,意思是说:推小车去外面。

(3) 简单句阶段:24～36个月之间。会用逻辑性较强、含有主语谓语的简单句子。如:因为他打我,所以我不喜欢他。

2) 语言完备期:又称复合句的过渡阶段(3～6岁幼儿)

会用已经掌握的词汇表达自己意愿,简单描述内心想法,发音正确,能用完整的句子表达意思,复合句越来越多。

2. 开发语言潜能的方法

(1) 父母要给孩子提供更多的语言环境,让孩子多看、多听、多练,根据孩子兴趣,适时引导。在创设的语言环境中,父母情绪需要平和友好。

(2) 刚出生的婴儿已有听觉和视觉。家长多对孩子说话,拿着玩具说出玩具的名称,并让孩子接触,抚摩,建立词汇的概念。

(3) 在多词句阶段,应该让幼儿多听、反复听故事,让幼儿建立、丰富词汇库。

(4) 在简单句阶段,孩子说"奶瓶!"意思是"给我奶瓶,我要喝奶。"家长要引导孩子说:"宝宝要喝奶。"一旦孩子能够完整说出,父母要立即给予鼓励,增强孩子说话的兴趣和信心。

(5) 在语言完备期,父母要耐心倾听孩子,不要阻止孩子说话,多带孩子到公众场所,丰富孩子的信息,提供和其他孩子交流的机会。让孩子听故事、讲故事、编故事。

(6) 在语言完备期,父母让孩子多背诵古典诗词,是一举多得的事。

3. 开发语言潜能的注意点

(1) 与孩子交流、给孩子讲故事时,父母尽可能要用普通话。

(2) 不规范语言要少用,最好不用。标准语言输入,才能标准语言输出。

(3) 家长要有耐心,容许孩子出错;孩子编故事时,容许孩子异想天开。

（4）对孩子一定要多鼓励、多表扬。

（二）秩序敏感期　（2～4 岁）

幼儿对事物的秩序有强烈的需求，并逐步获得和发展起对物体摆放的空间或生活起居习惯的时间顺序的适应性，即秩序感。

1. 秩序的分类

蒙台梭利提出，儿童具有两重秩序感，内部的秩序感和外部的秩序感。

内部的秩序感使儿童意识到自己身体的不同部分和它们的相对位置。

外部的秩序感则指向幼儿对外部世界存在的规律和关系的感知与理解。

秩序感的表现形态有安全感、归属感、时空感、格局感、规则意识等。

2. 秩序敏感期的行为

（1）睡觉时，爸爸睡左边，妈妈睡右边。

（2）这是妈妈的枕头，这是爸爸的枕头，不能枕错。

（3）穿鞋先穿左脚，再穿右脚，否则会抗拒。

（4）穿衣服时，先穿裤子，再穿袜子。

（5）自己的玩具摆放在桌子右边，父母给他换地方，他会拒绝。

（6）苹果放在抽屉里，父母给他放到冰箱，他会哭闹……还会有很多的类似行为。

父母如何做？

（1）理解并尊重儿童秩序敏感期的特殊心理，只要没有不良行为和不合理要求，尽量满足孩子对事物固定秩序与完美无缺的追求。

（2）为孩子安排属于他自己的空间，孩子的生活用品和玩具都有固定的摆放位置，有利于形成秩序的概念。

（3）给孩子安排规律的生活，养成良好的作息习惯，建立安全感，有助于他们遵守规则。

（4）当孩子因为“秩序”被破坏而哭闹时，平静地陪伴他、倾听他，帮助他找到解决问题的办法。如果孩子要求“重新来一遍”，只要条件许可，不妨就重新来一遍，否则你可能需要浪费更多的时间去平息他的情绪。

3. 秩序敏感期顺利度过的意义

秩序是生命的一种需要，也是影响一个人终生的一种习惯和品质。

整个学习阶段，学习资料和用品会整理、摆放有序；作业会有条不紊地完成，不会漏掉；时间管理能力强，根据轻重缓急，有序地安排事情。

工作中,会把事情安排得井井有条;能够遵守法律法规、坚守道德底线;有正确的审美观和良好的艺术鉴赏能力。

(三)感官敏感期 (0~6岁)

孩子出生后,通过视觉、听觉、味觉、嗅觉、触觉等感官,熟悉环境、了解事物。

1. 感官的重要性

感官是智力发展的基础;

感官是大脑获取信息的通道,孩子通过多感觉通道学习理论;

感官是各种高级认知活动,如记忆、思维、想象等的基础;

每个感官的敏感期开始时间各不相同,也各有特点。

2. 每个感官的敏感期

(1) 视觉:0~0.5岁;

(2) 听觉:胎儿时期(0~2岁);

(3) 味觉、嗅觉:4~8个月;

(4) 触觉:0~3岁;

(5) 方位知觉:3岁左右;

(6) 大小知觉:2.5~3岁;

(7) 观察力(分析、判断):3~6岁。

1) 视觉敏感期的进程

现代医学普遍认为,宝宝1岁左右,所有成像发育已经完成;4~5岁后,视觉发育完全成熟。

0~4个月:一出生就有对比(黑白)的视觉,2个月能感受黑与白的反差。

2~3个月:会定点看东西,甚至转动头部去追移动物体。

4个月左右:会转动眼睛去追移动物体。

4~6个月:已具备立体感,双眼视觉也已发育成熟,眼睛和双手可以相互协调做简单动作。

6~8个月:视力范围从左右发展到了上下,视野幅度增大。

8~12个月:有了空间感,会以坐着丢东西的方式来测距离。

1岁以后:宝宝的成像发育已经成熟,可以给一些较精细的玩具或物品来刺激发育。

2岁以后:开始阅读并理解阅读的内容。

3岁左右:可以带到眼科进行视力测验。

视觉敏感期的训练：

新生儿最佳视觉焦距：20～35 cm。

喜好：红色、黑白相间的物体；轮廓分明的物体；笑脸。

训练方法：

（1）静观训练：看灯影、树隙、墙上的图片、物体；妈妈、爸爸的笑脸；画报（边给他看边讲给他听），由黑白到彩色（宝宝注视时间：新图 7～13 秒；熟识的 3～4 秒）；多到窗前或户外看远处的景物；注意替换，丰富视觉信息。

（2）追踪训练：红色小球，在 20～30 cm 处慢慢移动；吊着的布娃娃、铃铛、彩色球等；红丝巾包住手电筒，在眼前左右、远近移动；气球移动。

（3）识人训练：和妈妈、爸爸、他人面对面，边看边喊宝宝的名字，爸妈可以移动自己的头部，和宝宝不停互动。

2）听觉敏感期的进程

胎儿时期已经能听到妈妈心脏的跳动声和妈妈肚子里的咕噜声。

婴儿一出生就有听力，但是听力较弱，只能对 50～60 分贝的声音刺激做出反应。

1 个月内：醒着的宝宝，如果突然听到声音，眼睛会自然闭起来。

1 个月后：睡着的宝宝，如果突然听到声音，眼睛会自然睁开，并会哭泣。

2 个月左右：睡着的宝宝，如果被喧闹的声音吵醒，眼睛会自然睁开，但不会哭泣（表示已习惯声音）。若是听到大的声响，如喊叫声或是击掌声，会出现眨眼反射及手足伸屈运动，有的还可能因为受到惊吓而哭闹。

3 个月左右：开始辨识、区别声音。比如，听到吵架声会不安；听到音乐声会高兴；对于高频率的声音会喜欢。

4 个月左右：对最熟悉的声音较有感觉，会去主动寻找声音来源。比如，妈妈讲话会转颈寻找。

5 个月左右：如果宝宝被突如其来的声音吵到，会赶紧抱住妈妈，因为他感觉可能会受到伤害。

6 个月左右：宝宝的眼珠及头颈转动更加灵活，会主动地寻找所有的声音来源。

7 个月左右：宝宝听到音乐时，反应较为明显，并会立即去寻找声音来源。

8 个月左右：能够主动发出声音，并根据听到的他人言语而模仿发声。

9 个月左右：宝宝能够区分声音有无意义，比如喊他的名字知道是在叫他。

10 个月左右：能够模仿叫爸爸、妈妈。

11 个月左右：听到快乐的音乐，会不由自主地手舞足蹈。

12～15 个月：宝宝区分声音的能力更加成熟，而且会配合声音的节奏做动作了。

18 个月左右：宝宝能够区分物件的声音，如电话声、门铃声等；也会听从声音的指令。

2 岁左右：宝宝已具备听觉记忆的能力，也就是可以和人对话。

3～4 岁：宝宝可以说出物体的名称。

听觉敏感期的训练：

(1) 听觉感知力训练：小铃铛、口琴、杯子、轻音乐等柔和、动听的声音；勿近耳，勿刺激。

妈妈腔：发音清晰、语速略慢、适度重复、语句简短、内容具体的语言。

(2) 听觉分辨能力训练：辨别声音的高低、大小、强弱、音色、声源方向等。

(3) 听觉理解能力训练：辨别声音和理解说话的能力。多对孩子说话并与实物连接；多让孩子接触更多的声音，并与实物和内容联系。

(4) 听觉记忆能力训练：和孩子一起学发音（猫、狗，音乐节拍）；学唱歌；学说话；学讲故事。

3）嗅觉、味觉敏感期的进程

宝宝出生即有了味觉和嗅觉，能感受到什么是甜、酸和咸，多数宝宝喜欢甜的味道，对甜味产生吸吮动作和愉快的面部表情；对他不喜欢的味道会表现出不愉快的表情，如扭头、皱眉、闭眼、吐出、啼哭等反应。宝宝还能区别不同的味道，他喜欢妈妈身上的那种奶味。当宝宝 4 个月时，就能比较稳定地区别好的气味和不好的气味。

5 个月时嗅觉和味觉才进入敏感期；1 岁以内的小儿能分辨同一味道的不同浓度。

嗅觉和味觉在 6 个月至 1 岁之间最为灵敏。

嗅觉、味觉敏感期的训练：

这个阶段宜给宝宝添加各种适合的辅食，既能增加宝宝的营养，又能促进宝宝味觉、嗅觉的形成、发育和对多种食物口感的适应，同时渐渐从奶水过渡到半流质再到普通食物，顺利断奶。

在添加辅食的过程中，很多宝宝存在不愿意吃某种食物的情况，这时我们可以改变烹饪手法或食材搭配，但不要再给宝宝尝试，因为这会使宝宝错过味觉、嗅觉的最佳形成和发育时机，不仅会影响宝宝断奶，更会为宝宝日后偏食、厌食埋下隐患。

(1) 母乳喂养期忌糖水：宝宝出生后应早吃母乳、多吃母乳，而不要在开奶前或每次吃母乳前先吃糖水，以免妨碍母乳喂养及养成嗜甜的习惯。

(2) 忌按父母的口味喜好：宝宝的味蕾在舌面的分布比成人更广，味觉更敏感、更丰富，成人不应以自己的喜好或标准为宝宝选择和制作食物。

(3) 让宝宝品尝各种味道：准备一些可口的水果，如香蕉、橙子、苹果等，让宝宝都尝一尝，告诉宝宝香蕉是甜的，橙子、苹果是酸甜的，再问问他喜欢哪种味道。

4) 触觉敏感期

黄金期：0～3岁

皮肤上的神经细胞可感知温度、湿度、压力、痛痒以及物体质感。

新生儿的嘴唇和手是触觉最灵敏的部位；腿、前臂、躯干处相对比较迟钝。

触觉敏感期的进程：

0～2个月：以反射动作为主，是为了觅食或自我保护。

3～5个月：将反射动作加以整合，利用嘴巴与手去探索，并感受到各种触觉的不同，懂得做简单的辨别。

6～9个月：触觉已经遍及全身，会用身体各个部位去感受刺激、探索环境。

10个月之后：触觉定位越来越清晰，开始分辨出所接触的材质不同。

触觉敏感期失调的表现：

(1) 触觉失调的主要表现：触觉敏感、触觉迟钝。

(2) 触觉过分敏感的主要表现：爱哭、不喜欢拥挤；陌生环境中胆小，怕陌生人；偏食，挑食，不爱吃菜；吃手或咬手指；情绪不稳定，爱发脾气；怕黑，黏人，或紧张，退缩，不敢表现；对小伤小痛特别敏感；不合群，爱惹事等。

(3) 触觉迟钝的主要表现：反应慢、动作不灵活；大脑的分辨能力差；发音或小肌肉运动都显得笨拙；缺乏自我意识，无法保护自己；学习能力很难发展。

触觉敏感期的训练：

(1) 玩沙土、沙子；

(2) 冷热水刺激；

(3) 梳头、刷手脚；

(4) 抓痒痒；

（5）大毛巾卷游戏；

（6）小刺球游戏；

（7）身体钢琴；

（8）身体按摩。

从孩子一出生，母亲就要多爱抚、拥抱、尽可能用母乳喂养，尽量不交给老人或保姆；人工喂养时，不要催促；不要用紧张，焦虑的心情等孩子赶快喝完；不要限制孩子（2岁之内）吃手、吃毛巾、咬东西（注意清洁卫生）的行为；多让孩子在地板上爬行、打滚、翻跟头，多和其他小朋友接触，让孩子玩土、泥巴、沙子、水。孩子洗澡后，用粗糙的毛巾擦身体，用毛刷、羽毛刷身体，用电吹风向孩子身体吹热风或冷风，让孩子感觉温度。

注意事项：

（1）触觉敏感：父母可以在他们洗脸、洗澡或者睡觉前，以手或者柔软的毛巾轻擦孩子的手脚、背部。

（2）触觉迟钝：父母可以用软毛刷刷孩子手心、手臂及腿，以唤醒孩子的触觉感知。还可以给孩子玩触觉玩具，让他们在不知不觉中提高触觉识别能力。

（3）触觉过分依赖：父母不要强行阻止吃手指的习惯，而是应该先适度满足孩子对触觉的需要，加强亲子间关系，使孩子有安全感。在此前提下，再要求他们逐渐改掉这些坏习惯。

5）方位知觉敏感期

黄金期：3岁左右。

方位知觉是指对物体的空间关系位置和对个体自身在空间所处的位置的知觉。如前、后、左、右、上、下、里、外、中间等方位词所表示的空间相对关系。

幼儿对空间方位常感到困难，这是因为：①物体的空间方位具有相对性；②空间方位有两个不同的参照系统，一是有机体自身，二是客观事物，如日月星辰的运行；③幼儿要理解掌握标志空间方位关系的词。

方位知觉敏感期的发展：

出生后：宝宝就有听觉定位能力；

6个月前：宝宝靠听觉定位，之后靠视觉、动觉；

3岁：宝宝能辨别上、下方位；

4岁：幼儿能辨别前、后方位；

5岁：幼儿能以自身为中心，辨别左、右方位；

6 岁:幼儿能完全正确地辨别上、下、前、后四方位。

方位知觉敏感期的训练：

指认左右手(脚、耳朵;表示上下、高矮)

玩具归位；

修建“公路”；

画房间；

收拾萝卜(准备实物)

走迷宫；

逛超市；

游公园,识地图；

画家庭分布图、画公园简图等。

在与孩子的讲话中谈到里面、上面、正面、后面、旁边、以前和以后以及太近、太远等概念,比较大小。

和孩子说话时多用标志空间方位关系的词。如对用右手的幼儿,父母可以和他说:“拿饭碗的手是左手,使筷子的手是右手。”将方位词与具体事物结合,孩子最容易记住。

方位知觉敏感期的训练注意点：

训练时要交代清楚参照物；

方位知觉有难度,家长要有耐心。

6) 大小知觉敏感期

黄金期:2.5～3 岁。

6 个月:宝宝已经能辨别大小；

2～3 岁:宝宝已经能按语音指示拿出大或小的皮球；

2.5～3 岁:宝宝能判别平面图形大小；

3 岁以后:宝宝能判别大小；

4 岁以前:宝宝能理解“大”“小”这一词语概念。

怎样培养宝宝的大小知觉?

在日常生活中,家长多给孩子看一些大小形状不同的图片。另外,家长要不断地让孩子接触不同的事物、不同年龄的人及不同的动物或动物模型。一般而言,动态的、带有声音的东西孩子更愿意接触,更容易引起兴趣、促进思考、加深认识。

在绘画中，让孩子多画不同大小的图片，使孩子对物体大小留下深刻的印象。

丰富孩子的生活环境，让生活空间中充满视觉、听觉、触觉的玩具，以及增加可以触摸和操作的训练，增强刺激。多到户外与孩子进行游戏互动。

家长和孩子一起玩图形大小游戏，抓握大小不同的物体，如准备大小不同的玩具若干，但要保证形状统一，可用套环（直径3～5厘米，厚度0.5～1厘米）、积木等（颜色丰富更能引发宝宝的兴趣）。

7）观察力（分析、判断）敏感期

黄金期：3～6岁

观察是一种有目的、有计划、有组织、比较持久的高级知觉过程。

观察力是人类对客观世界的主动认识过程，是智力的一个重要组成部分，是一切能力发展的基础。

观察力（分析、判断）的发展，兴趣是主因。

观察图片的时间，3岁时约5～6分钟，随着年龄的增长，时间有所延长；6岁时大约达到12分钟。对无兴趣的对象，不到一两分钟。

心理研究工作者姚平子根据观察的有意性提出了“四阶段说”：

第一阶段（3岁）：宝宝不能接受所给予的观察任务，随意性起主要作用；

第二阶段（4～5岁）：宝宝能接受任务，主动进行观察，但深刻性、坚持性差；

第三阶段（5～6岁）：宝宝接受任务以后，开始能坚持一段时间进行观察；

第四阶段（6岁）：宝宝接受任务以后能不断分解目标，能坚持长时间反复观察。

游戏提升观察力：

（1）计划买菜：去时讨论买什么菜，说出种类、形状、颜色；买时，对照（纠错）；买后，分类。

（2）看地图：看本市地图，选择去的地方（幼儿园、奶奶家、超市等），观察路上都有什么。

（3）守恒概念：两只容积一样的杯子，第一只“瘦高”，第二只“矮胖”，让宝宝看清楚，把“瘦高”的半杯水倒入“矮胖”的杯中，请他思考：第二只杯子里的水比第一只里的少了吗？

注意事项：

（1）家长事前提出具体的观察目标，如柳树的叶子和杨树叶有什么不同；

（2）给孩子提供观察思路，如形状、颜色、大小等；

（3）多选择孩子感兴趣的观察对象，如大象与河马有什么不同；

（4）根据情境，随时随地练习，如在动物园里、在超市里等；

（5）多肯定、多引导：孩子有新发现时，及时肯定；未全面时，多引导（看看，还有吗）。

（四）细节敏感期　（1.5～4岁）

表现：宝宝对微小的事物更兴趣，比如小蚂蚁、小石子、小豆子、小树叶等；喜欢抓、捏细小东西，手里总是紧紧攥着一些小东西。

重要性：宝宝是在发展小手的肌肉和手眼协调能力，训练精细动作，以后会变得更细心、仔细。家长见微知著，训练孩子，让孩子形成专注、耐心、执着的特质。

细节敏感期的训练：

（1）家长带孩子到公园玩，给孩子提供观察的机会，如看蚂蚁、小虫子等；

（2）家长给孩子自己的空间、时间，让孩子自主活动，让孩子有时间观察或摆弄他喜欢的事情；

（3）家长给孩子提供一些内容、色彩丰富的画册；孩子会发现自己喜欢的、细微的地方。

细节敏感期的注意事项：

（1）安全考虑：不要让孩子接触小刀片、药丸、干燥剂、通电插座等；

（2）不要破坏：不要丢弃孩子的小玩意；

（3）不要干扰：孩子摆弄线头、小石子时，不要打断；

（4）不要强制：遵循孩子的兴趣，一旦满足，他会自动转移；

（5）要有耐心：父母要给予孩子足够的时间，有意识地培养孩子的观察力。

（五）动作敏感期　（0～6岁）

表现：在学走路时，愿意自己走路，不让人扶；手的动作伴随着走路而发展，走到哪里，手就抓到哪里，活泼好动。

动作发展主要包括两大领域——大动作和精细动作，大动作主要是指身体运动比如走路等，而精细动作则主要是指手的动作。

重要性：身体协调；增进智力；促进身心健康；协助精神正常发展，促进人格形成；强化大、小肌肉的发育。

动作敏感期的进程：

（1）大动作：

3个月：翻身；

6个月：坐；

7～10个月：爬行；

7～12个月：行走(准备期)；

13～24个月：行走；

1.5岁～3岁：手的动作。

(2) 精细动作(手)：

大把抓；

拇指独立；

三指抓捏；

两指捏。

动作敏感期的训练：

(1) 大动作：

① 3个月，翻身：

(a) 家长帮助孩子翻动双腿和脚(双脚成交叉)；

(b) 扶住肩膀和大腿，帮助翻转；

(c) 运用玩具吸引孩子翻身。

注意事项：

(a) 被褥、床单平整，床上不能有塑料布类的东西，防止窒息；

(b) 床上不要放小物件、坚硬物品或药品，以免硌伤、刺伤或误食；

(c) 不要把宝宝单独放在大人的床上；

(d) 做好安全防护，避免宝宝翻身掉落；

(e) 安装安全护栏时，要防止宝宝的四肢被护栏的空隙卡住；

(f) 让宝宝远离会发热、发烫的电器，避免宝宝翻身时被烫伤。

② 6个月，坐：

(a) 父母可用手支撑孩子的背部、腰部，让他维持短暂的坐姿；

(b) 孩子能坐稳时，可以用玩具吸引孩子坐起；

(c) 每次坐的时间不宜太长。

提醒：不可单独在床上(沙发上)坐起。

③ 7～10个月，爬：

爬行一般会经过四个阶段：原地爬、后退爬、匍匐爬和肘膝盖协调爬行。

(a) 观察到孩子有爬行意识时，协助孩子爬行；

（b）给孩子爬行机会；提供更多的爬行空间；

（c）不用过分担心卫生问题，但安全性十分重要；

（d）积极引导，也可以做爬行游戏，如穿山洞。

提示：孩子的爬行期只有两三个月，父母要有耐心；不要使用学步车。

④ 8～10个月，站：

（a）他扶站—自扶站—独立站；

（b）练习蹬腿运动；

（c）仰卧起坐；

（d）让他扶着等高的桌子玩玩具。

注意安全：避免让孩子接触电扇、冰箱、门缝等。

⑤ 7～12个月，行走（准备期）：

（a）家长架着孩子的胳膊，任由孩子练习跳动；

（b）拽着他的手臂，让他尝试在地上用脚尖行走；

（c）扶着东西自己走路。这些都是为行走做准备。

⑥ 13～24个月，行走：

（a）孩子可以自己独立行走，自主性行走、翻找；

（b）孩子喜欢走高岗或路肩、洼坑，比如小水洼；喜欢爬楼梯和上下大坡。

孩子在2岁左右，学会了走路，行走敏感期消失，就会对疲劳特别敏感，会想尽一切办法让你抱着。

（2）1.5～3岁，手的动作：

① 家长应提供更多动手的机会，如玩皮球、积木、插塑、橡皮泥、拼图、七巧板、珠子、剪纸等，让孩子通过拍、插、捏、揉、摆、拼、穿、拨、剪等各种动作来操作玩具，发展智力。

② 训练生活自理能力，如整理玩具、系扣子、用筷子吃饭、抹桌子、扫地、帮助妈妈择菜等。

③ 学会使用筷子。在宝宝两三岁时家长就可以教他使用筷子。用筷子夹东西是一种牵涉到肩部、胳膊、手掌、手指等30多个大小关节和50多条肌肉的手眼协调的精细动作。

注意事项：

从简单的做起，有助于帮孩子树立信心。如先让孩子夹一些较大的容易夹起的食物，等孩子熟练之后，再鼓励他夹较小的食物。

（六）社会规范敏感期（2.5～6岁）

表现：脱离依赖父母、自我中心的状态，学会结交朋友，喜欢参与群体活动，修正自己的不当行为。

重要性：有效训练将有利于将来遵守社会规范，拥有自律的生活，和他人轻松交往。

社会规范敏感期的训练：

（1）关注行为变化，及时捕捉

不同孩子的敏感期出现时间并不完全相同。一般孩子在2岁以前对父母的要求不理解、不采纳，但到2岁半左右，孩子开始逐渐理解并能按照父母的要求做事情，这说明孩子在逐渐调整自己的行为，以与周围环境的要求相适应。在社会性交往方面，1岁的孩子，自我中心意识很强，但在2岁以后，开始关注、模仿同伴的行为，有交往意愿并能和同伴交流。

（2）提供更多机会，在实际中练习

知识与能力的获得需要在实际情境中完成。父母要经常带孩子到公园、社区或亲友家，与更多的小朋友交往，让孩子从中学习协商、谦让、合作等多种社会性技能。

父母也可以带孩子参加社会性活动，如聚会、参观、演出等，在众多社会性活动中，给孩子建立明确的生活规范、日常礼节，使其日后能遵守社会规范，拥有自律的生活。

（3）在实际经验中发展孩子的社会能力

孩子的自我心智与社会规范相互作用，使其通过理解、接纳社会规则而不断进行自我调适，从而形成社会能力。

当孩子找不到好朋友而沮丧，与好朋友争抢玩具而起冲突，同伴推倒了自己搭建的积木而恼火等等的时候，父母一定不要盲目替孩了把问题解决掉，而应和孩了共同讨论怎样更好地解决问题，帮助孩子理解、接纳、确立适宜的社会规范，学到解决社会规范性问题的能力，获得移情、利他等社会性技能。

（4）提供条件，协助而不代替

“孩子看到同伴的皮球很好玩，自己想玩，但却不知道怎样去借。”父母可以让孩子自己想办法，不必着急代替解决，可以教孩子如何去与同伴商量。

社会性行为规范的建立需要孩子在具体的事件中亲自体验、自我调整、自我建构，父母应该做到适时协助而不代替。

（七）书写敏感期　（3.5～5 岁）

表现：用笔在纸上戳戳点点；来来回回画不规则的直线；画不规则的圆圈；书写出规整的文字等。

最初，经常会在纸上用蜡笔或水彩笔涂鸦、画画；学会写数字后，他们可能会天天在纸上涂画着，一笔一笔都很认真；可以“安安静静”地在椅子上坐上半个小时，家里的纸张也扔得满地都是。

重要性：开发智力；为以后的阅读和书写习惯打基础；培养读写兴趣，养成读写习惯；入学适应。

正常 4 岁左右的幼儿就具有一定的识字、写字能力，一般的常用字一天可以学习 2～4 个，经过 3～4 次的复习基本就可以掌握了。

6 岁左右幼儿的认字、写字能力已有显著提高，此时在训练他听说能力的同时，再采用合理的方法针对性地进行一些常见字的读写学习，对于孩子的书写能力培养、智力开发和入学后的快速适应都有十分重要的意义。

教孩子识字的方法很多，可看标语、看商标、看图片、边读故事边认字等，让孩子适当早识字，为阅读打好基础。

书写敏感期的训练：

（1）提供环境和材料：创造书写的环境，书写敏感期就会提前出现；给他提供纸、笔等材料，会激发他书写的欲望。

（2）从简单的开始，不急躁，不强迫：可以从阿拉伯数字开始，也可以从任意写画开始，不要急于教写汉字，也不要长时间写。

（3）赏识强化信心：给孩子提供方便的环境，赏识孩子书写的行为，激发孩子书写的激情，肯定孩子书写的内容，让孩子感觉有信心。

（4）提供丰富的材料，做好示范：丰富多彩的书写材料能带给孩子不同的体验，调动孩子的好奇心，让他产生更多的激情，让他的书写敏感期提前到来或者延续的时间更长。

父母可以给孩子做示范，不要急于培养他好的书写习惯，而不断地挑剔、指责孩子，也不要制订条条框框，限制孩子。

提示：书写的兴趣和热情比书写的内容和方式更重要。

（八）阅读敏感期　（4.5～5.5 岁）

表现：对图书和文字产生浓厚的兴趣，喜欢自己看书，也喜欢妈妈给他读书。

开始“痴迷”各种带文字或图片的东西，包括各类图书、报纸、广告牌、宣传画。

阅读时他们不再单纯停留在有趣的图画上，对图画上的文字也产生浓厚的兴趣。幼儿往往要求成人告知图书的名字，然后自己再一遍一遍地朗读。

重要性：增强兴趣、信心，提高注意力、逻辑性表达能力、认知能力，增强学习的主动性；促进情感获得、社会性的发展。

阅读敏感期的训练：

(1) 为孩子创设支持性的阅读环境。孩子在父母身边阅读时，父母专注倾听，表达喜悦、肯定；可以给幼儿布置一个专属的阅读区。

(2) 按孩子的兴趣和需要提供图书。父母根据孩子的特点，选择形象性、直观性、故事性强的图书。内容应是孩子熟悉的、感到亲切的，色彩丰富、绚丽、对比强烈，且情节单纯、生动有趣、结构清晰、有头有尾；也可以适当选择唐诗宋词、寓言成语方面的图书。

(3) 尊重孩子的需求和自由。孩子可以选择自己喜欢的而不是父母希望的，给孩子自由选择的权利。在他遇到困难时，父母可以适当帮助。

(4) 和孩子一起阅读。孩子读时，父母认真听、认真看，则父母读时，孩子也会有同样的表现。读完之后，父母可以要求孩子用自己的语言复述一遍；孩子有的地方确实想不起来时，父母可以适当提醒，讲完后，及时肯定，这样可以训练孩子的语言理解能力，增强孩子的兴趣和信心。

(5) 阅读兴趣的培养是一个持续的过程，阅读对人的成长具有十分重要的作用。孩子只有进行大量的精品阅读，未来的人生才可能精彩。在阅读的敏感期一定要开好头，在不同阶段进行不同的创造性培养，让孩子尽早爱上阅读。

(九) 文化敏感期　(6～9 岁)

表现：对社会关系的思考；对学习文字、故事的形式感兴趣，对音乐的挚爱；对动植物的关怀；对天文地理的兴趣等。

重要性：未来会产生学习的自主意识和学习兴趣，关心社会文化。

文化敏感期的训练：

(1) 创设丰富、适宜的文化环境

科学环境：以发展关于科学和技能的兴趣；

艺术的环境：音乐的环境和图画的环境；

文明的环境：言谈举止、待人接物、家风；

人际交往的环境：积极的、广泛的；

劳动的环境：培养劳动习惯，训练独立生活能力；

家庭舆论的环境：正确的、积极的、健康的。

（2）培养孩子对天文地理、科学知识的兴趣。

（3）培养孩子的思维独创性；尊重孩子思考的独特性，鼓励孩子从不同的角度思考问题。

第三节　孩子关键期教育建议

上面谈到的敏感期区间，不一定所有的孩子都在其中，可能个别孩子超前点，也有个别孩子迟一点，这些都是正常现象。家长必须要明白的是，在孩子的敏感期出现的时候，要适时进行深刻有效的教育，这对孩子的发展是十分有价值的。但若错过敏感期，后续也还有机会，教育孩子什么时候都不晚，只是影响的是教育的效率，影响的是孩子发展的高度。

这里不得不说的是，在敏感期实施相应的教育内容并不是越早越好。双生子爬梯试验可以说明这个问题。

案例 3-2：

美国心理学家格塞尔曾经做过一个著名的实验：被试者是一对出生 46 周的同卵双生子 A 和 B。格赛尔先让 A 每天进行 10 分钟的爬梯实验，B 则不进行此种训练。6 周后，A 爬 5 级梯只需 26 秒，而 B 却需 45 秒。从第 7 周开始，格赛尔对 B 连续进行两周爬梯训练。

这两个小孩哪个爬楼梯的水平高一些呢？大多数人肯定认为应该是练了 8 周的 A 比只练了 2 周的 B 好。但是，实验结果出人意料——只练了两周的 B 其爬楼梯的水平比练了 8 周的 A 好——B 在 10 秒钟内爬上了特制的五级楼梯的最高层。

格塞尔分析说，其实 46 周就开始练习爬楼梯为时尚早，孩子没有做好成熟的准备，所以训练只能取得事倍功半的效果；52 周开始练习爬楼梯，这个时间就非常恰当，孩子做好了充足的准备，所以训练就能达到事半功倍的效果。

这个实验给我们的启示是：教育要尊重孩子的实际水平，在孩子尚未成熟之前，家长要耐心地等待，不要违背孩子发展的自然规律，不要违背孩子发展的内在“时间表”（敏感期），人为地通过训练加速孩子的发展。

在现实中，有些年轻父母往往不按照孩子发展的内在规律，人为地通过训练来加速孩子的发展。孩子一般3个月时会俯卧，能用手臂撑住抬头；4～6个月会翻身；7～8个月会坐会爬；1岁左右才会站立或独立行走。心急的父母们则通过“学步车”等，让孩子越过“爬”的阶段，或者很少让孩子爬，直接学走路。这种“跨越式的发展”，虽然能早早地让宝宝学会走路，但过早走路，容易把孩子的双腿压弯，影响形体健美，还容易形成扁平足，更会造成孩子日后走路步伐不稳、趺趺撞撞。

在促进孩子心理发展方面，人为加速孩子的发展，同样会对孩子心理的健康发展产生危害。幼儿期的孩子正处在“游戏期”，这个时期的教育应以游戏为主，在游戏中发展孩子的感官，激发孩子的心智，培养孩子的社会能力。不少的家长却认为游戏浪费了孩子的时间，因而提前教导孩子学习知识（如读、写、算）或才艺（如绘画、弹琴、舞蹈），将孩子提前置于不成功便失败的压力之下，会使孩子养成以后遇事退缩与事后内疚的不良个性。

另外在教育过程中，父母要树立科学的教育理念，保持情绪的平和，表现出足够的耐心，想出高超的方法，采用巧妙的手段，引导孩子学习，促进孩子健康成长。

第四章　提升孩子的综合素质

第一节　让孩子成为有爱心的人

一、名人谈爱的价值

英国作家罗素说过，一直以来，有三股单纯却势不可挡的激情支配着他的人生，那就是对爱的渴望、对知识的追求，以及对人类苦难不可遏制的同情。古希腊著名哲学家柏拉图有句教育名言："教育非他，乃是心灵转向。"转向哪里？印度哲学家克里希那穆提认为，应引导孩子转向爱、善、智慧。大师明白地告诉我们：人是需要爱的，对爱充满了渴望。从某种意义上来说，人不是为完美而来，而是为完美的爱而来。人是因为爱才来到人间的，因为有爱才能成长，因为有爱才能幸福。教育的重要任务之一就是让孩子心中有爱，让孩子成为一个充满爱的能量的人。家庭里的每个人都充满爱的能量，这样的家庭必然是其乐融融的。

《爱的教育》是意大利作家亚米契斯的作品，是一部著名的儿童文学作品，被认为是意大利人必读的十本小说之一，是世界文学史上经久不衰的名著，被各国公认为最富爱心和教育性的读物。朱光潜、丰子恺、茅盾、夏衍等学者曾将此书列为立达学园（民国时期的一所艺术学校，1925 年由匡互生、丰子恺、朱光潜等人创办于上海）的重点读物。该书 1986 年被联合国教科文组织列入"具有代表性的欧洲系列丛书"；1994 年被列入世界儿童文学最高奖——国际安徒生奖的"青少年必读书目"；2001 年被中国教育部列入中小学语文新课标课外阅读书目。《爱的教育》超越了时代和国界的限制，被译成数百种文字，销量已超 1 500 万册，成为世界最受欢迎的读物之一。

有读者感言：爱，像空气，每天在我们身边，因为它无影无形，所以常常会被我们所忽略。可是我们的生活不能缺少它，其实它已经融入生命，成为生活中不可分割的一部分。就如亲子之爱，它是如此平凡，很多人都不会留意它，等到失去了才会追悔不及。

读了《爱的教育》，我看到了一群充满活力、积极要求上进、如阳光般灿烂的少年，他们有的出身富裕，有的家庭贫困，有的身有残疾，他们虽出身、性格有所不同，但他们身上却都有着一样共同的东西——那就是对亲友的真挚之情，对身边人真挚的感情。

爱，真的让人觉得很温暖。爱像温暖的棉被一样包裹着书中的人物，也深深地感染了正在读书的我。爱应该是教育的源泉，爱能够将心中的恨化为勇气，使我们向着阳光灿烂地微笑，用爱感染身边的每一个人；爱能够激发人的巨大潜能；爱能够让人创造奇迹。

回归现实，爱像空气一样重要，但很多人都无法感觉到，只有到失去的时候才知道它的珍贵无价。所以，我们每一个父母都要对爱的教育有清醒的认识，高度重视并积极践行。

关于爱孩子，苏联著名教育家苏霍姆林斯基有很多重要论述："不少家长认为，爱孩子是一件简单的、并不复杂的事情，这里无须做出特殊的努力。其实说简单的人，实质上是停留在动物般的对孩子的爱（连母鸡也会爱孩子）。""若没有诚挚的、非做作的，同时是明智的、深思熟虑的对孩子的爱和尊重（不论在家里，还是在学校都如此），则不可能得法地教育孩子。"所以为了爱孩子，就必须了解孩子，但这不像看起来那么简单，因为世界上没有比人更复杂、更丰富的事物了。所以，在真正的教育者的众多品质中，占首要地位的就是深知孩子的精神生活及其发展特点。

二、什么是真正的爱

孩子最渴望得到的是父母的爱，那么什么才是诚挚的、非做作的、明智的、深思熟虑的爱呢？我认为要把握以下六个要点：

1. 爱是对孩子的一种情感

爱是一个生命喜欢另一个生命的感情，这种情感是理性的、纯真的、热情的、稳定的、持久的、不断升华的。这种爱，不仅是物质的，不能只用金钱来衡量。如果你爱孩子，那意味着你必须为孩子一生的幸福奠好基、引好路、给足劲、做榜样。在跟你的孩子说话时，语气要温柔，目光要柔和，要把心中对孩子的爱通过表情表现出来。表达出来的爱才是爱，埋在心里的爱只是一种想法。

2. 爱是平等的关系

如果嘴里说着爱一个人，行动上却不尊重这个人的人格，那不是爱。家长要发自内心地尊重孩子的人格，要以实事求是的态度对待孩子，要摒除陈腐观念。

3. 爱是无条件的

如果爱一个人有附加条件，如要求孩子考出好成绩，那是爱成绩而不是爱孩子。只要他是你的孩子，你就应该爱他。

4. 爱是整体接纳

跟行为没有关系，跟长相没有关系，跟是否优秀没有关系，不管孩子长得高矮胖瘦，他的优点缺点父母都得完整地接纳。

5. 爱的有无是由被爱者决定的

只要你的爱是真爱，被爱者就一定能感受得到。没有被感受到的爱称不上是真爱。

6. 爱孩子就不应把孩子们理想化

这一点在孩子上学前家长容易做到，但孩子上学后，好多家长开始有比较、有理想化倾向。从孩子上学起，就向其提出准确的、清晰的、硬性的要求，首先是行为文明方面的要求。家长不可将儿童的淘气和顽皮统一视为心怀恶意地破坏秩序，把儿童的注意力不集中视为懒惰，把儿童的健忘视为不诚实。淘气、注意力不集中、健忘，在过去、现在、将来总是存在的，不能由此得出结论，说应当“骤然改变”孩子。我们应谨慎地、温和地，同时又严格地矫正和引导他的行为，这才是家长的慈爱，而非放任或过于苛求。这不仅是沟通孩子的心灵，而且是沟通孩子的理智的有效方式。这些加起来就是爱。

三、父母如何表达对孩子的爱

父母对孩子的爱要得体地表达，才能收到预期的效果。为此，我们要做到以下几点：

1. 全面尊重孩子的独立人格

在自己的内心深处确立全面尊重孩子的信念，在行动、语言等方面像尊重你的领导、你的同事一样尊重孩子。让你的孩子在尊重的环境中学会尊重他人，认识自身价值，感受做人的尊严。这样的孩子长大后也会懂得尊重人，与人友好相处。

2. 每天都要告诉孩子“我爱你”

只有表达出来的爱，才是爱，爱要大声说出来。在每天早晨孩子醒来的时候，对他说：我可爱的宝宝醒啦。当孩子有好的表现时，要赞美孩子好棒、真努力。晚上睡觉前，总结孩子一天可喜、可贺、可爱的表现，让孩子在爱意中进入梦乡。

3. 用爱的动作表达对孩子的爱

父母每天都要通过亲吻、拥抱、抚摸、牵手、拍肩等方法表达对孩子的爱。心理学研究表明：如果孩子在生命早期没有得到充分的肉体爱抚，就会产生“皮肤饥渴”，从而产生各种生理和心理问题。美国心理学家让女大学生志愿者到孤儿院去爱抚那些严重“皮肤饥渴”的孩子，这对改变这些孩子的态度和行为偏差效果非常明显。

4. 用眼神与微笑告诉孩子“我爱你”

眼睛是心灵的窗户，眼睛能传递准确的信息。父母要善用眼神与发自内心的微笑准确传达你们对孩子的爱意。研究表明，爱的信息，孩子不容易收到；可是我们不爱孩子的信息，孩子仅凭直觉就完全可以接收到。其实，有意让孩子进行观察人的眼睛与面部表情的训练，对孩子正确接收别人传递的信息是有很大帮助的。

5. 关键时候表达对孩子的爱

在孩子的生日、入学、升学、节日及其他特殊的日子，送给孩子有纪念意义的礼物，让孩子感受到暖暖的爱意。当家长出差归来，给带孩子一件小礼物，会让孩子感动，让孩子感到你牵挂他、时刻想着他，从而觉得自己被父母珍爱着。

6. 用微信或书信的方式表达对孩子的爱

很多家长当着孩子的面不好意思说出“我爱你”，也有的家长在外地工作，没法当面说“我爱你”，那就用微信、书信、电子邮件等方式，直接写上“爱你的老爸”或“爱你的老妈”。文字是有力量的，孩子在接收到这样的文字时，他会确信自己是被爱着的。

7. 引导孩子学会爱自己

让孩子学会宠爱自己，学会自己独立，好好爱自己。在孤独的时候，给自己安慰；在寂寞的时候，给自己温暖。要学会接受不完美的自己，只有完全地接受了自己，爱自己，善待自己，才能够不断地完善、提高自己，才会遇见更好的自己。只有爱自己才能更好地给予他人，让别人喜欢自己。要加深对自己工作学习生活的认同与理解，要有每天都是最好生活的美好感觉，享受工作学习生活的幸福。唯有成为这样的人，才能给自己增添无限向善向上的能量，同时给别人带来阳光、带来温暖、增加能量。一个真正爱自己的孩子，才是真正成熟的孩子，是会有美好未来的孩子。

四、孩子如何表达对母亲的爱

苏联著名教育家苏霍姆林斯基认为：培养孩子的爱心，要从让他爱母亲开始，进而培养孩子爱家人、爱老师、爱学校、爱集体、爱国家、爱社会、爱人类，逐步把孩子培养成有大爱之心的人。

如何培养孩子的爱心，让他表达对母亲的那一份爱呢？（注：以下内容随着年龄增长不断增加，下一年龄段包含上一年龄段所有内容）

(1) 幼儿版。孩子可以认真地学习功课，按时吃饭、睡觉，在家里自觉地收拾好玩具，不调皮捣蛋。

(2) 小学版。每天除了按时做功课、检查功课，帮助家里做点小家务，比如扫扫地，倒倒垃圾，抹桌子，帮妈妈捶捶背、倒水。

(3) 中学版。放学做完作业，陪妈妈一起散散步、谈谈心、交流思想，能为妈妈承担部分家庭责任。

(4) 大学(以上)版。这时孩子基本是成年人了，有了更多的个人生活空间。但仍要记得常给妈妈打一个电话，哪怕是 1 分钟，也是对妈妈的一种安慰。记得看到什么新鲜事，多跟妈妈分享。

(5) 工作版。保证自身安全，力争创造成绩，条件允许时可以给妈妈买点生活必需的物品，比如护肤品、衣服、补品等等。工作之余留点时间给妈妈。若父母无正常经济来源，要定期给家里汇款。

(6) 家庭版。家家有本难念的经，但家庭和谐经必须念好。这时孩子也有了自己的家庭，也许是和父母住在一起，也许是分开居住，无论什么情况，都要记得常去看看妈妈。此时孩子自己也已为人父母，能明白父母不是那么好做，“可怜天下父母心”这句话也能从心里感受到。这时我们需要做的只有一句话：换位思考，将心比心。

(7) 有空余的时间，陪父母一起吃吃饭、谈谈心。逢年过节或是生日时，记得给他们一个惊喜、一份祝福。条件允许的，带父母外出旅游，看看祖国的大好河山。我们的行为将带动下一代，孝敬父母的美德将继续传承。

爱心必须要表达，要有意识、有行动、有艺术、有实效。很多事情，我们用点心思就能给予妈妈一份关爱。细心的人会发现妈妈的额头上皱纹增加得那么快，那是因为她们时刻都在牵挂着你，时刻都在盼望你健康成长，时刻都在为你的幸福奔波。

第二节　培养孩子的自尊心

一、自尊心的概念

自尊心是一种自己尊重自己、爱护自己，并期望受到他人、集体和社会的尊重与爱护的心理。

自尊心特别强的人会唯我独尊、自我陶醉、固执己见，不尊重他人的意见和情感；丧失自尊心则会使人自轻自卑，甚至自暴自弃，走向堕落或犯罪；只有有适度自尊、自信、自重的人才能走向成功。伤害一个人的自尊心，会让他产生烦恼、怨恨、愤怒等情绪。要想得到别人的尊重，你先要学会尊重别人。

二、自尊心的价值

自尊心是人们前进的动力，是一种积极的心理品质。自尊心能使人自强不息，并能调动起人们维护人格尊严的巨大力量。

每个人都有自尊心。人若失去了自尊，生命便没有了价值。人应该从自尊中学会尊重别人，从自尊中学会立身处世。

三、自尊心的培养

任何一个孩子的自尊心都是从小培养起来的，培养孩子的自尊心是父母培育孩子的首要任务。

自尊心的体现有：自信、自爱、自负、自卑、偏执狂。

前两者是恰当的自尊心表现的积极方面。自信是建立在谦逊的基础上，对自己的行为抱有成功的信心。自爱是不允许别人侵犯、侮辱自己。

后三种情况就是不恰当的自尊心带来的消极方面。自负其实建立在自卑的基础上，自负的人往往主观地贬低他人或过分地抬高自己来确立自己在自己内心中的位置。自卑是自尊的一种消极的表现形式，现实与理想的差距往往是自己自卑的原因。偏执狂是自尊心达到一种无法控制的程度而表现出来的反社会倾向。

有以上表现者皆有自尊，获得健康向上的自尊最好的办法就是让自己通过努力取得成功，一次又一次的成功会使自己的自信心、自爱心得到提升。

1. 尊重孩子是培养孩子自尊心的基石

中国青少年研究中心家庭教育首席专家、研究员，中国教育学会家庭教育专业委员会常务副理事长孙云晓先生认为："新家庭教育是崇尚尊重的教育。可持续发展的核心价值观在于尊重，新家庭教育崇尚的尊重与联合国倡导的四个尊重相一致，即尊重他人、尊重差异、尊重资源、尊重环境。其中，特别倡导对儿童权利的尊重。"

全国妇联2015年《全国家庭教育现状调查报告》显示，认真学习过有关儿童保护法的父母不足一成，但严峻的现实是，各种各样伤害儿童的事件接连发生，侵犯儿童权利的现象比比皆是。尊重儿童权利，履行父母的职责，是今日父母的法律义务，是家庭教育的基本原则，也是新家庭教育的重要基石。尊重孩子是为人父母育儿的第一原则。

每一位家长都必须明白，在人格上，孩子是和自己平等的主体，他理应受到平等的对待。要想培养孩子的自尊心，家长首先要做的就是尊重孩子，像尊重领导、同事、朋友一样尊重你的孩子。

尊重孩子，家长要做好以下几点：一是和孩子好好说话。将教育、教训、指导变为平等的交流与沟通。二是改变和孩子谈话的方式。要把居高临下批评教育的谈话方式变为协商讨论的谈话方式。三是在孩子面前要学会倾听。让孩子说话，让孩子表达自己的想法，不要以自己的推测代替孩子的想法。四是允许孩子说错话、做错事。孩子犯错误上帝都能原谅，但现实中就有好多家长不能原谅。向错误学习是最深刻的学习，其实孩子就是在不断犯错、试错、改错中成熟完善起来的。五是容许孩子成绩的波动。孩子成绩有波动是很正常的事，可父母就是认为不正常。一旦孩子成绩有下滑，就像是天要塌下来一样可怕，轻则训话，重则打骂。六是尊重孩子的差异。在学习过程中，有的孩子接受能力强，有的孩子接受慢一点，这是常态。著名教育学家布卢姆有个实验结论：只要时间容许，95%的学生都可以成为优秀者。所以当孩子暂时不够优秀时，可能是孩子的掌握速度慢一点，时间投入还不够，切不可就此否定孩子的一切。

2. 信任自己的孩子是优秀的

当一个人被信任的时候，他道德败坏的可能性就几乎不存在。家长首先要信任孩子的人格是高尚的，相信孩子是有自尊心的人、有责任心的人、能自立的人、能够有所作为的人。家长要通过自己的语言将这种信任告诉孩子，通过具体的活动让孩子体验成功，通过活动的拓展深化总结强化对孩子的信任和期待，从而让孩子感觉自己是一个有价值、有担当、值得信任的好孩子。

案例4-1：

美国心理学家罗森塔尔等人于1968年做过一个著名实验。他们到一所小学，从一至六年级各选了3个班，对这18个班的学生进行了“未来发展趋势测验”。之后，罗森塔尔以赞许的口吻将一份“最有发展前途者”的名单交给了校长和相关老师，并叮嘱他们务必要保密，以免影响实验的正确性。其实，罗森塔尔撒了一个“谎”，因为名单上的学生是随便挑选出来的。8个月后，罗森塔尔和助手们对那18个班级的学生进行复试，奇迹出现了：凡是上了名单的学生，个个成绩有了较大的进步，且性格活泼开朗、自信心强、求知欲旺盛，更乐于和别人打交道。

显然，罗森塔尔的“谎言”发挥了作用。这个谎言对老师产生了暗示，左右了老师对名单上的学生的能力评价，而老师将这一心理活动通过自己的情感、语言和行为感染到学生，使学生变得更加自尊、自爱、自信、自强，从而使学生各方面得到了异乎寻常的进步。后来，人们把这种由他人（特别是像老师和家长这样的“他人”）的期望和热爱，而使行为发生与期望趋于一致的变化的情况，称为“罗森塔尔效应”。

皮格马利翁是古希腊神话中塞浦路斯的国王，他对一尊少女塑像产生了爱慕之情，他的热望最终使这尊雕像变为一个真人，两人相爱结合。因此人们又将罗森塔尔效应称为皮格马利翁效应。

“罗森塔尔效应”证明了三个道理：第一，人的智商和能力是可以通过外力“激活”的；第二，信任和期望是“激活”人们智商和能力的基本要素；第三，人才资源贵在开发。列入名单的学生是罗森塔尔在各个班随意抽的，因此并非“全都是智商型人才”。然而他们一旦认为自身的价值被发现并被别人重视了，自豪感便会油然而生，这又会形成强大持久的动力，促使他们更加自尊、自爱、自信、自强，从而在各方面都实现了异乎寻常的进步。罗森塔尔效应是信任和期望心理的共鸣现象。在人力资源管理中，领导对下属投入越多的信任和期望，领导与下属就越容易产生“信任共鸣”，下属就越能发挥出最大的主观能动性，创造出最佳的工作业绩。许多高明的领导在给下属交办任务时，总是信任地放手让下属按照他们自己的意愿干，结果下属的主动性、积极性和创造性得以超常发挥，工作都干得很漂亮；相反，有的领导布置工作时总是担心下属干不好，反复叮咛、再三嘱咐，结果下属思想包袱很重，工作缩手缩脚，事情办得往往不太理想，个人的才干也遭到压抑。“罗森塔尔效应”还让我们明白了人才资源是“开发”出来的。罗森塔尔列出的名单上的人之所以后来真的成为人才，一是被罗森塔尔“激活”了他们的“天分”，二是学校和社会都把他们作为“智商型人才”进行重点培养，说到底他们是被“开发”出来的。任何“人才”都不是先天固有的，领导者的责任就是将普通人开发、培养成有用之才。领导者要充分地信任和理解身边的各类人才，特别是年轻干部，要敢于把他们放到风口浪尖上去摔打，放到重要岗位去磨砺，这样才能使他们迅速成“才”。

3. 引导孩子理性保住“面子”

培养孩子的自尊心，就要时刻注意保全孩子的“面子”。如果生命初期就没有“面子”，孩子的自尊心根本无从建立。

“面子”是一个人自尊心外化的表现，但太爱“面子”是虚荣心作怪，是在掩盖自卑感。研究发现，要“面子”的原因有三层，最外层是虚荣，中间层是自卑，最深层是自尊。一个没有自尊的人，根本不需要虚荣。一个人之所以表现得虚荣，是因为他还按人类社会的高尚标准要求自己，当自己达不到标准时，就用伪装的方式来实现。自卑是用这个规范跟别人比较而自己达不到时产生的自己不如人的劣等感。孩子在生命早期还不能区分这三层意思的区别，他所表现出来的爱面子，就是希望在别人面前表现得干干净净，别人有的我也有，别人会的我也会。

中国有句俗语：“人前教子，人后教妻。”这句话前半句是不对的。我们许多家长认为孩子小，什么也不懂，没有面子，实际上孩子在还不会说话的时候就已经有“面子”了。所以我们常在不自觉的情况下伤了孩子的“面子”，伤了孩子的自尊心。

孩子到小学高年级时，要给孩子说清楚如何理性地保“面子”、争“面子”，做到真正有“面子”。

面子是要靠里子支撑的。里子有多大，面子就有多大；里子有多丰富，面子就有多荣光。

人们看到的往往是面子上的光鲜，孰知里子背后艰辛的努力和付出？只有撑起里子，才能让面子十足。

有的人总是说别人不给自己面子，其实，面子不是别人给的，而是自己为自己挣的。只要你拥有强大的里子，那么你的面子就在那里，无须别人给你。这里的里子就是你的学习能力、工作能力、经济实力、所处地位、工作绩效、发展趋势、综合实力等。关于面子，李嘉诚说过一句很经典的话：当你放下面子赚钱的时候，说明你已经懂事了;当你用钱赚回面子的时候，说明你已经成功了;当你用面子可以赚钱的时候,说明你已经是人物了;当你还停留在那里喝酒、吹牛，啥也不懂还装懂，只爱所谓的面子的时候，说明你这辈子也就这样了。比尔·盖茨也有句忠告:在你强调自尊之前,社会要求你首先要有所成就。在没有成就之前就强调自尊,就等于盲目自大。

4. 培养孩子的羞耻之心

做人从知耻开始。在中国传统的道德伦理中,廉耻历来被视为"立人之大节","耻之一字,乃人生第一要事"。这就是说每一个人都要树立一种观念:对自己言行的过失和对自己不道德、不负责任的行为要有羞辱惭愧之感。

知耻,就是在内心建立起辨别善恶、是非、美丑的标准,这是一个人形成良好品德的重要条件。孩子在小的时候,他不知道什么是善,什么是恶,什么是对,什么是错,什么是美,什么是丑。家长首先自己要有修养,要坚持标准。其次,要给孩子做好榜样示范,积极追求真、善、美,全面拒绝假、丑、恶,用行动和语言告诉孩子什么事是不可做的,什么事是可做的。最后,要适时强化,不断提高孩子对知耻的认知。

当孩子有了知耻之心,就有了自觉抵制不良诱惑的精神力量,在受到他人或社会的批评和指责时,就会感到羞耻,从而改过自新,自觉地按照社会要求去履行义务,不做有损人格的事情。

培养孩子的羞耻之心需按照社会道德及法律的要求,养成良好的行为习惯,不断提高自身的素质。一个知耻的人,做人做事有底线,就不会出格,在生活中容易成为一个严于律己、文明优雅的人。

羞耻感是一种强烈的心理反应,它能够催人奋进,但也可能使人丧失对自己的信心。试图通过掩饰错误、逃避现实,或是采取不正当的方法来保全面子,往往会给自己带来更大的耻辱和痛苦。正确的方法是由"知耻"而"记耻",由"记耻"而奋发,这样才能不断取得进步。

家长要适时地告诉孩子,世界上任何一个民族的历史既有其辉煌璀璨的一面,也有其阴暗屈辱的一面。孩子对国家和民族的道德责任感,从某种角度上说,是在民族耻辱感的基础上萌动、产生和发展的。只有勇敢正视"耻辱",并从中汲取动力的民族,才是伟大的充满希望的民族。

一个人有了羞耻感,他就会是一个有底线的人、一个自律的人、一个有责任感的人。

5. 培养孩子的进取心和荣誉感

自尊心是指一个人因为在家庭、集体和伙伴中经常处于受尊重的地位而产生自豪感、优越感，由此形成的稳定的情绪倾向和性格特征。自尊心的建立，与一个人的优点多、荣誉多有关，而且与其优越的地位相联系。家长要让孩子明白荣誉的获得是自己积极进取的结果，不是别人给的，当孩子有了强烈的进取心，他就会不断进取、勇往直前。所以家长从小就要教育引导孩子不断增强自己的能力，放大自己的优点，凭自己的实力赢得荣誉。随着荣誉的增多，孩子的自尊心会不断增强。现在不少小学在学期结束给学生评奖时，奖项种类很多、数量较大，给学生戴上各种荣誉的光环，小学生拿着小小的奖状回家，可开心了，这时奖状发挥的积极作用是巨大的。所以家长在教育孩子时，也要善于发现孩子的闪光点，给孩子荣誉，及时表扬孩子，不断放大孩子的亮点，这样的孩子会活得越来越有尊严、越来越有自信、越来越优秀。

一个缺点颇多的儿童做了一点好事，如果受到关注、表扬和尊重，得到荣誉，让他在集体中的地位恢复，他的自尊心就会使他更加自爱，从而更加严格地要求自己。英国心理学家麦独狐把自尊心称为“自尊情操”，并认为自尊情操是理解意志活动的钥匙，也是自重和培养品德的基础。

当孩子知道通过积极进取可以获得荣誉后，家长要设法引导孩子提升对荣誉感的认识，进而引导孩子树立为家庭争荣誉、为集体争荣誉、为国家争荣誉的雄心壮志。孩子一旦有了强烈的进取心和正确的荣誉感，他就会不断奋力前行，就能越走越远、越飞越高。

一个积极进取的人，他会不断充实自己、壮大自己、发展自己、完善自己，成为一个有无限可能的人。

6. 教育孩子要尊重别人

黄金交往四原则是：一是告诉别人你是谁；二是你想别人怎样对你，你就应当怎样对待别人；三是惯子如杀子；四是一切着眼于未来。从第二原则中可以知道，你要想得到别人的尊重，首先要尊重别人。家长要及早地告诉孩子，尊重他人是人的基本教养之一。行为孕育行为，你对我友善，我对你也友善；如果你对我不友好，我也不可能友好地对待你——这就是心理学互惠关系定律。当一个人不尊重别人时，他自己也无自尊可言。卢梭说：“我们对待别人的态度，最初是由别人对我们的态度决定的。”在这个问题上，家长必须以身作则，教育孩子尊重他人。

首先，在家庭中，要形成家庭成员之间彼此和谐、相互尊重的氛围。其次，教育孩子尊重老师、尊重长辈、尊重同学、尊重朋友。再次，教育孩子尊重他所遇到的每一个人。当一个孩子学会尊重别人，他自己就会得到别人的尊重，就建立了自尊。培养孩子尊重别人的意识，其实是培养孩子的自我意识，而自我意识的觉醒是一个孩子走向成功的基点。

很多家长有一个错误的观念，认为放任孩子傲慢无礼可以培养孩子的野心，增强其支配别人的愿望，所以故意放纵孩子。这样的愚蠢做法真的会毁了孩子的一生！未来社会将是个平等的社会，如果你不按规则做事，成年人的世界里没人会买你的账。一个人学会平等待人，将是使他终身受益的幸事。当孩子不尊重别人的时候，家长一定要耐心地给孩子讲解，通过示范，让孩子知道去尊重别人。

7. 让孩子及早成为自己的主人

让孩子自己做主、自己负责，是培养孩子自尊心、自信心、责任感的基本方法。

对孩子来说，做什么、学什么是他自己的选择，有自主的选择权是孩子有兴趣做事情的前提。在这方面父母要有这个理念，更要对孩子放得开手。对于饮食起居等生活事务，孩子力所能及的，尽量让孩子自己去做，自己的物品自己管理；当孩子懂得花钱时，让他独立支配零用钱；在没有危险的情况下，可以让孩子自己去上学。对于孩子该学习什么课外知识，接受什么课外培训，家长只提供参考意见，让孩子自己去决定该学什么。这样孩子从小就产生这样的观念：是他自己决定自己的命运，从而建立起做人的尊严感，对自己负责的责任感。

案例 4-2：

梁启超子女九人，无人不成才，堪称真正意义上的精英家庭，梁启超更被学者称赞为“中国家庭教育第一人”。为何这么说？来看看他的九个子女就知道了。

长女思顺：诗词研究专家、曾任中央文史馆馆长。

长子思成：著名建筑学家、中央研究院院士。

次子思永：著名考古学家、中央研究院院士。

三子思忠：参加“一・二八”战役。

次女思庄：著名图书馆学家。

四子思达：著名经济学家。

三女思懿：曾任中国红十字会国际联络部副部长。

四女思宁：考入南开大学。

五子思礼：火箭控制系统专家、中科院院士。

近代名人，子女不成才的很多，满门才俊绝不是偶然。

梁启超从不干涉子女的选择，而是以朋友的身份，用自己的经验，为孩子出谋划策，听取他们的建议，并尽到自己的一份责任。

例如，次子梁思永喜欢考古，但考古专业在当时相对冷门，并不被人看好。梁启超却十分支持儿子的兴趣，并安排他就读考古专业。

梁启超曾说："假如有人问我，你信仰什么主义？我便答道，我信仰的是趣味主义。"他的这种人生观在约束自己的同时，也影响着子女。但梁启超也不是完全放任自流，他认为教子之道，靠"严"和"爱"两个字。理智之严，情感之爱，二者缺一不可。一次，年幼的梁思永和一位小朋友打架，虽然错不在思永，但梁启超仍然严厉批评了儿子的行为，并问了儿子三个问题："有没有必要打架？怎样与对方和好如初？再碰上这类事应该怎么处理？"直等到思永给出了满意的回答，梁启超才让思永吃午饭。之后，还亲自带着思永去跟小朋友道歉。在梁启超这样的教育之下，梁思永成了著名的考古学家，并且获选为第一届中央研究院院士。

孩子的事情让他自己做主能让孩子明白，怎样生活是他自己的事情，父母约束他是因为他还小、能力太弱，所以要保护他不受伤害。我们可以和孩子约定前提条件，只要没有危险，自己的事情自己做主。

我和我的儿子就有过约定，主要内容是：在你20岁前，这一段时间你主要是在接受教育，你的阅历还不够丰富，因为我是校长，对教育懂得多一点，社会阅历比你多一点，所以，你的事我们共同商量，主要由我决定；20～25岁期间，你已经是大学生或研究生了，你应当明白自己的责任和担当，你的事由我们共同商量，主要由你决定；25岁后，你的事我们共同商量，最后由你决定。在十多年的协商中，孩子学会了选择，感受到了责任，获得了尊严，得到了成长。

8. 肯定孩子的进步，确认孩子的优点

在孩子幼小的心中，他不知道自己行不行，所有的能力都是潜在的。家长要细心观察孩子潜能所在，肯定孩子的每一点进步，善于发现孩子的优点，并精准表扬孩子的优点，让孩子获得自尊自信。我儿子上初中时，初一、初二的数学期中、期末考试都是满分，并且在全国初中数学竞赛中获奖。看到这个成绩我十分满意，就经常在不同场合表扬他："我儿子真有数学天赋，数学学得真好！"到初二、初三时分别增加了物理、化学学科，我跟他说："数学与物理、化学都属于理科，它们的学法有相通之处，有数学天赋的孩子一般都能学好理科，关键是要掌握科学的学习方法，要主动、积极、勤奋、多思。"儿子物理、化学的第一次考试成绩都在95分以上，我就表扬他："我儿子就是有理科天赋，每门课都能达到优秀成绩。"适时地表扬鼓励，同时给他介绍一些好的学习方法，这样他越学越有劲，在江苏省邗江中学自主招生时被提前录取。

孩子通常是在简单的事情里获得自尊、自信和责任，然后转移到他需要的方向上去。父母要善于发现孩子生命中的亮点，也必须抓住他生命中的亮点，把这个亮点放大，借由这个亮点培植出自尊心、责任心，然后引到具体的兴趣上来。一个有自尊心的人，决不会甘心在团队中当配角、落后于人。所以，肯定孩子的进步，确认孩子的优点，是培养孩子自尊心的必由之路。

第三节　培养孩子的自信心

一、什么是自信

（一）自信的定义

对自信最简单、最直白的解释就是相信自己，也就是指个体依赖自己，对自己处境感觉到有把握的一种状态。

自信是个体对自己的肯定，是对自己的能力和价值做出积极正面评估的心理特征。

（二）影响自信的因素

任何一种事物的影响都分为内在和外在两种，自信也是一样。

1. 内在因素

（1）生理特征

在性别维度上，各种研究都表明男性整体的自信程度显著高于女性。一般情况下，生理缺陷会阻碍自信心的发展，当身体比较虚弱的时候，自信心也会降低，而生理状态良好的时候，我们的自信心会增强。

（2）自我认知与评价

在评价自己能力的时候，如果能够正确、客观并且积极地评价自己，就会拥有较强的自信心。个体如果对自身的品格、智力、能力等方面有适当的评价，会增强自信；个体如果对自身的品格、智力、能力等方面评价过低或评价过高，就会削弱自信或变为自负。

（3）成败经验

个体的成功经验是获得自信最有力的来源。在以往的成功实例中，那些通过坚持不懈的努力而获得的经验，深刻地印在脑海里，对自信心的形成起着特别重要的作用，这种自信也不会因为一时的困难而被削弱。相比较而言，轻易就获得的成功实例对增强自信的意义不大，当面临困难时，很容易会信心不足。同时，失败的实例会损伤自信心。

（4）归因方法

归因是人们对自己的行为进行分析，并且判断原因的过程。归因主要有四种不同的维度——内部的、外部的、稳定的、不稳定的。根据这四个维度，形成了四种基本的归因方式——努力、能力、运气、任务难度。积极地、适当地归因会让人产生自信，而消极地、不合理地归因会削弱人的自信。无论是成功的事件还是失败的事件，都可以进行有利于自己的积极归因，让人增强自信。

2. 外在因素

（1）榜样的力量

榜样的经验又被称为替代性经验，指学习者通过观察示范者行为而获得的间接经验。看到跟自己相似的人通过持续努力而获得成功，个体会相信自己通过努力也有能力成功，这样就增强了自信心；相反，看到跟自己相似的人失败，尤其是付出很大努力后失败，会让个体怀疑自己的能力，降低自信心。取得成功或失败的事件越相似，对个体自信心的影响就越大。

（2）他人态度

他人对个体的态度好、期望高，会增强自信；他人对个体的态度差、期望低，会降低自信。当我们在做一件事情的时候，即使自己不够自信，要是受到有能力的人的鼓励，也会增强自信。而不友善的评价、负面的话会损害我们的自信心。有时候甚至不需要语言，哪怕只是一个眼神、一个动作都可能影响到我们的自信心。

（3）教育背景

自信并不是天生的，而是在生活中通过各种社会实践逐渐增强的，这与后天的教育环境密不可分。掌握自信的理论越多，自信心越容易被激发。我们完全可以通过系统的教育、多层次的专门训练来提升自信心，促进自信发展。

通常，内在因素才是根本，外在因素只是条件。这就是说，自信始终掌握在我们自己手上，只要我们掌握了内在根本，改变自我认知，就可以增强自信心。

二、自信的重要性

（一）自信的力量

索洛维契克说过：“一个人只要有自信，那他就能成为他希望成为的那样的人。”要知道自信是一种坚持，是一种力量，是一种能够化腐朽为神奇、变不可能为可能的巨大力量。

案例4-3：

俄国著名戏剧家斯坦尼斯拉夫斯基在排演一出话剧的时候，女主角突然因故不能演出了，斯坦尼斯拉夫斯基实在找不到人，只好找他的大姐担任这个角色。他的大姐以前只是一个服装道具的管理员，现在突然出演主角，便产生了自卑胆怯的心理，演得极差，这引起了斯坦尼斯拉夫斯基的烦躁和不满。

一次，他突然停下排练，说：“这场戏是全剧的关键，如果女主角仍然演得这样差劲，整个戏就不能再往下排了！”这时全场寂静，他的大姐久久没有说话。突然，她抬起头来说：“排练！”她一扫以前的自卑、羞怯和拘谨，演得非常自信、非常真实。斯坦尼斯拉夫斯基高兴地说：“我们又拥有了一位新的表演艺术家。”

这是一个发人深省的故事，为什么同一个人前后有天壤之别呢？这就是自卑与自信的差异。

（二）自信与学习

案例4-4：

英国最近的一项研究显示，影响学业的关键因素是自信心而非压力，所以说，怎么强调自信都不为过。

研究共追踪调查了英格兰超过200万名学生的考试成绩，发现成绩优秀的孩子会对那些认为自己处于班级末位的孩子的自信心产生毁灭性的影响。

研究表示，小学成绩好的孩子到了中学依旧表现好，不仅是因为聪明，而且是因为小学阶段的优异表现增强了自信心。

研究人员让15 000名小学生为自己的英语、数学和科学成绩分别排名，然后将排名与各个阶段的考试成绩比较。他们综合考虑了各种因素，如父母参与等，最后得出结论：自信心、毅力和韧性等非认知因素对学业有重大影响。

研究人员对两名小学生进行进一步的比较研究，其中一名成绩名列前茅，而另一位成绩排名中等，但因为该校学生的整体素质都很高，所以两人都很优秀。研究还发现名列前茅的孩子在进入中学后表现更佳且更自信。

学习上具备自信，各门课程成绩都会好，缺乏自信则相反。自信很大程度上影响着各门功课的成绩，且这种影响是相互的。学生在每门功课成绩都比较好的情况下，他的自信心就会越来越强，越有把握能学好。

三、自信心的培养

一个人在人生的道路上能走多远，在人生的阶梯上能爬多高，在人生的战场上能够取得多大的成就，最关键的因素之一就是他的自信心。自信心是一个人能力的支柱。一个没有自信心的人，不能指望他能够做出实质性的成就。自信心也是打开一个人生命潜能大门的钥匙。没有自信心，就无法开发人的潜能，因而也就不能使人成为人才。自信心是一个人能够成功的最重要的心理品质。大量的研究表明，人的自信心的培养要从小开始，在不同的阶段有不同的要求。因此，培养孩子的自信心，应是家长教育培养孩子最重要的内容之一。

（一）培养孩子的自信心时家长应有的理念

1. 强壮孩子的身体

人类早期的发现与现代科学研究都表明：人的身心是统一的。威廉·詹姆斯发现身心是始终互动的。他说："肉体和精神是统一的，借由身体的运动我们可以改变精神，借由精神（即通过心理暗示）我们可以调节身体。"要想孩子有自信心，首要的是给孩子一个健康强壮的身体。婚前父母要做好身体、心理等各种准备，保证父母双方在健康状态下受孕；孕中母亲必须要保持情绪良好，保证胎儿充足平衡的营养，在医生指导下进行适度锻炼，促进胎儿正常发育；产后做到科学喂养，保持孩子营养平衡，避免出现过度肥胖、过度瘦弱的儿童；引导孩子参加运动，强壮孩子身体，促进孩子健康成长。

2. 把赞扬与鼓励作为教育孩子的主导方法

大量的实践与研究都表明，孩子是否自信与他人的评价和自我认知有关。在孩子的生命之初，孩子是通过他身边的人特别是父母对他的评价来认识自己的。因此，每个家长应当明白，你的孩子是否自信与你对他的评价有直接的关系。

不少家长有这样的理念：教育孩子就是不断指出孩子的缺点和不足，对孩子不当的言行进行批评指正，唯有这样孩子才会逐渐变好。事实上，这种做法是极端错误的。人不是因为批评而变好的。在每个人的生命之初，孩子不知道自己是什么样的人，他将来能干什么，能成为怎样的人，他需要身边最重要的人，特别是父母对他的肯定,也就是他需要家长不断的确认、鼓励和赞扬,这样他才会逐渐建立起自信心。当孩子看到自己在父母眼中是那样地好,他会鼓起勇气创造性地做得更好;当孩子不断被父母否定、批评,甚至责备的时候,他会感到自己是如此无能,他无法将事情做好,于是就看不起自己,失去勇气与自信。

因此,每个家长应该改变过去的做法,从现在起,每天用自己的慧眼去发现孩子的优点,以欣赏的目光、愉悦的心情、精准的语言、适当的方法,及时表扬孩子的优点。当孩子每天都生活在欣赏、肯定、鼓励、赞扬中时,他一定会一天比一天好,自信心一天比一天强。

3. 不拿别人家的孩子与自己的孩子比较

中国的家长,在教育孩子的时候,总是喜欢拿班上学习成绩好的同学来和自己的孩子比较,或拿自己单位同事的孩子和自己的孩子比较,目的是让自己的孩子能够学习别人孩子的优点或激发孩子的上进心。实际上,这种做法对孩子的成长是极为不利的,甚至是有害的。

因为这种比较,对孩子来讲,首先,是让孩子产生不如人的感觉,而这种感觉会让他看不起自己,感到泄气,产生自卑的心理。其次,孩子容易产生嫉妒的情感,当一个人把精力用来嫉妒别人时,他就没有足够的精力把自己的事情做好。再次,即使激发起孩子向别的孩子学习的欲望,那种盲目跟从,会使你的孩子失掉自己的特点与个性,成为别的孩子的复制品,那么他永远难以赶上或超越别的孩子,从而产生劣等感,最终丧失自信心。

每个孩子都有他独特的长处和与众不同的个性,家长的任务是及早发现孩子的个性特长,寻找名师指导,深入挖掘孩子的潜能,把孩子培养成才。

如果家长在培养孩子的过程中,发现别人家的孩子成绩比自己孩子优秀,且真想从别人家的孩子处学点东西,那你可以将你孩子的努力程度、学习方法、思维方法、学习手段等与别人家的孩子做些比较,找到适合自己家孩子的学习方法,优化孩子的思维,采用先进的学习手段,比别人更加努力,从而实现对别人家孩子的超越。这样的比较是有价值的、可取的比较。

4. 包容孩子的一切

小孩子犯错误,上帝都能原谅。孩子在成长过程中,犯错误、做错事、说错话是正常之事,可有些家长就是不明白这个理。当孩子做了错事,特别是考试失利,他们最需要的绝对不是父母劈头盖脸的一顿训斥,或者阴阳怪气的嘲讽;他们也不需要父母无原则的安慰与同情;他们最需要的是他生命中最重要的亲人的理解、支持与鼓励。

很多家长在遇到孩子考试失利时，首先是感到孩子给自己丢了面子，因而非常生气。其次，由于望子成龙心切，会表现得非常急躁。在两者的共同作用下，会非常情绪化地将孩子狠批一顿，而这恰恰会极大地损伤孩子的自信心。这对于承受了失败打击的孩子的幼小心灵来说，无疑是雪上加霜。

当孩子有错误时，要明确告知孩子错在哪，应当怎么做才对，并将正确的做法进行训练、巩固、强化。告诉孩子：认错的孩子是诚实的孩子，改错的孩子也仍然是个好孩子。

当孩子考试失利时，家长首先要对孩子考试失利、情绪低落表示同情、理解，并告诉孩子“失败乃兵家常事”“失败是成功之母”的道理。其次，心平气和地和孩子谈心，找出考试失利的原因，制订出下一步制胜的计划并积极实施。最后，鼓励孩子继续努力。父母必须先对孩子有信心，孩子才能对自己产生信心。父母满怀信心和热情地鼓励孩子，会极大地激发出孩子战胜困难的勇气，恢复孩子的自信心。

5. 引导孩子正确对待挫折和别人的评价

孩子在成长过程中经受挫折是不可避免的。有的孩子受到挫折后，自信心受损，而有的孩子受到挫折后，自信心反而增强。孩子受到挫折后，他身边的人（特别是父母）如何正确引导孩子，显得尤其重要。

案例 4-5：

上海的校长妈妈祝郁分享了她女儿的经历。

她的女儿四年级的时候非常调皮，总是闯祸，结果到了期末，老师给出的五行评语中竟然没有一句肯定，全是批评。女儿非常伤心，回到家饭也不吃，哭着问她：“妈妈，我是不是真的很差啊？”那天晚上，祝妈妈失眠了，老师的评语就连当了 14 年班主任的她看了也终生难忘。她知道受批评的女儿自信心受到了打击，甚至已经开始怀疑自己了！但她又想到自己是一位中学校长，曾经无数次在讲台上分享：“家长一定要支持老师！学校是孩子每天都要去的地方，家长本事再大也不可能代替老师。”这次到了自己身上，应该怎么办？她连夜写了一封信，这封信不是写给老师，而是写给自己的女儿：“孩子，你见过磨刀吗？把刀放在磨刀石上磨，刀一定很疼，可是它没有发出一点声音，因为它知道只有经过这样的磨砺，它才能变成一把好刀、快刀。你想变成这样一把好刀吗？那就要经历磨砺！你睡觉之后，妈妈已经和老师通过电话了，老师说，今天的评语就是把磨刀石，就是要让你去接受反复的磨砺。当你把评语上的缺点改正之后，你就会是一把举世无双的宝刀了。”祝妈妈用这封信把老师在女儿心目中的形象挽救了回来。后来,她又和女儿谈了很多,帮她重新树立了对自己的认识,女儿还给自己写了很多中允的“评语”。就这样女儿动摇了的自信心又得到加固。

祝妈妈说,对于这件事,到今天她还是非常后怕,如果当时不是用这样的方式来处理,结果会怎么样?如果孩子从此变得不再自信,今后人生的道路还能走好吗?

6. 引导孩子建立成熟理性的自信心

前几年流行一句绕口令,形容某些领导对下属的专制:“说你行,你就行,不行也行;说你不行,就不行,行也不行。”但这里说的行与不行,意义完全不一样。究竟是行还是不行,全靠自己做主。最好的心态是我行,你也行。

美国心理学家伯恩在他的交互作用理论中,用“行”与“不行”将人与人的相互作用分成以下几种类型:

(1)“我不行,你行。”这是典型的孩子与父母的关系。小孩子出生以后,什么都不会,什么都要依赖大人,所以自然就形成了这样一种心理状态。如果在成人后还经常有这么一种状态,就意味着身心发育不平衡,心理年龄与生理年龄不相称。

(2)“我不行,你也不行。”这一阶段,自信心还没建立起来,但自尊心已经很强了。遇到事情他自己不能做,认为别人也不能做。不相信自己也不相信别人,看不起自己也看不起别人,不会爱别人也不能体验和接受他人的爱。

(3)“我行,你不行。”处在这一阶段时,由于对他人、对社会尚缺乏理性思考,不懂得人情世故,所以对人对事容易偏激。倘若成功顺利便洋洋得意,认为全是自己努力的;倘若不顺利失败了,就把原因全都归为他人和环境,抱怨他人没有配合支持,怪对方水平太低、素质太差。总认为自己是对的,别人肯定是错的。

(4)“我行,你也行。”既对自己有信心,也尊重和信任他人。成功了是天时地利人和,大家共同努力、相互支持的结果;遇到挫折,不会一味抱怨他人,而是实事求是、客观理性地对待,具体问题具体分析,并且相信只要继续努力,一定能克服困难,取得最后的胜利。

前面三种相互作用模式都是信心有缺陷的情况,不利于良好人际关系的保持、改善和发展。第四种模式才是一个成熟理性的人应具有的自信状态。信自己也信别人,爱自己也爱别人,肯定自己同时也能够欣赏别人,给自己信心也能给周围的人信心。信任别人,爱别人,欣赏别人的长处,给别人信心,从而让自己变得更自信更完美。

（二）培养孩子自信的方法

培养孩子自信的方法很多，从大的方面来分类有两种：一种是由内而外的，即从自己的潜意识中发出“我自信，我能行”；第二种是由外而内的，即不断通过成功的累积，使自己的信心不断增强。下面就培养孩子自信的具体方法进行论述。

1. 培养孩子积极的心态 坚信“我能行”

无论做什么事，都要满怀信心，相信自己“我能行”“我一定能成功”。在“我能行”“我能成功”的思想指导下，人就会想方设法地认真去做每一件事，始终为成功寻找条件、创造条件、克服困难，最终就真的取得了成功。满脑子自卑畏惧思想的人，首先想到的是“我不行”“条件不具备”，总是在为失败找借口，最后是行动不力，也不可能成功。成功者总是为成功找条件，自卑者总是为失败找借口。

例如，学生在学习时，就应该常想“我能把学习搞好”“我能行”“我能成功”。在“我一定能成功”的思想指导下，认真预习，专心听讲，及时复习，认真做作业，抓好阶段复习、期末复习和升学总复习；在上课和复习时，开动脑筋思考，采用先进的学习方法去组织和理解所学知识，使之系统化、结构化。这样做一定会取得学习上的成功。

如果不相信自己，总是“怕”字当头，怕上课提问，怕考试，怕见老师，甚至逃避上学，这样，当然不能取得好成绩。

全国著名特级教师魏书生在课堂上讲课之前，经常让学生站直，注视前方黑板的中缝，面带笑容，深深地吸气，憋足气，用全身力气高呼三遍：“我能成功！我能成功！！我能成功！！！”如此可以起到增强活力、消除紧张、建立信心的作用。长期反复给自己灌输“我能成功”的积极思想，形成坚定的信念，其力量无穷！

2. 确认孩子优点 培养孩子自信

孩子不会因为批评而改变，不会弥补了自己的缺点而变好，而会因为确认优点而改变，不断放大自己优点而变得优秀。

在孩子小的时候，要确认孩子正确的行为；在孩子大一点的时候，不但要确认行为的规范，还要确认孩子的优秀品质。

确认的方法是：

一是用陈述句把孩子良好的行为、优秀的品质准确表达出来。人这种灵性动物是最敏感的，这种方式对增强孩子自信效果明显。如行为类：你整理的玩具很整齐；你吃饭前洗手的习惯很好；你是个爱看书的好孩子。如品质类：你是个有同情心的人；你是个有责任心的人；你是个有自信心的人；你是个有自尊心的人；你是个有上进心的人;你是个有爱心的人。

二是要真情实感地表述,不能说不真实的话,要发现孩子真正的优点,哪怕这个优点只是一个小小的闪光点,只要不断地确认,就可以放大。如果让孩子觉得爸爸妈妈在骗他,就会破坏孩子对你的信任。要说真正的优点。

三是要让孩子感受到他在你心中是有地位的。如果孩子在15岁以下,应有相应的身体接触,如摸摸孩子的头,拍拍孩子的肩,抱一抱孩子,让孩子感觉到他在你心中绝对是有地位、有价值的。

3. 对孩子进行精准表扬

表扬孩子会让他觉得自己很有价值,能进一步激发孩子的动力,增强成就感,从而增强他的自信心。表扬是有技巧的,要使表扬达到应有的效果,必须要有以下三部分:一是事实陈述;二是说出自己的感受;三是鼓励继续努力的方向。例如:"你这次期末考试能拿到总分第一名的好成绩,妈妈真为你高兴。你在学习上有很大的潜力,你要保持第一名的成绩,就要全力以赴地学习,不断创造新的辉煌。"这样的表扬能让孩子切实感受到极大的推力。表扬的根本目的是把孩子的动力激发出来。谈你快乐的感受,是为孩子高兴,而不是为自己高兴,让孩子找到你因为他的行为而感觉快乐的感觉,让孩子感受到自己是有价值的。

切忌表扬与批评同步进行。在我们成人世界,我们有这样的习惯,是成年人互相制约的关系使然。而你表扬的目的是要激发孩子的动力,你刚把孩子激励起来,再泼一盆凉水下去,这样就太蠢了。

有些家长常常前话刚结束,马上加上句"别骄傲!没啥了不起,这不是高考,人外有人,天外有天!……"这样表扬效果就全没有了。孩子的行为并不完全受理智的控制,他不知道这事有多大价值,他只是按能否给父母带来快乐这种感受来行动。

表扬要及时,表扬要适度,不能言过其实。表扬后要引导孩子总结成功的原因,因为,成功了知道成功的原因才能继续成功,失败了知道失败的教训才能不再失败。

4. 给孩子持续的鼓励

鼓励是激发,是勉励,也是振作精神。这个方法是每时每刻都要进行的,这是提高孩子自信心的永恒法则。

人的进步,自我努力固然是第一要素,但外界因素也不可小觑,套用一位伟人的话,可谓"鼓励使人进步,打击使人落后"。鼓励使人激发出更大的动力,使人精神更加振奋,从而取得进步。不断地进步把人推向成功,成功的累积使人的自信心不断增强。

绝不能轻易安慰孩子,一旦孩子觉得即使没考好,妈妈也会给那么多的关爱,那么他很有可能会有意识地做出痛苦状以获得安慰。如果孩子习惯在遇到挫折后,先自虐,然后求得你的安慰,那麻烦就大了。所以在孩子的成长旅途中,一见孩子遇到挫折就去安慰是要不得的!这个时候,父母对孩子不要苛责,却也不能过度安慰,最多是理解。这样做的目的是让孩子懂得,生命中的痛苦必须由他自己独立承担。正所谓,痛苦不入心,生命难成长。如果一个人习惯并依赖他人的安慰,将会导致负面的心理状态——自怜!自怜是人生的一大杀手,是由自卑产生的自己怜悯自己的畏缩情绪。一旦这种负面情绪产生,孩子就不会有蓬勃向上的动力。

所以,当孩子遇到挫折时,父母要在理解的基础上不断进行鼓励:没问题,重新来!

要使对孩子的鼓励取得好的效果,要对于如何"重新来"与孩子进行讨论,规划好下一步做什么、怎么做,行为目标如何定位,努力程度如何加码,若过度努力则要如何科学安排时间。如果这些事项不审视清楚,行为方式不做调整,这样的努力也难有理想效果。"重新来"不是简单重复,而是更理性、更务实地"调整后再前行"。

5. 让孩子在不断成功中积累自信

在心理学上有一个和"自信心"非常类似的概念叫作"自我效能感"。所谓"自我效能感"就是指个体对自己是否有能力完成某一行为所进行的推测与判断。而对"自我效能感"影响最大的一个因素就是"个人的成败经验"。如果想要提高自我效能感,最直接的方法就是多去积累一些成功的经验。也就是说,如果在某一类事情上成功的经验越多,那么你就会在此类事情上越有自信。例如,如果你在当众演讲方面取得的成功经验越多,那么你就会对自己的演讲水平越有自信。

当然,父母、长辈、老师对你的鼓励也会提高你的自信,但是最直接的方法还是多去积累成功的经验。

如果不去努力积累成功的经验,纵使你读再多的心灵鸡汤,看再多的成功学书籍,别人给你再多的鼓励,都没有办法给你带来真正的自信。

一个孩子一旦尝到了成功的滋味,有了成功的感觉,并且固化这种感觉,他就有了追求成功的习惯,也就会不断挖掘自己的潜能,加倍努力,不断创新,寻求更大的成功。

在孩子小的时候,父母要放手让孩子做点事,引导他参与各种游戏、活动、比赛等,同时父母必须要对孩子的细微的行为进行确认表扬:“我们宝宝会拿杯子了,好棒!”“我们宝宝搭的房子真漂亮!”得到父母的确认表扬,孩子就会有成功的感觉。不断感觉成功能使一个孩子不再对世界有恐惧,他会自动产生追求成功的动力。成功的累积会促使孩子的自信心不断增强。

著名乒乓球运动员、大满贯获得者邓亚萍说:“战胜对手的信心怎么来,就是在一次又一次的赢对手的过程中积累起来的,赢得多了,自信心当然增强。”

现在有些父母,什么事都不让孩子做,常对孩子说:“别动! 打坏了怎么办!”“别动! 你不行的!”这时孩子心里会自我否定:我太无能了,什么也做不了! 长期这样下去,孩子的自信心就一点点减弱了。

孩子小的时候,父母要学会在孩子面前示弱。不能让孩子产生父母太伟大、自己太无能的感觉,父母更不能说孩子是无能的。“当一个人有过高飞的感觉,他就永远不会在地面上爬行。”

现代医学研究的结论对我们有很多启示。日本医学家春山茂雄说:“当一个人自我目标实现时,他的大脑会分泌一种良性的激素叫‘β内啡肽’,这种激素在人体内作用使人兴奋的程度十倍于吗啡,一个人将会感到快乐舒适。”

没有良性情绪就无法学习。所以当我们的孩子紧张、焦虑、恐惧、烦躁不安时,情绪感受系统处于开放状态,他可以跑,可以行动,可以感受,但他的理性逻辑系统处于关闭状态,不能有条理地思考,这时是无法学习的。而当良性情绪占上风时,孩子相当于在神经系统上建立了自动状态,也就是说他可以进行自我促动,激发出奋斗的动力。

综上可见,如果孩子不断地感受成功,并且持续巩固这种感受,那么他不但会积累自信,还能调动他的内在潜力,促进他不断走向成功。

6. 让孩子在准备中提实力,在实战成功中增自信

人们常说,机会是属于有准备的人的。其实成功也是属于有准备的人的。可现实生活中,大部分人做事都不知道怎么去准备。实际上,孩子自信受到伤害常常就因为没有准备好还要求过高。

中国女排主教练郎平在总结中国女排连续获得世界冠军的秘诀时说:“我们靠的是中国女排精神和战胜对手的勇气,但更靠的是平时扎扎实实的训练而练就的

过硬的技术本领。过硬的技术本领来源于平时充分的准备。”

我辅导过很多对考试有恐惧的人，有很多人需要多年才能转变过来。其中有个学生，他的物理实际水平大约在80分，而他的中考目标是要考上江苏省扬州中学。要考上江苏省扬州中学，中考物理成绩一般要在95分左右。他初三上学期的几次物理测试成绩都在75分左右，几次这样的成绩，一下子挫伤了他的自信心。到初三下学期各科成绩仍未有提升，最后他不肯到学校上学了。用心理学的理论来分析这个学生，他是把考试失败的感觉记住了，在下次相同的情境下，失败的感觉会重现。一旦这种感觉形成了习惯，考试心锚就形成了。

在心理辅导与学科辅导中我发现，这个学生对要考到95分的成绩，考前准备明显不足。他知识点未能100%掌握，物理公式应用不熟练，实验操作能力、分析问题能力有欠缺，阅读理解能力有待提高，在这种状况下物理要考到95分是不可能的。现在的物理考试命题，知识点覆盖率高，关注生活中的物理现象多，与现代科技联系紧，阅读理解能力、自学能力、分析问题能力、解决问题能力要求不断提升。物理学科要想考到95分，应当如何准备呢？专家认为要至少从八个方面做好准备：一是知识点要100%掌握；二是平时学习时就要理清各知识点与生活的联系；三是复习迎考前密切关注物理知识在现代科技中的应用；四是从小打下扎实的阅读理解能力功底；五是重视实验操作，注重分析问题和理解问题能力训练；六是熟练各种题型思路、解题规范、解题技巧；七是身体健康、心理调整到位，以最佳心态应考；八是尽力减少考试失误，保证自己发挥应有水平。只有在这种全方位的准备下，考95分才有可能。

为了培养孩子的自学能力，培养孩子的独立性，在掌握一定基础知识和基本方法的前提下，家长要放手让孩子自行操练。没有自行操练，孩子往往是眼高手低、仓促上阵，在这种情况下，孩子一般很难取得好的成绩。而一旦出了问题，伤了自尊心，就会影响自信心的建立。所以，孩子参加考试、演出、演讲、比赛等活动，出场前都要进行有效的操练，一旦出手就要力争取得好的成绩，这对自信心的培养是大有益处的。

自尊心太强，目标太高，没有准备好就匆匆上阵导致失利，对孩子的自信心是有伤害的。所以在教育孩子的过程中，一定要引导孩子充分准备，在充分的准备中充实自己、提升自己，一出手就成功，这样不断地成功，孩子的自信心就会增强。小的成功不断积累，大的成功就会越来越近。

自信心一旦被伤害，要经过多年的时间才能恢复。这一点家长一定要清楚。

7. 引导孩子学会积极暗示和自我激励

人分为三个层次:物质人,精神人,信仰人。一个人真正的成熟是有物质基础保障,成为精神上自给自足、有信仰追求的人。

物质之人,只是一个躯壳,漂亮、华丽、虚空,那所谓的"花枝招展",不如枯草,不如败叶。

精神之人,躯壳可以简洁而单调,但内心中有坚守、有骨气、有淡定,有一种举重若轻。

生无信仰心,恒被他笑具。信仰之人,是有灵魂、有信念、有敬畏、有坚韧品质的人。

人之为人,应该是物质与精神的结合体,灵魂附着在身体之中,是灵魂牵着身体行走,而不是身体牵着灵魂行走。

人生这么短促,我们应该涵养自己的精神、呵护自己的灵魂,做一个真正成熟的人。

这里重点谈谈如何教育引导孩子学会自我激励、自我确认、自我表扬,从而成为心中有坚守精神的人。孩子小的时候,家长要做好孩子的精神教练,给孩子提供充足的精神营养。具体的做法是:不断对孩子进行行为确认、价值确认,如表扬、鼓励等。精神充足的孩子自我价值认同就高。一个人活着必须认为自我是有价值的,否则就失去了活下去的理由。没有自我价值,就找不到生命的意义,人就会启动自我毁灭的程序。

一个孩子在生命的早期是通过父母、老师、亲戚的不断确认、表扬、鼓励来建立自我价值的。孩子觉得自己是可爱的、有能力的、有价值的,这才是他开心地活着的理由。但如果一个人始终依赖父母或他人的表扬、鼓励,那麻烦就大了,他就得了"成人幼稚病"。一个成年人缺少自我价值,总需要别人来确认;原来的精神供养者是父母,成年后变成了身边的同事朋友。这种人实际上精神没有"断奶",精神上不能自给自足,那他就无法真正独立。

一个成熟的人是成为精神上自给自足的人。一个人能够通过对自己行为的判断,通过自己的成绩,知道自己是有价值的人,知道用自己独特的方法表扬自己、鼓励自己,激发自己前进的动力,这时他就成熟了。在孩子还小的时候,家长就要有意识地教育引导孩子,教会孩子确认自己的行为,对自己进行表扬和鼓励。自我表扬和自我暗示的做法很简单,关键是要天天做,时间一长效果就出来了。如让孩子每天早上起来、每天晚上入睡前都说黄金激励四句话:"我爱我自己!""我相信我自己！”“我有巨大潜能！”“我一定能成功！”当一个人觉得自己是最好的时，他的良好品质会增多，动能会增大，自我价值会上升，自信心就跟着提高了。

当孩子自我价值缺乏、自信心不足的时候，可以将希望孩子拥有的品质、自信等用文字写下来，贴在醒目位置，让孩子每天朗读，如：我是个很帅的男孩，我是个爱学习的好孩子，我是个自信的孩子，我是个有责任心的孩子，我是个爱劳动的孩子，我是个有顽强毅力的孩子等。语言是有神奇力量的，一个人经常被说成怎样，久而久之他就真的成了那样的人。工作中要取得一流的业绩也需要自我表扬和积极暗示。

案例 4-6：

原一平在日本寿险业是一个声名显赫的人物。日本有近百万的寿险从业人员，很多人说不出全日本 20 家寿险公司总经理的姓名，却没有一个人不认识原一平。他的一生充满传奇，从被乡里公认为无可救药的小太保，最后成为日本保险业连续 15 年全国业绩第一的“推销之神”。最穷的时候，他连坐公车的钱都没有，可是最后，他终于凭借自己的毅力，成就了自己的事业。

初入明治保险

1930 年 3 月 27 日，对于还一事无成的原一平是个不平凡的日子。27 岁的原一平揣着自己的简历，走入了明治保险公司的招聘现场。一位刚从美国研习推销术归来的资深专家担任主考官。他瞟了一眼面前这个身高只有 145 厘米、体重 50 公斤的“家伙”，抛出一句硬邦邦的话：“你不能胜任。”

原一平惊呆了，好半天回过神来，结结巴巴地问：“何……以见得？”

主考官轻蔑地说：“老实对你说吧，推销保险非常困难，你根本不是干这个的料。”原一平被激怒了，他头一抬：“请问进入贵公司，究竟要达到什么样的标准？”“每人每月 10 000 元。”“每个人都能完成这个数字？”“当然。”

原一平不服输的劲儿上来了，他一赌气：“既然这样，我也能做到 10 000 元。”

主考官轻蔑地瞪了原一平一眼，发出一声冷笑。

艰难的开始

原一平“斗胆”许下了每月推销 10 000 元的诺言，但并未得到主考官的青睐，勉强当了一名“见习推销员”。没有办公桌，没有薪水，还常被老推销员当“听差”使唤。在成为推销员的最初七个月里，他连一分钱的保险也没拉到，当然也就拿不到分文的薪水。为了省钱，他只好上班不坐电车，中午不吃饭，晚上睡在公园的长凳上。

然而，这一切都没有使原一平退却。他把应聘那天的屈辱，看作一条鞭子，不断“抽打”自己，整日奔波，拼命工作，为了不使自己有丝毫的松懈，他经常对着镜子，大声对自己喊：“全世界独一无二的原一平，有超人的毅力和旺盛的斗志，所有的落魄都是暂时的，我一定要成功，我一定会成功。”他明白，此时的他已不再是单纯地推销保险，他是在推销自己，他要向世人证明：“我是干推销的料。”

功夫不负有心人

他依旧精神抖擞，每天清晨5点起床从“家”徒步上班。一路上，他不断微笑着和擦肩而过的行人打招呼。有一位绅士经常看到他这副快乐的样子，很受感染，便邀请他共进早餐。尽管他饿得要死，但还是委婉地拒绝了。当得知他是保险公司的推销员时，绅士便说：“既然你不赏脸和我吃顿饭，我就投你的保好啦！”他终于签下了生命中的第一张保单。更令他惊喜的是，那位绅士是一家大酒店的老板，帮他介绍了不少业务。

否极泰来

从这一天开始，原一平的工作业绩开始直线上升。到年底统计，他在9个月内共实现了16.8万日元的业绩，远远超过了当时的许诺。公司同仁顿时对他刮目相看，这时的成功让原一平泪流满面，他对自己说：“原一平，你干得好，你这个不吃中午饭、不坐公车、住公园的穷小子，干得好！”

将业务打入三菱

1936年，原一平的推销业绩已经名列公司第一，但他并不因此满足，仍然狂热工作，他构想了一个大胆而又破格的推销计划，找保险公司的董事长串田万藏要一份介绍日本大企业高层次人员的“推荐函”，大幅度、高层次地推销保险业务。因为串田先生不仅是明治保险公司的董事长，还是三菱银行的总裁、三菱总公司的理事长，是整个三菱财团名副其实的最高首脑。通过他，原一平经手的保险业务不仅可以打入三菱的所有组织，而且还能打入与三菱相关的最具代表性的所有大企业。

就这样每天的积极暗示、自我激励，不断地创新，不断地突破，他以出色的幽默推销术连年取得全国最佳的推销业绩，被尊称为“推销之神”。

8. 引导孩子正确面对失败 构建理性心智模式

很多家长都有这样的经历：孩子刚学走路，突然摔了跟头，你怕孩子失败，“宝宝，可别摔了……”从此，孩子躺在床上、抱在手上，不再尝试走路，因为他一走就摔。摔了碰了还得让孩子起来继续走，这样他才能学会走路。人就是这样，要经历从失败到成功的过程。“胜败乃兵家常事”“人生不如意事常八九”，古人这些至理名言都告诉我们失误、失败是常有的事，不如意也是常有的事。失败只不过是多走了一段成功的路。

父母教育孩子最大的错误莫过于在孩子心中把失败和痛苦连在一起，也就是说，使孩子心中害怕失败。当一个孩子害怕失败时，他根本就没有成功的可能性。因为一旦害怕失败，他就会紧张、焦虑，就不可能考出优异的成绩。实际上，真正决定你人生成功的不是你成功的欲望，而是你不畏惧失败。

案例 4-7：

诺贝尔奖获得者史蒂芬·葛雷曾分享过他小时候的一个故事。

史蒂芬·葛雷小时候有一次不小心将一瓶牛奶洒在了地上，他很害怕，原以为母亲会狠狠地责备他，说不定还会打他。可是母亲并没有那么做，而是拿来很多史蒂芬·葛雷折的纸船，放在了洒在地上的牛奶上，一个牛奶海洋就诞生了。他和妈妈拿着纸船在牛奶海洋上面比赛。之后，母亲又告诉史蒂芬·葛雷为什么会打翻牛奶，怎么抓住奶瓶才不会打翻牛奶，抓住奶瓶怎么走路，仔细讲解、反复训练。从那以后，他再也没有打翻过牛奶。

史蒂芬·葛雷说：“这件事影响了我的一生，给了我很大的启发，一是学会了把没有用的东西变得有价值，每次实验失败后，就会想起母亲把洒在地上的牛奶变成有价值的东西，我的很多科学发现就是这样得来的。二是从童年开始，我就不怕失败、不怕犯错误，只要改正了就可以。”这就是他成功的关键秘诀。

试想一下，如果当初史蒂芬·葛雷在打翻牛奶之后被母亲臭骂了一顿，还被打了几巴掌，结果又会怎样呢？从心智模式上来说，这两种截然不同的做法，会产生截然不同的效果。

第一，关注点不同，思维模式不同。

孩子犯了错误，就被父母打骂，那么，他下次再犯错误时，脑子里就会浮现出被打骂的画面，心里就会紧张焦虑，他觉得这次父母一定还会狠狠地揍他一顿。

如果父母在他犯错误的时候没有打骂他，而是告诉他，要学会反省、总结经验教训，那么，他就会思考是什么导致了错误的发生，以后该如何避免，积极地去面对错误。

第二，影响今后的行为方式。

孩子一犯错误，父母就暴跳如雷，孩子就会认为犯错误是不可以的，是不被父母原谅的。有了这种认知之后，孩子就会变得畏首畏尾，不敢挑战新鲜事物，因为害怕失败，害怕犯错误。

相反，孩子犯了错误，父母没有打骂他，而是帮助他分析原因，那么他就会觉得错误并不可怕，犯了错误还有改正的机会，没有什么大不了。他就会勇于挑战，不断地探索，不怕失败，不怕困难。

这里简要介绍下心智模式的知识。心智模式是苏格兰心理学家肯尼思·克雷克在 1943 年首次提出的，百度上是这样解释的：心智模式又称为心智模型，是深植于我们心中关于我们自己、别人、组织以及周围世界每个层面的假设、形象和故事，并深受习惯思维、定势思维、已有知识的局限。

简单地说，就是外部世界是什么样子的，并不是我们眼睛看到的，而是我们根据过去的经验、经历在头脑中构建起来的一个模型，它会影响我们如何理解这个世界。

举例来说，一对跑步的父子，男孩看上去六七岁的样子，在跑步的过程中，不小心踩到了一个瘪了气的皮球，脚下一滑，摔了一跤，哇哇大哭起来。

男孩的父亲扶起儿子，用力地将瘪了气的皮球踢出去好远，抱怨道："谁把破皮球丢这了，还让人摔跤。"听父亲这么一说，男孩更委屈了："太讨厌了！都怪丢球的人！"

父子间简短的对话，揭示出了他们的心智模式。就父子跑步这件事来说，男孩摔倒了，父子俩都将责任推向了丢皮球的人，而没有考虑，如果小心一点，不踩到皮球，是不是就不会摔倒呢？就像有的孩子摔倒后，家长立马会拍打地面，抱怨地面不平，将孩子绊倒。很快孩子就会学会这种本领，下次摔跤，他也会学着家长的样子，拍打地面，久而久之，就会让孩子形成一种认知——我摔跤都是别人的错。长大以后，遇事就会向外找原因，不会自省，爱抱怨。

父母的心智模式会影响孩子一生。孩子出生时，犹如一张白纸，他所生活的环境、家庭教育的方式决定了孩子会有怎样的心智模式，从这个角度来讲，父母的心智模式对孩子一生的影响都会十分深远。

再举一个例子，有人在路上朝你笑了笑，你可能认为他是友好地朝你打招呼，你也会微笑着回应，但有的人却认为是挑衅，非要和对方单挑不可。为什么会这样？原因是心智模式指导人们思考与行为的方式（心智模式的特征之一）。每个人的思维程序都是不同的，处理问题的方式也不同。

第三，形成错误的推论，不断地影响自己，无法跳出思维的怪圈。

每个人的心智模式都是独一无二的，而且总认为自己的心智模式是对的，因为我们总会想办法去验证这个世界就是我们在大脑中构建的那样。

比如，犯了错误，被父母打骂之后，下次再犯错误，哪怕父母只说了一句无关痛痒的话，孩子都会觉得父母是在批评你，因为孩子已经形成了固有的心智模式，很难改变。

比如，孩子做事拖拉，你总是不停地催，孩子就会很不耐烦。有一天，你意识到自己与孩子交流的方式不对，便试着改变自己，说话温柔一些，可你刚一开口，孩子就烦了："催催催！烦死人了！"可能你会觉得跟孩子沟通太难了，其实不是，而是孩子已经形成了错误的推论，他觉得只要自己慢下来，你一定会催他，他很难看到你的改变。

原因：心智模式影响行为的结果，并不断强化（心智模式的特征之一）。父母的心智模式会决定孩子的心智模式，并左右孩子的人生。那么，父母该如何发现自己的心智模式不健康，改变自己的心智模式呢？

自省与反思是改善心智模式的核心方法。我们只有意识到自己有问题，才会想办法去改变，就像《楚门的世界》里的楚门，只有他意识到所处的世界是不真实的，并不是自己头脑中构建的那样，他才会停下来，重新去体验、去发现，重新构建对世界的认知。

同样，我们也要重新觉察内心固有的认知。比如，当你遇到一个糟糕的事情时，你头脑中闪过的第一个念头是什么。然后让自己停下来，想一想自己的这个念头是否合理。你会发现很多事情都是自己臆想出来的，事实可能并不是我们想象的那样。

做父母是一件有挑战、需要不断自我提高的工作，为了孩子，我们总要让自己变得优秀些、再优秀些，不是吗？

9. 引导孩子关注过程优化 促进结果优化

只有过程的优化，才能保证结果的优化。没有优化的过程，不可能出现优化的结果。在教育孩子的问题上，当目标确立后，家长一定要把注意力放在教育过程的优化上，而不是放在结果上。同样，家长要引导孩子将注意力放到具体的事情上，而不是放在行为结果上。

孩子考试的时候为什么会紧张？因为把注意力集中在结果上了，想到如果考不好可能发生的糟糕结果：同学看不起、老师要批评、家长要责骂、自己失面子……

满脑子的这种可怕画面，消耗了自己的精力，增加了无形的心理负担，最后真的没考好。有的孩子感觉学习好了等于荣誉，他的注意力集中在荣誉上而不是学习上，所以出现抄袭作弊的行为，他们认为只要把分数拿到就可以了。把注意力集中在事情的结果上是孩子产生虚荣心的原因，成年人亦然。

我们作为家长，就要教育孩子从小把注意力集中到事情本身上，而不是结果上。每天按计划扎实做好每一件事，每天进步一点点，关注过程优化，日积月累，终将取得优秀的结果。在做实做好每一件事情的过程中，得到了能力的提升，有了成就感，人的自信心也逐渐增强，绝对不仅仅只有事情的结果才能带来自信心的增强。

著名乒乓球运动员、大满贯得主邓亚萍在谈到她获胜的秘诀时说过：运动员在比赛的时候，要关注每一球怎么打，而不是将精力放在结果上。将每一球想细、想精、做到位，这样才能一球一球地赢、一分一分地增。比分扩大了，自信心自然越来越强，越打越顺手。学习、工作、比赛等道理都是一样的。

10. 盯着缺点生自卑，扩大优点增自信

教育学上有一个亮点原则，它是改掉孩子缺点的唯一方法，其实它也是增强自信的好方法。所谓亮点原则，就是说家长要睁大关注孩子优点的眼睛，看到孩子身上好的一面，去挖掘缺点背后的优点，用支持和鼓励去帮助孩子，孩子反而更容易改掉缺点。

家长只有把关注点放在孩子的优点上，多看到孩子好的一面，真心去爱孩子才能发自内心地去鼓励孩子。当孩子找到做“好孩子”的感觉，随时能感受到父母的温暖和期望时，他们就会对自己充满信心，慢慢对所学的东西产生兴趣。

在教育孩子的过程中，家长不要把注意力盯在孩子的缺点上，否则，我们会帮助孩子确认这个缺点、强化这个缺点，会使孩子终生记住这个缺点，从而使孩子产生在这方面真的不如人的错觉，进而放弃努力，产生自卑心理。当我们发现孩了的缺点时，心里要明白，他这个缺点是暂时的，是可以通过训练补救的，是一定会改掉的。

家长的目光要放在孩子的优点上，并把他的优点不断放大，这样孩子就会觉得他是个优点很多的人，他是有很大潜力的人，他是个很有前途的人，他要不断完善自己。当孩子想要完善自己的时候，他会主动反省自己的不足，进而改掉自身缺点，这样孩子的缺点就会渐渐消失。

案例4-8：

我曾经接受过一个家长的咨询："孩子刚上小学，感觉他什么都不如班上的同学。做手工不会拿剪刀，写字的握笔姿势不对，体育课跳绳被老师说了几句就哭。孩子变得畏畏缩缩的，说自己就是学不好，没有了自信，你多说几句，要么就是哭哭啼啼，要么就是大发脾气，该怎么办呢？"

这个孩子一直是外婆带大的，因为妈妈做导游工作，长期带队出差在外；爸爸做工程，也没有多少时间管孩子。后来妈妈辞职回家，生了二胎，这下子更没有时间照顾他了。当这些问题出现，妈妈就只能干着急。

不难看出，这个妈妈的问题在于她自身：花在孩子身上的时间太少，这样又怎么能养出一个积极阳光的孩子呢？

了解情况后，我告诉家长："首先，家长要相信孩子是个好孩子。家长要用放大镜去找孩子的优点，并且要明确地告知孩子，让孩子觉得他是个优秀的孩子。其次，在家针对孩子用剪刀不熟悉、跳绳不行等，进行反复练习，练到能超过部分同学，并请老师有意表扬一下你的孩子。"经过一段时间训练，孩子变得自信了，妈妈无助的心放下了。

假如父母一直没有帮孩子去克服学习上的困难，而让孩子继续备受打击，那只会损害孩子学习的自信。

11. 采取行动增强自信

自信是在行动的过程中产生的。与其担心、困惑，不如立刻行动。无论是集会、座谈，还是开大会、上大课，总是后排的座位先坐满。之所以如此，大概是因为缺乏某种勇气和自信心，害怕引起别人的关注。坐在前排会增强你的自信，因此在开会、上课、听讲座时，就要挑第一排坐，让老师一眼就能看到你，多加练习，自信心就有了。

学习目标明确之后，就应该立刻采取行动。行动能增强自信心，而自信能帮助你完成学习任务，学习任务的完成又增强了自信，这样就形成了正向连锁反应。

坚持不懈，始终抱持自信，积极行动，就一定能成功。这要求我们不断采取行动增强自己的自信心，要能够做到"怕什么，做什么"，一直做到熟练掌握。在行动的过程中，你会发现原来的恐惧都没有了，大多数的担心都是我们在庸人自扰。

12. 练习正眼看人，增强自信

古人说："邪正看眼鼻，真假看嘴唇。"从一个人的眼睛可以看出一个人的心思。

不敢正眼看人的人，可能有惧怕的心理，或者有什么心事，再不就是有觉得自己不如人的自卑心理。

内心缺乏自信的人，与别人交流时，不敢与别人的目光接触，表现出“我怕”“我没有信心”的心态，无法与人真诚交流，不能正确展示自己。

所以，说话时要看到别人的眼睛。要练习敢于正视对方眼睛说话，表示自己的坦诚和信心。用眼睛正视对方，不但能使你增强自信，还能让你赢得对方的信任。

对视小练习：和身边的人面对面，保持50厘米的距离，相互对视，保持一分钟。在对视的过程中，始终保持安静，尽量减少眨眼的次数。结束后，相互分享刚才内心的感受。

13. 调整姿势，引发自信

心理学家认为，人的姿态和行为受内心活动影响。可以借着姿势的改变和行动速度的加快，来表达你态度的改变。

一个低头弓背、无精打采和走路缓慢的人，一看就知道他没有信心。加快走路的速度，能够增强自己的信心。同样，加快学习和办事的速度，也可以增强你的信心。学生一定要坐有坐相、站有站相。学生面对学习、面对考试时，就像军人面对战斗一样，要想取得战斗的胜利，就要摆出一种军人的姿态，要像军人一样昂首挺胸、伸直脖子、打开双肩，这样才会拥有战斗的勇气和信心，还有利于注意力的集中。

14. 主动与人说话

一是主动打招呼，主动与人说话，这不仅有礼貌，更是拥有自信心的表现。越是主动与人说话，自信心就越强，人际关系就更融洽。主动结识陌生人，认识、了解他人的喜好；遇到困难时，能够主动求助，这样才能够寻找到更多的资源。

二是参加会议主动发言，不做会议的哑巴。不要怕这怕那，要引起主持人的注意，争取讲话的机会。你发言的机会越多，就越会感到自信。把自己的意见说出来，是建立自信的要素。

15. 开怀大笑，唤起自信

笑，是一种力量。当我们遇到困难挫折、失败沮丧时，往往很难开怀大笑，但是，这个时候更需要欢笑的力量。欢笑能化解沮丧，唤起自信，这样才能正确面对困难、战胜挫折。

在笑的时候，不要半笑不笑，要开怀大笑、露齿大笑。俗话说“一笑解千愁”，笑能给人增添信心，笑是医治信心缺乏症的特效药。即使你笑不出来，也要暗示自己

“我要笑”。要善用笑的力量,养成笑的习惯。

请记住,“人因悲伤而哭泣,但又往往因为哭泣而悲伤;人因愉快而笑,但又因为笑而愉快。”

16. 优点轰炸法,增强自信

优点轰炸法是利用团体动力促进个体自信心的成长。它借助团体的力量,通过大量的正面信息冲击来激发孩子的自信心。父母(或老师)组织亲友(或学生)团队对缺乏自信的孩子,轮流说出“指定个人”的优点。

在对缺乏自信的孩子进行赞美时要注意技巧。一是从小事赞美对方。如:错了一点点,你就重抄一遍,真是认真。二是以第三者的口吻赞美对方。如:听你们班主任说,你的口才很好。三是有意将对方的优点公布于众。如:大家看!王成同学又有一个新创意。四是注意赞美对方隐蔽的优点。如:你不但长得好看,而且还很细心。五是注意赞美对方新近的变化。如:最近你的数学进步很大。六是用非语言方式赞美对方。如:用眼神、点头、竖大拇指来赞美对方。七是赞美对方品质等方面优点。如:赞美他人品好、性格好、有耐心、善解人意等。八是赞美对方生理上的优点。如:赞美他漂亮、苗条、高大、白皙、健康等。九是赞美与对方相关的人或事。如:孩子的爸爸很有能力,与孩子有关的活动,孩子的观点、建议等。十是婉转赞美他人的缺点。如:对胖的女士说“你很富态”,对苛刻的人说“你是个很认真的人”。

被赞美的孩子要面带微笑地看着自己的亲人(或同学),要有眼神接触;赞美者看着被赞美者的眼睛要用心、真诚。

赞美结束后,被赞美者要分享自己的感受和体验,以加深活动的效果。

爱养护盆景的人都知道,要想养好一棵绿植,我们得花心思给它浇水除虫,了解它的习性,才能让它欣欣向荣。养孩子也是如此,虽然我们没有让他们饿着渴着,可是父母的忽视,会让他们内心干涸,变得自卑、焦躁、叛逆……没有好习惯的养成,那坏习惯当然就乘虚而入了。

当自卑已经缠绕住孩子的内心,自信的阳光怎么照射进来?我们都想要有一个自信的孩子,可自信的孩子是什么样的?首先是自我感觉良好。俗话说得好,有自信不一定会赢,但没自信一定会输。自卑或自信,与自我观念相关联,自信的孩子都有一个信念,“我能干”,认为自己有能力去做好一件事情。父母要帮孩子从小树立这个信念。

一旦孩子的学习自信没有了，就会从游戏中，或者跟同伴的玩乐中寻找自信。他会把大量的时间用来练习手机游戏，或者专门去搞点小破坏来赢得同伴们的注意，获得自己想要的认同感。这样自我感觉好了，可路却走偏了，习惯养成后，你拉都拉不回来。

孩子自卑是因为家长习惯性地否定。作为家长，我们或许是随口一说，但是传递给孩子的信号就是“我真的很笨”，从而导致孩子变得自卑、没有自信。

当孩子出现这样的问题时，我们最该做的事情是反思。作为孩子的父母，在教育孩子的过程中，我们缺失了哪些，该如何去补充？孩子总是在被欣赏的环境中变得更加优秀，一个人格健全的孩子绝对是在父母的爱和陪伴之下成长的。

我们要始终记得，人类本质中最迫切的要求是被肯定。我们给孩子生命中最重要的支撑不是教给他那些大道理，也不是留给他无尽的财富，而是爱。做父母的一定要善于发现孩子身上的闪光点，无条件地去爱孩子，从而激发孩子身体里的无限潜能。父母要让孩子明白：我爱你，仅仅是因为你是我的孩子，和你是什么样的孩子无关。无论你是健康还是病弱，漂亮抑或丑陋，聪明还是愚钝，爸爸妈妈永远都是最爱你的那个人。享受过这种爱的孩子，内心丰盈而笃定，哪怕身陷低谷，都能自信满满地上路。请为孩子埋下一枚自信的种子，用心灌溉，你终会收获累累硕果。

第四节　引导孩子确立远大目标

一、什么是目标

人从一出生就在不停地寻找方向。无论我们处在生活的哪个阶段，都需要目标，我们通过追求目标去不停追寻生命的意义，目标让我们从起点到达理想之地。由此可知，目标是人们所期望的结果，是想要达到的目的或境界。

只要你知道自己要朝哪里去，整个世界都会为你让路。人生就像是一段旅途，没有目标的人永远只能原地踏步，在到达旅途终点的过程中，有着无数个中转站，我们实现了小目标才能达到这些中转站，才能迈向最后的目的地，达到成功的彼岸。

二、目标的重要性

有了目标，就有了方向。目标让你感受到生存的意义和价值；目标让你知道什么事情最重要，分清轻重缓急有助于合理安排时间，让我们不致成为琐事的奴隶；目标能让你集中精力，把握今天，为未来做好准备；目标让你的潜能得到更好的开发。

三、目标的制定

1. SMART 原则

制定目标又被称为目标设定。制定目标看似简单，但要是上升到科学技术的层面，就必须要掌握一定的原则。现代管理学之父彼得·德鲁克在 1954 年曾经提出过目标管理的概念，SMART 原则正是根据这一概念产生。

制定一个比较完备的目标要做到五点：一是目标要具体而明确；二是目标要可以被衡量；三是目标要可行；四是目标要和其他目标相关；五是目标要有明确的时间限制。

2. 制定目标的三原则

我们在制定目标的时候，通过对 SMART 原则的分析和理解，总结出三个切实有效的原则，称为制定目标三原则。

一是制定的目标是你真正的愿望，是你对生命的承诺、慎重的选择。这一原则要求我们的目标必须百分之百的诚实，绝对不能欺骗自己，盲目地去追逐那些根本不是自己想要的东西。这一原则主要规定了目标的重要性和可行性。把目标看得越重，越会认真努力对待，而当你把目标当成自己一生追求时，就会更容易取得骄人的成就。

二是制定的目标必须明确具体，可以被评估，最好能够用数字表示。这一原则要求我们制定的目标绝对不能含糊不清，要指明努力的方向，让人可以看清前进的路途。用数字表述目标，可以随时衡量自己现在的状态与目标之间的距离，进行准确的评估。这一原则规定了目标的明确性和可衡量性，让目标的制定变得更加科学化和合理化，从而增加了目标实现的可能。

三是目标必须要标明期限。这一原则要求在制定目标时限定好时间期限。明确的时间限制让人产生紧迫感，推动人们奋发；而没有时间限制的目标，只会让你为自己的拖延找借口，懈怠不肯向前。

四、目标的分类

在我们制定目标之前，要先对目标进行分类，可以将目标由大到小分为以下几类。

（一）人生目标

人生目标也叫终结目标。它是根据人生使命制定的，它需要人终生奋斗，它的实现需要一个漫长的过程，至少要 20 年左右，其他的一切目标都应该要围绕着这一目标而展开。

在小学毕业前后，随着年龄的增加，阅历增多，视野开始开阔，我们要慢慢静下心来，用足够的时间，展开想象，思考下面的问题，并写下详细回答：

（1）20 年后，我在什么样的公司工作，我的工作对公司、对国家、对社会的价值是什么？

（2）30 年后，我工作岗位的重要性在提升吗？我对公司具有不可替代性吗？

（3）当我退休时，我所取得的成就会怎样帮助别人？我的同事、朋友、家人会怎样评价我？

（4）当我离开人世的时候，我所做的事情或者我所取得的成就还会帮助着别人吗？人们会怎样评价我？

示例：

20 年后的目标

20 年后，我要成为一个________________________________

达成时间________年____月____日

我相信我自己！我有巨大潜能！我要集中精力、坚定不移！我一定能成功！

签名____________

年　　月　　日

（二）长期目标

长期目标是指要用 10 年左右时间达成的目标。它与人生目标最接近，是为了实现人生目标。它有着一系列完整的规划，相比较人生目标，它更加切实可行，当它被实现时，人生目标就实现了一大步。

示例：

10年后的目标

10年后，我要成为一个________________________________

达成时间________年____月____日

我相信我自己！我有巨大潜能！我要集中精力、坚定不移！我一定能成功！

签名__________

年　　月　　日

（三）中期目标

中期目标是指要用5年左右时间达成的目标，它是为了实现长期目标而设定的。这类目标比较好把握，总体上规定了你努力的方向。你若是在小学毕业时明确中期目标，则可表述成：6年后，我要考上××大学。

示例：

5年后的目标

5年后，我要成为一个________________________________

达成时间________年____月____日

我相信我自己！我有巨大潜能！我要集中精力、坚定不移！我一定能成功！

签名__________

年　　月　　日

（四）短期目标

短期目标是指要用3年左右时间达成的目标，它是为实现中期目标而设定的。相比起中期目标，这类目标更具体，也更加清晰。

示例：

3年后的目标

3年后，我要成为一个________________________________

达成时间________年____月____日

我相信我自己！我有巨大潜能！我要集中精力、坚定不移！我一定能成功！

签名__________

年　　月　　日

（五）近期目标

近期目标是指要用1年左右时间达成的目标，它是为了实现短期目标而设定的。通常这类目标非常明确，而且你可以随时去检视自己是否正在实现它。相比起上面几类目标，它要实际很多，有在近期被实现的可能性。

示例：

1年后的目标

1年后，我要成为一个________________________________

达成时间________年____月____日

我相信我自己！我有巨大潜能！我要集中精力、坚定不移！我一定能成功！

签名____________

年　　月　　日

（六）日常计划

日常计划是指近期的一些个人计划，主要是1年内的安排，可以是1周，也可以是1个月、1个学期，它根据所列的近期目标灵活变化。你可以直接掌握这些计划，并且随时监督它的实行。日常计划主要应该包含三方面内容的安排：在校学习期间、双休日、节假日。

示例：

我的上学期目标

在____________年级上学期，我要成为________________________

为了实现____________年级上学期的目标，我需要做10件重要的事情。

____________年级上学期，我的最大目标：

1. ________________________________

用数字具体描述：________________________________

2. ________________________________

用数字具体描述：________________________________

3. ________________________________

用数字具体描述：________________________________

4. ________________________________

用数字具体描述：________________________________

5. ____

用数字具体描述：________________________________

6. ____

用数字具体描述：________________________________

7. ____

用数字具体描述：________________________________

8. ____

用数字具体描述：________________________________

9. ____

用数字具体描述：________________________________

10. ____

用数字具体描述：________________________________

作息时间表：开学作息时间表、双休日作息时间表、假日休息时间表

案例 4-9：

小华是今年刚上初一的学生，目前排在班级前 20 名，他的目标是在 20 年后成为一名数学家。为了实现这个终极目标，他为自己进行了目标规划，订立了下列一套目标系统。

我的目标系统

目标具有导向作用，我将要成为一个什么样的人，是由我今天的选择决定的。

我要把我的目标输入潜意识，我坚信我的目标一定能实现，为此我要天天确认：

1. 目标系统

20 年后我的目标：成为一名数学家

15 年后我的目标：拥有数学博士学位

6 年后我的目标：就读复旦大学数学系

3 年后我的目标：考上华东师大附中

1 年后我的目标：进入年级前 20 名

1 年内我的目标：进入年级前 50 名

6 个月内我的目标：进入年级前 100 名

3 个月内我的目标：进入班级前 10 名

2. 每天的具体计划

(1) 开学作息时间表(略)

(2) 双休日作息时间表(略)

(3) 假日休息时间表(略)

3. 我的理由

我要成为那样的人，理由：

(1) 我热爱数学。

(2) 我要为社会做贡献。

(3) 我想将热爱的数学运用到实际生活中。

(4) 我想成为一名受人尊敬的学者。

(5) 我希望我的祖国更加强大。

(6) 我希望自己和家人可以生活得更有尊严、更加美好。

宣言：

我要对我的目标负责任！我要积极努力，采取一切方法，提高我的学习成绩！没有任何人、任何事情能妨碍我追求目标，阻碍我完成计划！我相信我自己，我全力以赴、坚持不懈、终会成功！

五、目标的实现——黄金八步骤

制定目标自然是为了实现目标，而实现目标是需要一定方法的。有的人制定的目标非常好，但是半途而废，最终让笔底烟花变成一纸空文，自己也非常地失望沮丧，这都是因为缺乏有效的实现目标的方法。

“黄金八步骤”是一系列帮助你实现目标的方法，它能够最大限度地调动你的能量和资源，协助你达到自己的既定目标。

（一）视觉化

视觉化就是时时刻刻将目标放在眼前，不断让目标深入自己的潜意识之中。这一步骤再次强调了白纸黑字的力量。有目标一定要写下来，有梦想也要写下来，写下来贴在自己能看见的地方，就能起到激励的作用。

1. 写下目标

一定要写清楚自己想要达到的目标，并且工整地写出来，态度要认真而虔诚。

2. 深入视觉化

将写下的目标贴在自己能够看到的墙上。白纸黑字有着极其巨大的冲击，深入潜意识的文字更有推动人行动的力量，而仅仅是在大脑中想的目标无法让自己产生持久的行动力，而且非常容易被干扰，甚至是遗忘。

3. 自我监督或请人监督

要进行自我监督，或者请身边的家长、老师、同学监督。

（二）评估自己的目标

评估的目的是确定你所立的目标是不是自己真正想实现的目标，并且能够增强实现目标的信心。主要用以下四个问题来评估自己的目标：

1. 我为什么要实现这个目标

这个问题让你清楚明白自己为何要设定目标，是什么样的原因让你定下现在这样的目标。只有充分明白你设定目标的理由，才会发自内心地产生想实现它的欲望。

2. 这个目标背后的终极目标是什么

终极目标，也就是人生目标。你现在所定下的目标都是为实现这个终极目标而服务的，清楚明白自己人生的终极目标是什么，才能坚定不移、事半功倍。

3. 我真正想要获得的是什么

实现这个目标能给我带来什么好处或利益？利益是持久的驱动力，它是促使我们进行社会活动的现实动因，是社会前进和发展的动力。

4. 我有多少信心实现这个目标

我如何进一步提高自己实现目标的信心？对于实现目标而言，自信非常重要，必须有自信才能成功。一个整天怀疑自己实力甚至自卑的人肯定无法取得真正的成功。

（三）早晚朗读

越是朗读，越是熟悉目标，熟悉自己的目标，才能够锁定目标，从而激发出目标的激励作用，不断坚定目标，将自己的所有精力和注意力都集中在实现目标上。

对于你的目标，早上起来大声读三遍，晚上睡觉前大声读三遍。记住！一定要坚持一个月，这样这个目标才会真正变成你的目标，这时它才会进入你的潜意识之中。

精神分析学派的创始人、奥地利著名心理学家弗洛伊德曾经说过，人的意识组成就像一座冰山，露出水面的意识只是一小部分，但隐藏在水面下的绝大部分的潜意识能对人产生最深刻的影响。你所做的每一件微不足道的事情，都是由潜意识所决定的，它是一种巨大的动力能源。我们所谓的激发潜能，就是在激发潜意识的能量。

（四）制订计划

目标的上层是使命，实现目标是为了完成使命，使命为目标提供巨大的动力；而目标的下层是计划，计划是为了实现目标而制订的，目标为计划提供深层动力，计划为目标服务。

例如，为了把英语成绩提升到95分，就要制订切实可行的计划：早晨坚持背10个单词；中午坚持听30分钟英文录音；晚上学会两个标准的句子；周六复习本周所学。

（五）做出承诺

承诺需要用生命去捍卫，一旦说出口，不论发生什么情况，都要坚守，如果做不到，就不要承诺。承诺可以产生一种心理能量，让人坚定不移地完成自己的目标。

可以每天默念：我会坚守我的计划，全力以赴、加倍努力，我宁愿放弃娱乐休闲，排除一切诱惑干扰，不折不扣地完成我的计划！我是一个负责任的人，我对我的承诺负责！

各人可根据自己的实际设计属于自己的承诺语言，目的是激励自己实现目标，激发自己的责任心，不断对自己进行积极的心理暗示。

示例：

我是一个快乐、自信、努力、爱学习的人。

我是健康快乐、主动努力学习的人！

我是爱好广泛、对学习有兴趣的人！

我是充满信心、坚持不懈的人！我有众多好习惯，我有超常记忆力！

我相信我自己，我一定能成功！

我每天开心、快乐！

我每天进步，不断超越自己！

我严格要求自己，我天天积极主动！

我常存感恩之心，我善于寻求更多帮助！

感谢父母的养育之恩！

感谢老师给我的教诲！

我一定不辜负他们对我的期望！

我一定要成为一个对国家对社会有用的人！

我一定要全力以赴、坚持不懈！

克服一切挫折和困难！

实现自己的目标！

（六）整合资源

当目标制定好后，就要开始寻找身边可以帮助你实现目标的资源，这时你会发现，很多资源早就在你身边。这就是人们常说的“机会是为有准备的人准备的”，而目标清晰的人就是有准备的人。当你想要更好的学习方法时，你就会发现更好的学习方法；你想要更好的记忆方法时，你就会发现更好的记忆方法。仔细思考下，为了实现自己的目标，你可以获得哪些人或团体的帮助？你又需要一个怎样的环境？需要什么样的条件？

除了靠自己的努力之外，我们还要寻求更多人的帮助。

以下项目可以帮助我实现我的目标：

能够帮助我的人：____________________

我想要的环境：____________________

我需要的条件：____________________

示例：

为了在本学期提高英语成绩到 95 分，我需要以下资源：

能够帮助我的人：父母或父母的朋友，老师，同学________

我想要的环境：良好的课堂，英语培训班，________

我需要的条件：请英语家教，购买英文碟片，购买相关资料，________

（七）每天衡量进度

每天都要花时间思考自己计划的执行情况，想一想自己每天的努力是不是让你正在不断朝自己的目标接近。

示例：

今天我都做了哪些事情？这些事情都有利于自己目标的实现吗？

____

____

明天我该做哪些事情以便更接近目标？怎样去做？

____

____

（八）突破自我限制

有了目标，才能发挥最大的能量，而不断突破自我，才能达到更高的高度，遇见更好的自己。当每日计划无法完成时，如果是受到自我限制，这时就要寻找到自我限制的原因。通过反思提问，不断突破自己的极限。

示例：

认真思索并依次仔细回答以下问题。

目前是什么阻碍着我完成自己的计划？

____

我该如何去克服这些阻碍？以后我还可能遇到什么样的阻碍？

____

这些阻碍是真实存在的，还是怀疑自己、缺乏信心导致的？

____

我该如何突破内心的限制、充满信心去完成我每天的计划？

____

以上八大步骤具有无限的价值，请务必认真去做，只要你照着这八个方法坚持下去，你的计划目标一定会实现！你必定会成功！

最后，可以根据追求快乐和逃避痛苦的原则，设置奖惩制度。当发现自己朝目标前进一步时，自己为自己庆贺一番，或者给自己一个奖励，比如去游泳，或者看一场电影，或买一些期盼已久的东西；如果发现没有进步，则取消所有奖励。

六、自我心像训练

（一）自我心像的概念

自我心像又叫自我意象或者叫自我形象。它是指一个人自己心目中的主观自我，是对过去经验的反应，这里的经验包括成功或失败的经验，以及他人对自己的评价。这些经验和评价反馈到我们的内心，让我们形成了自我心像，也就是我们常问自己的“我是什么样的人”。

自我心像的形成是长期暗示思维的结果，它与个体生活环境、所接受的教育、接触的人物、自我体验等有着密切的关系。当你在自己的头脑中形成了自我认识和自我评价，就等于在你的潜意识中形成了一幅图像，也就是你的自我心像。它侧重的是对自己的价值、能力和社会地位的评估。自我心像虽然是在不知不觉中形成的，但这种心像一旦形成，人们都会不自觉地运用它去评价自己，指导自己的行为。

如果你的自我心像是一个毫无能力的人，你就会经常在内心深处感到自己无能，只是个碌碌无为、什么事都做不好的平庸之人。无论是在工作还是生活中，每当你遇到困难，都会觉得自卑、沮丧、无能为力。

如果你的自我心像是个非常有能力的人，你就会经常在内心深处感到自豪，是个能办事、受人尊敬、积极的人。遇到困境，你都能毫不费力地对自己说：我一定能成功！在工作和生活中，你能够体会到自尊、愉快的感觉。

（二）自我心像的作用

成功心理学专家陈安之说过："心理学最伟大的发现之一，就是可以借由自己不断的想象，而成为自己理想中的人物。""你必须想象自己是一个非常成功的人、非常富有的人、非常积极的人、非常热情的人、非常有动力的人，你必须每天不断地花一些时间，想象自己成功的景象。""要不断地改变自己的内在，这些所谓脑中的软件，不断地重复这些成功的画面，你的潜意识就会慢慢引导你的行为，不断地配合着你的想法去做改变，因此，你就可以达成你的最终目标。"

在确立自我心像的时候，应当在真实自我的基础上高一点，高一点的自我心像能够增强人的自信心，能够挖掘出更多的潜能。

为了能更直观、更清晰、更深入地建立自己的良好的自我心像，父母应当创造条件，让孩子多接触成功人士。例如，可以带着孩子参观名校，与名校的教授及学生交流；参观著名公司，找机会与老总或高管交流；读名人传记，树立心中的目标。让孩子从小就知道名校的学生是怎样学习、思考、生活的，他们的工作对社会的意义价值；著名公司是怎样打造的，成功人士是怎样炼成的；同时也为自己的未来尽早确立标杆。

建立良好的自我心像对人的成长有三方面作用：

一是良好的自我心像是一种表达自信的方式。自信的人通常都会认为自己有智慧、有能力、独立而富有安全感，自我成就感高、自我接纳程度也高，同时有良好的判断能力和合作精神，很容易适应新环境。

拥有自信的人无论是在工作中还是在生活中都比较容易取得成功，因为他们面对难题时不会轻易放弃，而是积极创造条件去解决。

二是树立良好的自我心像可以帮助你正确认识自己。人们对自己的认识大致是三种类型：第一种是盲目自大；第二种是自卑；第三种是客观地评价自己、高度地接纳自己，做人积极乐观、做事认真负责，这种人最容易成功。

三是自我心像能够让你充分发挥潜能。对自我心像的优化，能够让人摆脱内心的束缚，让心灵获得自由、思想变得自主。健全的人格系统可以将人的潜能发挥到极致。不断优化自我心像，正是不断地对内心深处的人格进行完善的过程，也是人们充分发挥自己潜能的过程。

只有发挥你的潜在的能量，才有可能创造出更有价值的人生。

（三）达成目标的心像训练

当目标清晰之后，就要将目标巩固在心中，而巩固目标的最好方法，就是运用自我心像，看到自己目标实现后的情景，通过这种成功心像不断巩固和加深自己的目标。

1. 原理介绍

心理学认为人的变化是从内部开始的，你要先从内心认识自我，才会表现出自我；先认识到自己要实现某个目标，才会开始完成它。当你在内心确定好你的目标之后，不要怀疑和担心，而要全心全意地去想象目标实现后的体验，然后你会发现你的目标总能在轻松愉快中实现。

体验是成功实现目标的关键。清晰、逼真地想象自己未来成功的形象，会让你的心中充满光明与动力，一年后，两年后，……或许十年后，你会发现，今天的梦想真的都会实现，这是让你成为优秀人物的最大奥秘。

通过体验成功提升自我心像、制造成功的画面后，几乎人人都可以取得成功。但这种想象一定要是全心全意的，只有这样才能产生强烈的追逐成功的欲望，然后才会全力以赴地扎实行动，这样才能无往不胜、百战百胜。

拿破仑曾经说过：统治这个世界的是想象力。他出生在科西嘉岛，有着岛上代代相传的勇气和意志，他身形瘦小却能独占欧洲历史大幅的篇章。他在带兵出征欧洲之前，就在内心进行了许多年的“胜利演习”，正是这一次次想象中的胜利，让他横扫欧洲，建立了庞大的帝国体系。

2. 步骤介绍

找一个安静、舒适的地方坐下来，闭上眼睛，做6次深呼吸，想象你的脑中有个电视屏幕，你打开屏幕的开关，看到了20年后的自己。

你看到20年后的自己目标实现了……

你在一个什么样的环境中……

你清晰地看到自己的模样……

你的发型，你的面部表情……

你听到自己说话的声音、语调……

你与什么样的人打交道……

你如何向别人分享你的成功经验……

你看到别人对你羡慕的表情……

你听到别人对你的赞美……

你的感觉……

你清晰地看到 20 年后的一切。

越清晰、越逼真、越兴奋，梦想成真的时间就越近。

3. 学生目标心像训练

首先，确定学生有清晰明确的目标系统，规定好 1 年内、3 年后、5 年后、10 年后、20 年后想要达到的目标，然后开始心像训练。

选一个你觉得舒服的地方，慢慢地坐下来，身体要坐正，手上不要拿任何东西；双腿自然分开，双脚放在地板上，与肩同宽；双手放在双腿上；轻轻闭上眼睛，再轻轻地做 6 次深呼吸，要轻到不能听见自己的呼吸声才行，呼吸时把注意力放在双肩上，让双肩自然松弛。

请发挥你的想象力，跟着提示进行想象：

第一步：你每天按计划努力学习，成绩不断进步，越来越好，在 1 年内，你终于进入了班级前三名，你的老师非常高兴，当着全班同学的面表扬你、奖励你，你的同学都非常羡慕你。

回到家里，你的爸爸妈妈都非常开心，更加疼爱你。

这时候你想一想，你的感觉是什么？是不是很开心、很高兴、很兴奋、很自豪？感觉头也抬起来了，走路也有劲了。哇！你真棒！

第二步：你 3 年后的目标实现了，你已经考入重点中学，所有人都非常羡慕你，你的爸爸妈妈、你的老师都为你感到自豪。仔细想一想，做一名重点中学的学生，你的感觉是什么样的？你真的太棒了！

第三步：你 5 年后的目标实现了，你已经进入了理想的大学，你身边的人非常羡慕你，你的爸爸妈妈不停地夸赞你，以你为荣。仔细想一想，你作为一名名牌大学的大学生，你的感觉是什么样的？你是多么高兴、多么自豪，没有人比你更棒了！

第四步：你 10 年后的目标实现了，你已经走出校园，在一个非常好的工作岗位上工作，有很多人都非常羡慕你，你的感觉是什么样的？是不是很兴奋、很高兴、很自豪？你变得越来越优秀，越来越成功！非常好！

第五步：20 年后，你已经实现了你的人生目标，成为你理想中的人物，你已经非常成功，认识你的人、不认识你的人、全国所有的人，甚至全世界的人都非常非常羡慕你、敬佩你，不断地跟你讨教成功的经验，向你请教成功的秘诀。想一想，你的感觉是什么样的？是不是很高兴、很兴奋、很自豪？是的话，点头确认一下！

你真的很棒！你真的很成功！现在深吸一口气，记住心中这种感觉，慢慢地把眼睛睁开。

另外，自我心像训练还可以想象，你成了高考状元，你的母校校长请你为学弟学妹介绍自己的成功经验等。

我在担任校长期间，在初一年级以《30 年后的同学聚会》主题班会为题，让同学们大胆想象自己的工作、生活、成就，并模仿 30 年后的自己的形象、声音，向全班同学介绍自己的成就，每人 3 分钟时间。以此活动为抓手，丰富学生的想象力，引导同学们树立远大理想，清晰自己的理想心像，唤醒同学们的奋斗觉悟，让他们的潜能得到更好的开发。已实践多年，效果非常好。

第五节 培养孩子的兴趣

一、什么是兴趣

学习兴趣是学习动机最现实、最活跃的成分。要想乐学善学，必须要先培养学习兴趣。

兴趣是指个体探索某种事物或进行某种活动时产生的积极心理倾向。学习兴趣就是在学习时产生的一种积极心理倾向。

兴趣是学习的原动力。孩子对某一学科产生兴趣时，就会持续不断地去努力钻研它，从而能够提高学习效率。学习兴趣促进学习。兴趣是优秀的学习结果的保证。当孩子被某个学科知识吸引，在学习过程中产生了学习兴趣，或者是提高了原有的学习兴趣，优秀的学习结果就有了基础。

兴趣分为直接兴趣和间接兴趣两种。直接学习兴趣是指引起这种学习兴趣的学习过程本身，它的产生是一个直接的过程，是孩子对自己学习的科目或者学习本身感兴趣。学习的直接动机是由学习的直接兴趣引起的。间接兴趣是指引起这种学习兴趣的是学习结果，它是当孩子意识到学习的重要性时产生的具有明显自觉性的学习兴趣。

二、学习兴趣的重要性

孔子曾说过："知之者不如好知者，好知者不如乐知者。"意思是说，懂得的人，不如爱好的人；而爱好的人，又不如以此为乐的人。苏联著名教育家苏霍姆林斯基指出：学习兴趣是学习活动最重要的动力。

古今中外，凡有成就者无不对自己的事业怀有浓厚的兴趣和强烈的责任感。学习兴趣对人的学习认识活动有非常重要的意义，兴趣是学习最好的老师，兴趣是学习动机中最现实和最活跃的因素，兴趣是最持久的动力源，它可以推动人积极地获取知识、集中智力和精力，使学习和工作效率提高，不易产生疲倦。

案例 4-10：

英国著名物理学家和化学家法拉第分别于 1831 年和 1834 年发现了电磁感应现象和法拉第电解定律，但是，他却连小学都没上过。

法拉第出身贫苦家庭，连饭都吃不饱，没钱上学。他 12 岁当报童，一边卖报，一边认字。13 岁在印刷厂当学徒工，一边装订书，一边学习，甚至在送货的路上，他也边走边看书。

法拉第能看懂的书越来越多，学习能力也更强了。他阅读《大英百科全书》，逐渐对电学和力学产生兴趣，就不断找电学和力学的书看。看的书越来越多，领会也越来越深，法拉第对科学产生了极大兴趣，他说："科学引我入胜。"因此他鼓足勇气给赫赫有名的学术权威去信，表示"极愿逃出商界而入于科学界，因为据我的想象，科学能使人高尚而可亲。"戴维非常欣赏法拉第的才干，决定把他招为助手。法拉第一边勤勤恳恳地干着勤杂工的工作，一边当实验助手，他很快掌握了实验技术。戴维外出到各国有名的实验室去考察，在外国一年半的时间里，法拉第一边做戴维的夫人的仆从，一边参加学习，这段时间使法拉第见识大长，还学会了法语。

回国后，他独立进行科学研究工作，不久他发现了电磁感应现象。1834 年，他又发现了电解定律，将它命名为法拉第电解定律。他的发现震动了科学界，他被恩格斯称为"到现在为止最伟大的电学家"。

法拉第有强烈的求知欲，对科学有非常浓厚的兴趣，他刻苦自学，坚持不懈，从一个没怎么上过学的一般工人，跨入世界第一流科学家的行列。这说明只要对学习有浓厚的兴趣，又能坚持不懈的努力，并注重讲究学习方法，就不仅能把当前的学习搞好，还能实现自己的目标。

对学习有浓厚的兴趣，才会产生强烈的学习欲望，才会如饥似渴、孜孜不倦地去读书，全身心地投入、聚精会神地钻研、朝思暮想地思考，日有所进，不断成功。如遇困难、挫折，也能顽强攻克、百折不挠。浓厚的学习兴趣是学习成功的重要心理品质，反之，对任何事物都不感兴趣必将成为庸人。

三、学习兴趣的培养

任何一种兴趣都不是与生俱来的，学习兴趣也一样，无论是直接兴趣还是间接兴趣，都需要和学科接触才能产生，并且，这种兴趣是可以培养的。学习兴趣是在学习活动中产生的，通过自我训练可以增强自己的学习兴趣。

（一）学习兴趣的产生

1. 学习的趣味性、系统性

想要获得学习兴趣，最简单的方法就是让学习本身是有趣的、有意义的，不是一板一眼、了无生趣的记忆机械知识。孩子越是小的时候，学习内容的安排、方法的设计越是要有趣味。例如，教小孩子加减法时，可采用开小超市的办法来激发孩子的学习兴趣。

在对知识进行深化学习、复习整理时，必须使知识具有系统性，因为系统性的知识有利于孩子加工知识，使知识结构化，便于孩子理解、记忆、掌握。

2. 认识到学习的社会意义

当孩子明白学习的社会意义时，就会直接激发学习的间接兴趣，而间接兴趣有利于培养直接兴趣。这二者结合能发挥出超强的能量，给学习提供持久的动力。

案例 4-11：

1911 年底，周恩来在沈阳东关模范学校上学。这一天，魏校长亲自为学生上修身课，题目是“立命”。魏校长讲到精彩处突然停顿下来，走下讲台，指着前排一位同学说：“你为什么而读书？”这个同学站起来挺着胸脯说：“为光耀门楣而读书！”魏校长又问第二个学生，他回答：“为了明礼而读书。”第三个被问的学生很认真地回答说：“我是为我爸而读书。”

校长对这些回答都不满意，摇了摇头又到周恩来面前，问道：“你为什么而读书？”周恩来站起身来，教室里静悄悄的，大家在等待他的回答。周恩来非常郑重地回答：“为中华之崛起而读书！”

3. 在学习中体验到积极情绪

积极的学习情绪是推动孩子学习的一种重要心理因素。家长与老师在教育孩子的过程中,内容要精选,语言要生动,注意真情实感的流露,与孩子巧妙互动,让孩子不停地体会到积极的情绪,在学习中得到快乐和满足,这样孩子就会不自觉地去追求这种快乐和满足,从而激发学习兴趣。

德国教育家第斯多惠说:“教学的艺术不在传授本领,而在于激励、唤醒和鼓舞。”激发孩子的热情和兴趣,唤醒孩子的责任和担当,鼓舞孩子的斗志和勇气,是每一个父母的核心素养之一。

4. 明白所学内容与个人未来的关系

对所学的内容加深认识理解,并参与实践活动,如果能发现该事物的意义、价值与自身的人生目标和切身利益紧密联系,那么就会产生浓厚的兴趣。前面介绍的著名科学家钱伟长、施一公的故事能很好说明这一点。

(二)激发兴趣的规律

1. 运用新异性刺激物引发兴趣

凡是刺激强烈、对比鲜明、不断变化或具有新异性刺激的事物,都会引起直接兴趣。在学习时,为了对学习内容产生兴趣,我们可以展开丰富的想象力,设法使学习内容在自己的头脑中形成具象,这种具象越生动、具体、鲜明、新奇,就越能使我们产生浓厚的认知兴趣。

2. 通过满足需要产生兴趣

能够满足人们某种需要的事物,就能产生直接兴趣。在学习时,对所学内容的意义、作用和价值多思考、多认识和多想象,并与各种直接的需要联系起来,形成深刻而系统的知识结构,会使我们产生浓厚的学习兴趣,而且这种兴趣是深刻而稳定的。

3. 运用成功经验激发兴趣

在个人经历中,曾经获得成功的事物最容易激发人的兴趣。如孩子对成绩好、受过表扬、有成功感的功课容易产生兴趣;而对成绩差的科目,不易感兴趣。在学习及考试中反复失败,容易使孩子厌恶学习。

4. 利用愉快感激发兴趣

能给人愉快感的事情容易激发兴趣。玩球、玩牌能给人愉快感,所以人们对它们有兴趣。用比赛的办法学习容易产生兴趣。找一个比你成绩略高的同学作为对象,开展比赛,暗下决心,争取逐步赶上并超过他,这也能增强学习兴趣。

5. 联系个体经验激发兴趣

能否引起直接兴趣，主要取决于事物的特性及事物与个体知识经验、行为习惯的联系。这就要求我们要有广博的知识基础，这样在学习新知识时就容易与已有的知识建立广泛联系。另外，对一门新课，学习开始就打好基础，以后的学习内容就便于与已有的知识储备进行联系，就容易形成对这门课的学习兴趣。

（三）学习兴趣缺失的原因

并不是所有的学生都会对学习产生兴趣，有学习兴趣的学生也不一定会对每一门学科都产生兴趣。综合各种实际情况，我们通过总结多年的教育教学实践经验与研究，对原因进行分析，发现学生学习兴趣缺失大致有十大深层次原因：

（1）认为自己脑子笨，不是学习的料。

（2）认为所学课程不重要。

（3）对所学课程感到厌烦，感觉学习有困难。

（4）因为不喜欢老师而不喜欢他教的课程。

（5）认为所学内容以后用不着。

（6）对学好这门课程没有信心。

（7）学习基础差，欠账太多，而对学习失去兴趣。

（8）学习的时候状态不好。

（9）对学习没感觉。

（10）没有好的学习方法，学习兴趣逐渐消失。

（四）学习兴趣培养的方法

1. 营造学习环境，引导孩子阅读

书籍是人类进步的阶梯，是前人智慧经验的结晶。从小引导孩子爱上阅读，走进知识的海洋，汲取人类智慧的营养，是家长的重要责任。

家长对读书的态度和行为对孩子有着非常重要的影响。家长自己要热爱阅读，每天有固定阅读的时间，有空闲时间必在读书，有工整的读书笔记，有思想性深刻的读书心得，有自己创作的文章（发表了更好），有相对独立的读书空间，家里有一定量的藏书。如果孩子经常看到家长在如饥似渴地看书学习，并感受到家长在看书学习中获得乐趣，潜移默化地，孩子自然就会爱上阅读。在婴儿时期，家长最好经常高声朗读。儿童早期，家长经常给孩子读故事，读故事书时有意识地教孩子认一些常用字，但对认字速度不能有太高要求。当儿童有一定识字量后便可进入自主阅读状态。在儿童能自主阅读后，家长要给孩子当好后勤，经常带孩子去新华书店或图书馆选书，把好书本的质量关。同时，对孩子阅读做些指导，帮助孩子做好读书笔记，开展读书心得交流，了解孩子阅读理解情况，对孩子进行思想文化引领，让孩子始终前进在正确的大道上。

2. 学习丰富人生，知识改变命运

只有当孩子深刻理解知识的价值、能力的重要、品质的可贵，才会自发自动地进入追求知识、提升能力、修炼身心的状态，并会不断反省自己，全方位完善自己。

家长要用实际行动和鲜活的事例，向孩子传递阅读可以丰富人生，知识可以改变命运，学习可以成就未来，有知识、有能力、有品质的人才会有幸福快乐的人生，没有知识的人生是痛苦和无助的。

让孩子多读些名人传记，学习名人追求知识的热情，培养学习兴趣的方法，拥有克服困难的勇气，学习不断进取奋发向上的精神。在名人的感召下，真正理解知识就是力量，兴趣就是动力，能力就是通行证。看看毛泽东的传记，你就知道他对读书的浓烈兴趣，在十分艰难的长征途中他还不忘读书。是大量的阅读丰富了他的阅历，增长了他的超人智慧；是对中国人民深深的爱激发出他巨大的革命热情，是革命斗争实践成就了一代伟人的业绩。看看“钱学森传”，你就知道他学习兴趣的广泛，正是他知识的广度和深度使他在多个领域都取得骄人的业绩，成为中国最高科学奖的获得者，成为我国“两弹一星”的功勋。看看“杨绛传”，你就明白被钱钟书先生称为“最才的女，最贤的妻”的杨绛，是如何在学习兴趣的驱使下找到人生最好的标杆，最终修炼成功的。人要坚持学习，每天进步一点点，日积月累终有成就。

3. 给孩子传递的信息决定兴趣的增减

你要给孩子传递学习是一种享受、学习是快乐的正面信息。学习可以满足我们的好奇心，学习可以让我们增长知识，学习可以让我们拓宽视野，学习可以让我们心胸更加开阔，学习可以让我们的能力得到提升，学习让我们的思维更加缜密、更加灵活、更加深刻，学习能让我们遇见更好的自己。所以，学习的人是快乐的，是幸福的！学习是现代人的生活方式。我在学校担任校长期间，要求班主任从初一新生入学起，就开始写“学习是一种享受”的日记，从“学习是一种享受之一”一直写到“学习是一种享受之一百”，在不同的阶段广泛寻找、深度挖掘学习是一种享受的理由，定期召开“学习是一种享受”主题班会，请学生现身说法，让这种理念深入人心，以此激发学生学习的兴趣。实践证明效果十分显著。

家长要给孩子传递学习是不太难的信息。只要掌握学习方法，坚持不懈的努力，一定会学有所成。

如果你给孩子传递学习是痛苦的，自己在看书学习时表现出痛苦的状态，嘴上不停地说着学习真烦、老师真讨厌，再跟孩子不时地谈起自己在校读书期间如何感到学习之痛苦、学习之困难，在这种环境下孩子就会有学习痛苦的感受，从而产生畏难情绪，影响学习兴趣的提高。从今天起，我们头脑中一定要树立一种理念：学习是一种享受，学习是快乐的、容易的。

4. 让孩子尝到学习等于快乐的感觉

让孩子尝到学习等于快乐的感觉就是用确认、鼓励、表扬的手段把孩子最原始的良性行为巩固住，然后，在一个行为上反复多次让孩子找到快感。当孩子找到学习等于快乐的感觉，再鼓励他成为习惯。当学习成为习惯，那么这个孩子在学业上就没有问题了。

让孩子快乐，就要给他一个好的感觉，当孩子取得进步时，家长要表示真诚的祝贺，有时候不一定用语言，家长一个会心的微笑、一个喜悦的眼神、一个热烈的拥抱就够了。

真正的学习是快乐的，它不仅是指学有所获及学会某事的成就感，而且还指学习过程本身是令人感到快乐的。学习知识技能或看书学习本来就是很快乐的事，好奇心满足使人感到很快乐，深入理解掌握知识是快乐的，掌握了某些技能是快乐的，发现知识间的联系、使知识系统化结构化也非常快乐，应用知识解决实际问题时感受知识的价值则更是快乐。因此，孩子应确立学习是快乐的信念，孩子应带着喜悦的期盼开始学习，在学习过程中尽享知识的甘甜滋润，而在学习结束时应感到意犹未尽、恋恋不舍。真正的学习使整个学习过程变得津津有味、充满乐趣。家长应当将这种感觉在日常生活中传达给孩子，并不断进行升华。

真正的学习是快乐的，快乐的学习使人振奋，主体的能动性得到充分发挥，大脑处于激活状态所产生的活性物质使神经网络易于接通，因此，知识信息易于接受、储存、加工和提取。也就是说，此时大脑处于最佳学习状态，学习效率最高，学习效果最好。

学习方式的更新，关键是学习观念的根本转变、学习策略和方法的创新。学习当成是一种享受、学习是快乐的是学习观念的根本转变，也是提高学习效率和成绩的关键。

5. 让孩子在玩中学，在学中玩，在学中乐

父母和老师都要想方设法开发自己的想象力，创新学习的方法，引导孩子在玩中学、在学中玩、在学中乐。我曾在一本书的封面上看到一句话："世间的事都是游

戏，游戏做得精了，就成了事业。”说这句话的人真是天才。家长必须知道，在孩子心中，一切都可以是游戏。

常见的培养孩子观察力的方法有：拿别针、发卡等一类的小东西在孩子的眼前晃过，然后，让他说看到了哪几样东西。这种游戏非常简单也非常有效。做游戏看似在玩，其实在玩中孩子知道了物品名称，又提升了观察能力。我孙子5周岁时，我教他组装电动机、电风扇，他看到自己亲手组装的电风扇转起来后，十分开心，非常兴奋。接着我启发他，假如把电风扇的风叶变成一个轮子，在另一端再装上一个同样的轮子，它能转吗？他说：“能转起来。”接着我又问他：“根据这种装置你能造出新的车子吗？”他动了下脑筋说：“能变成汽车。”我告诉他：“这种车就叫电动汽车。”紧接着我又问他：“还能造别的车吗？”他说：“可以造电动自行车、电动垃圾车、电梯等。”在组装电动机、电风扇的实验游戏中，他知道了电风扇原来是这样制造的。他发现了电风扇、电动自行车、电动汽车之间的联系，这对满足他的好奇心、培养他的动手能力、培养他的思维能力，对激发他学习电学的兴趣作用是很大的。我还跟他玩用磁力开关、平衡开关控制电路变魔术的游戏，他学会后就变给家人看，家里人表扬他真棒！他更是开心，接着又要我教他其他的玩法，他始终兴趣盎然。游戏是孩子的天性，如果孩子被剥夺了游戏的权利，他的人格会受到伤害。然而父母却常常把学习与游戏对立起来，认为游戏会影响学习，会玩物丧志。其实不然，游戏也是孩子生活的重要组成部分，在游戏中，孩子可以学到书本上学不到的东西，启迪智慧。父母可以从中培养孩子的兴趣，开发孩子的潜能。

6. 让孩子反复练习，称赞孩子的微小进步

孩子小的时候，对什么都感兴趣。孩子天生都是喜欢学习的，在家里什么东西都要动手摸摸、用眼睛看看。稍大一点的时候，就喜欢到外面去，走走看看，满足他探究学习的需求，学习兴趣很浓。由此可见孩子天生是喜欢学习的。

随着孩子长大，为什么在学习新东西的时候兴趣渐渐减退，甚至产生恐惧感呢？究其原因是家长或老师在孩子学习的时候，指导不力、练习不够、要求太高、指责太多，从而导致孩子学习兴趣渐渐减退，严重的产生学习恐惧。

我亲眼看过一个乒乓球教练训练10岁左右的小男孩练习左推右攻技术，小男孩打几个球就要挨教练骂，再打几个球，教练又骂几句，甚至还摆出动手打的姿势。打了几天球，这个小孩就不来学打乒乓球了，因为他对乒乓球已失去兴趣。

但在扬州五环乒乓球馆，我看到了另一番景象。张教练在教小朋友打乒乓球时，先是自己示范，并告诉小朋友一个动作定型至少要3万板，然后让小朋友跟着

练习,在练习过程中,小朋友每打出一个好球,张教练就竖起大拇指说:“打得好!打得好!”就这样一边打、一边表扬、一边鼓励,小朋友打得十分认真、非常开心,打球兴趣不断增强,打球水平不断提高。

孩子觉得这事做起来很容易,做的时候就产生了愉快的感觉,再加以表扬、鼓励,孩子的学习兴趣就产生了。

孩子在刚学写字时,肯定是写得好的字少,写得差的字多。父母的正确做法是,对写得好的字多次加以肯定、表扬,这样孩子写字的积极性就会高涨,写的字就会越来越漂亮。

写作文是孩子通常都觉得难的事情。开始写得语句不通、有错别字、像流水账是极其正常的现象。如果见到这种情况父母就不断地批评、指责、否定孩子的作文,甚至认为孩子不是写作文的料,这样下去,孩子写作文的兴趣就很难培养。我儿子 5 周岁上小学一年级,到三年级开始写作文的时候,先是觉得无话可写,后来能写几句了,但就像流水账一样。面对这种情况,我首先告诉他:写作文是不难的,你是一定能写好作文的,并指导他:小学生刚开始写记叙文多,写这种作文就是将做事前怎么想、怎么准备,事中是怎么做的、做的时候遇到什么困难、发生了什么难忘的人和事等,事后有什么感想写出来就行了。然后选择几个常见的作文题目让他进行练习。当发现他作文中比较好的句子,就很夸张地对他说:“这句话说得真好,太妙了!”第二天,我再夸他其他的作文:“这个词用得好,这个句子很优美!爸爸、妈妈发现你很有语言天赋。”慢慢地儿子开始喜欢写作,他最初的动力是写这些可以获得爸爸、妈妈赏识,最后他写出了快乐,从读研开始他发表了不少论文。

我们需要做的是通过对孩子外在行为给予确认、表扬,把孩子做这件事本身的快乐激发起来。无论什么人,受激励而改过是很容易的,受责骂而改过比较而言是不大容易的。小孩子尤其喜欢听好话,不喜欢听恶言。

7. 引导孩子学会学习

成功是有方法的。教育心理学家卡尔·罗杰斯说过:“真正受过教育的人是学习过如何学习的人。”爱因斯坦总结自己获得伟大成就的公式是“成功 = 刻苦努力 + 方法正确 + 不说空话”。德国哲学家笛卡儿也曾说过:“最有价值的知识是关于方法的知识。”古今中外无数事实已经证明:科学的学习方法将使学习者的学习效率得到提高,使他的才能得到充分的发挥,越学越会学、越学越想学、越学越聪明。学习效率的提高、学习能力的提升,给学习者带来信心的增强,体验到学习的快乐,同时用节省的时间再去学习更多的东西,参与更加丰富多彩的活动,使学习进入良性状态。而不得法的学习，学习效率低下，会阻碍才能的发挥，越学越累、越学越怕学、越学越厌学，使学习步入恶性循环的状态，给学习者带来的是压力和烦恼。

学会学习的人，是掌握学习方法和学习规律的人。学习规律就是学习过程中反映出的各事件之间的内在的必然联系。研究学习规律，即揭示学习过程中的各种现象的实质，揭示学习的内在机制。具体讲，就是研究学习是如何进行的，学习过程及影响条件是什么。要帮助学生掌握学习规律，首先要把握学习的实质，因为学习规律的研究是以学习实质的理解为基础的，虽然人们都在从事学习活动，但这一点对于没经过辅导的家长是很难做到的，很多家长本身就不会学习。

我从事中学数学教学 6 年、中学物理教学 35 年，在学校担任过教导主任、校长等职务。因工作需要，我参加过华东师范大学教育管理专业本科和南京师范大学马列主义思想传播专业研究生班的学习，系统学习了教育心理学、教学法指导、传播学等课程；在中国学习能力研究院参加了能力指导师培训、思维导图训练师培训、情商训练师培训、亲子沟通指导师培训、家庭教育高级讲师培训；参加教育教学高层次论坛 100 多场。经过系统的学习，我切实感觉到学习是有规律的，学习是需要掌握方法的。不少人学习成绩不良，是因为他们不会学习，使学习处在低效状态。在学校督导听课时我发现，有少数老师自己都不会学习，所以他也无法给学生做科学的学法指导。教不得法、学不得法，若再遇上不懂学习方法的家长，孩子学会学习方法的可能性就很小，学习成绩不良的可能性就很大。好的学习方法会让学习事半功倍，如我撰写的关于并列结合学习法在物理概念学习中的应用的论文就让很多老师、学生受益；我在学校推广的“用思维导图记忆”“用图像法记忆古诗词”“用思维导图写作文”等方法也都是提高学习效率的好方法，深受师生赞赏。

家长的任务是告诉孩子规则，引导孩子进行思考，让他们找到适合自己的方法。任何一个学习好的人肯定都已找到了适合自己的好的学习方法。孩子能否在学校取得优异的成绩，主要由孩子的学习兴趣和学习能力所决定。孩子是学习的主体，父母只是外部因素，然而这个外部因素对孩子的学习非常重要。好的父母应当对孩子的学习观进行有效引领和修正，对孩子的学习方法进行指导，对孩子的学习兴趣、动力不断进行开发，让孩子始终在充满信心和热情的状态下，用先进的学习方法乐此不疲地学习。

8. 建立孩子的学习自信 培养孩子学习兴趣

建立孩子学习的自信心，可以培养并增加孩子的学习兴趣。在学习过程中，如果孩子经常说“我不行”“我从来没做过”“老师没讲过”“我不会”“做错了别人笑我怎么办”……那么这是个缺乏自信心的孩子。一个不自信的孩子，总是表现出被动、迟疑、退却、唉声叹气，对自己的能力充满怀疑，这样的孩子很难对学习有兴趣。对于这样的孩子，要培养他的学习兴趣，首先要培养他的学习自信心。怎样培养孩子的学习自信心呢?

一是父母或老师要给予孩子以肯定的评价，和孩子多沟通、多交流，建立平等的学习伙伴或朋友关系。在孩子取得成绩时，要及时给予肯定和表扬；在孩子经过努力未能取得满意成绩时，要给予鼓励和帮助；当孩子稍有失误，或孩子的成绩不够理想时，父母要相信孩子，鼓足孩子士气，帮助他分析原因，想出办法，帮助他提高。无论何时，父母都不能指责孩子这也不行、那也不行，更不能对孩子进行打骂。如果孩子在幼儿期、童年期的成长过程中，总是在父母的责骂、否定中度过，就很难体会到成功的喜悦，久而久之他就觉得自己什么也不行，什么也干不好，进而怀疑自己的能力，最终形成一种自卑的自我评价系统。因此允许孩子失误，甚至失败，是天下每一对父母都应当拥有的最起码的宽容。如果孩子未取得成功，应先肯定他所付出的劳动和努力，找准未能成功的原因，指明努力的方向，千万不能对其全盘否定，以保护他的自信和热情，使他看到自己的成绩，看到自己的不足，更看到自己的希望，进而激发起再出发的积极向上的巨大精神力量。

二是用发展的眼光看待孩子。要爱孩子，要尊重孩子，要赏识孩子，要用发展的眼光看待孩子。一个小孩子在整个学习过程中，有失误，有起落，有失败，有时有厌学情绪，有时动力不足等，这都是再正常不过的事情。家长要用平常心看待孩子，要用发展的眼光看待孩子，要用赏识的眼光看孩子。以我自己的做法为例：我儿子在上小学五年级的时候，有一次数学考试考了 58 分，因为考得差怕我训他，就没有让我在试卷上签字。但是，他的数学老师发现我未在试卷上签字，就打电话告诉我儿子的考试情况，并希望引起我的重视。知道情况后，我觉得他考 58 分，肯定有知识点不过关，有不懂的地方，只有补上这些知识就能提升他的成绩，增强他学好数学的信心。儿子放学回家后我就问他：最近数学学的什么内容，听得懂吗？要爸爸帮你一下吗？只字未提考试之事，怕提了会伤害他的自尊心，影响他的学习自信心。他告诉我，他们正在学习列方程解应用题，他对分量、总量与比例之间的关系搞不清楚。这个知识点是小学数学的一个难点，不少学生都觉得难。了解情况后，我帮他整理了知识点，选了几道典型例题，总结出解题规律，让他顺利地突破了这个难点。在接下来的一次数学考试中，他考了 98 分，放学回家刚看到我就拿出试卷说:“老师要你在试卷上签字呢。”看到他得意的样子,我说:“我真为你高兴,我儿子真棒! 我儿子有数学天赋,继续努力!”孩子开心的时候,是教育引导他的好时机,此时教育效果最好,所以这时我告诉他:“学习上遇到问题是正常现象,有问题要主动问老师,及时把问题解决掉,只有暂时的问题,没有解决不了的问题,不能带着问题进入下一阶段学习,这样问题会越来越多。带着大量问题去考试,肯定考不好。上次没考好,爸爸是知道的,原因就是你有不懂的地方,进考场正好遇上了不懂的题目就考不出,而且带着问题考试会有点心虚,心虚了就发挥不了正常水平,这两个因素叠加就会考不好,甚至考试失常。”明白了对待问题的正确方法后,儿子数学就一直很好,初中三年的 6 次数学大考 4 次得满分,中考、高考数学成绩也很好。设想一下,如果用静止的眼光看孩子,一看到孩子的成绩不如意,就认为孩子从此就不行了、不能学好了,甚至用尖刻的语言嘲讽奚落孩子,对孩子当众讽刺贬低或故意揭短,夸大孩子的缺点,就会伤害孩子的自尊心、自信心。成长中的孩子有无限可能。你用正确的视角看待问题,用欣赏的心态对待孩子,用发展的眼光看待孩子,用科学的方法解决问题,孩子就算遇到问题,也能及时解决。如果一出问题家长就乱了方寸,用不理智、不科学的思路去看问题、解决问题,就会使问题越来越多,越来越复杂,长此以往,孩子真的会越来越差。

父母不要常对孩子说:“你看,人家××多聪明,总是考全班第一,你怎么这么笨……”常拿别人的长处和自己孩子的短处比,这样只能使自己的孩子越来越自卑。只要孩子有自己的个性特长,他在不断地努力,他就是个值得自豪的孩子。当孩子遇到挫折或失败时,父母更应该像知心朋友一样关心他,鼓励孩子,和孩子共同战胜困难。当孩子说“我不行”时,你可这样说:我不相信你不行。孩子的自我意识和自信心最初都是从成人的评价中获得并逐步发展起来的。因此,肯定、赞扬、赏识孩子,对孩子个性的形成、能力的提升有十分重要的作用。

三是让孩子不断获得成功的体验。自信心和成功是相辅相成的,孩子有了自信心,就会自主地学习,就容易获得成功。对孩子来说,更重要的是先体验到成功感,这样才容易形成自信心。因此,在孩子小的时候,放手让孩子去做,让孩子去闯,引导孩子怎样闯,才能使孩子的知识得到拓展,能力得到提升,自信心得到增强。例如,让孩子自己做功课,父母不陪读;让孩子独立从事一些有趣的活动,孩子不请求则父母不参与,使孩子在这个过程中增强自信心和责任感,培养独立的学习、活动能力。如果在孩子成功后循序渐进地提出新的目标,使孩子不断体验到成功的喜悦,这个孩子就会成为一个积极向上的好孩子。如果孩子暂时失败了,就要引导孩子理性面对失败。告诉孩子，托马斯·爱迪生说过一句名言："我没有失败过，我只是发现了一千种行不通的方法。"家长要不断优化孩子的思维，让他们以平常心对待失败，同时帮助孩子分析情况、探明原因、调整思路、重新开始，使他们知道通过努力总能获得成功。

9. 在思想上引领，在行动上示范

人的价值观的形成与父母有很大的关系。中国公安大学李玫瑾教授说："孩子的性格、脾气和价值观的树立，与孩子的家庭教育息息相关。孩子的价值观是父母唠叨出来的。"要想使孩子对学习有浓厚的兴趣，家长就要对学习有热爱之情，要有持之以恒的学习行动，要创设必要的学习条件，要对孩子有正确的思想引领，要有科学严格的要求。

首先，家里要有一个爱学习、求上进的氛围，家长好榜样，孩子学有样。大量的研究表明，人才大多出自有文化、有教养、作风民主、关系和谐、好学上进、举止文明的家庭。家长的学习兴趣，在很大程度上影响孩子的学习兴趣，从而又间接地影响孩子的学习成绩。孩子生长在一个充满学习氛围的家庭中，在潜移默化的影响下，很容易萌发学习兴趣，以至形成一种千金难买的自觉学习行动。因此，家长应率先热爱学习，形成家风，以自己的言行熏陶子女。调查表明，许多学业不良儿童所成长的家庭缺乏良好的学习氛围，家长经常约朋友喝酒、闲聊、打牌、外出跳舞，日常谈话中常有学习无用论的观点和案例。试想处于这类环境的孩子怎么可能安心学习呢？

其次，家长要积极配合学校教师的工作。国家深知人才培养的重要性，高度重视学校管理工作。为了管理好学校，国家先后出台了一系列法律法规，如每月至少一次对学校进行专项督导，定期对学校开展全面督导等，各级各类学校管理总体上是科学的、规范的、严格的。每年开学初、放假前，微信上都会广泛流传"老师上课不讲，课后讲"等文章，这是不良培训机构为给自己招生做宣传而采取的恶意攻击学校老师的行为，家长不要信以为真。家长一定要充分了解学校，理解学校工作，相信学校管理，信任学校老师，宽容学校不足，宣传学校成绩，帮助学校树立良好形象，配合学校开展工作。我在3个学校担任过校长，在2个学校担任过副校长，我在多年的学校工作实践中发现，凡是成绩优异的学生，其家长与学校和老师的关系一般都很好，他们都很关心、支持学校老师工作。因此，家长应多向孩子讲述学校的好人、好事、趣事，向孩子传达一些自己对学校的美好向往、美好回忆的信息，如在学校可以学到有价值的知识、遇上知心的朋友等，努力培养孩子对学校的美好情感。如果家长一味给孩子灌输学校生活多么枯燥无味、教师的管理如何严厉、作业的数量总是多得无法完成，对学校发生的一些事总是进行负面解读，可以想象孩子对学校的印象是什么样子。孩子会觉得学校的生活是痛苦的、教师是可怕的，容易对学校产生恐惧心理。负面的信息会影响到孩子对学校的期望，影响孩子学习兴趣的产生。

再次，家长要经常带孩子去图书馆和书店，孩子从中感受到知识的浩瀚，感受不同阶层的人对知识的渴望与追求。家长也可请学有所成者对孩子进行指导和鼓励，以此培养孩子的学习兴趣。

最后，全面拓展孩子的学习内容和方式。现在我们已经处在信息高度发达的知识大爆炸的时代，要学的内容多，学习的方式多，各路高手多。所以要让孩子确立终生学习理念，不断向书本学习，向同学学习，向老师学习，向自然学习，向社会学习，向生活学习。在学习中体验，在体验中成长，在成长中享受知识给自己带来的方便和快乐。

10. 正确对待分数，培养个性特长

每年的中考、高考成绩发布之时，每学期的期中、期末考试揭晓之际，社会上最关心、议论最多的中心话题是学生的考分，可见整个社会，尤其是家长对孩子考分的重视程度。孩子认为分数决定自己的命运，分数决定自己在家中的地位，分数决定自己的家庭是否太平。家长认为分数决定了孩子的未来，分数是家长的面子，分数也是家长之间攀比炫耀的资本。学校认为分数是学校的实力证明，又是学校发展的希望。考得好的孩子，被认为前途一片光明；考分低的，就被认为一无是处、毫无价值。所以每年高考发布分数时，都会有因成绩不如意而发生的悲剧。这种现象与人们过分夸大分数的作用，未能正确认识分数，未能正确对待分数有关。如何正确看待分数呢？考试分数只能说明孩子在某一时期对某一学科或某一部分知识的掌握情况，只能反映孩子的部分能力，只能影响孩子一段时间的发展路径、方向和速度，绝不是一次成绩定终生。

美国心理学家吉尔福特提出的智力三维结构模型最初包含120种智力因素。1977年他在《改善智力和创造性指南》中将组成智力结构的不同因素由120种修改为150种（$5\times5\times6=150$）。1988年，他又将记忆区分为“记忆记录”和“记忆保持”，这样智力三维结构模型含有的多种因素组合起来，就得到了$5\times6\times6=180$种不同的智力因素。因此，人的智力在理论上有180种，这些不同的智力能够通过不同测验加以检验。例如，让被试者重新组合一系列四个字母，如要求将PIAS、

FHKY、DSEL重组成常用单词FISH、PLAY、DESK等。在这个测验中，智力活动的内容为符号，智力操作为认知，智力活动的产物为单词，这样就可以根据个体重新组合字词的数量了解一个人的符号认知能力。

吉尔福特的三维智力结构模型的理论考虑到智力活动的内容、过程和结果，对推动智力测验工作起了重要作用。1971年，吉尔福特宣布经过测验已经证明了三维智力模型中的近百种能力。这一成就对智力测验的理论与实践无疑是一个巨大的鼓舞。

吉尔福特的智力三维结构模型把智力活动的内容、操作和产物有机结合，极大地促进了智力测验研究工作的深入开展，特别在教育实践中使教师和家长能够有效区分学生智力的优势与欠缺，为因材施教提供了理论依据。

总之，吉尔福特的智力结构理论引导人们去探索人类的智力因素，对人类认识智力结构的复杂性，把握智力要素之间的内在关系，促进心理学及其相关学科对智力进行深入探讨，具有积极的深远意义。

目前学校的考试仅能测试学生的几十种智力因素，还有很多智力因素无法用当前的考试方式测验出来。所以，老师和家长都要在教育思想和行动上有所改变。一是改变以往的人才观。在人才观上，多元智能理论认为几乎每个人都是聪明的，但聪明的范畴和性质呈现出差异。“天生我材必有用”，学生的差异性不应该成为教育上的负担，相反，这是一种宝贵的资源。我们要改变陈旧的观念，用赏识和发展的眼光去看待学生，改变以往用一把尺子衡量学生的标准，要认识到每位学生都是一个天才，只要我们正确地引导和挖掘他们。二是在教育教学方法上，多元智能理论强调应该根据每个学生的智能优势和智能弱势选择最适合学生个体的方法。按照孔子的观点就是要考虑个体差异，因材施教。“因材施教”由孔子创立，并已在个别教学环境下成功地实施，我们要继承这一珍贵的教育遗产，在运用多元智能理论的前提下，更好地实施。我们要关注学生差异，善待学生的差异，在教学中，根据学生的差异，运用多样化的教学模式，促进学生潜能的开发，最终促进每个学生都成为优秀的人才。三是教师和家长要改变自己的教学目标。在教育目标上，多元智能并不主张将所有人都培养成全才，而是认为应该根据学生的不同情况来确定每个学生最适合的发展道路。通俗来讲，多元智能理论不是让学生“千军万马过独木桥”，也不是简单地要求给学生多架几座桥，而是主张给每个学生都造一座桥，让“各得其所”成为现实，要牢固确立“每个孩子都能有所学，学有所得，得有所长”的观念。人是手段，更是目的，教育的价值除了为社会培养有用之才，更在于发展和解放人本身。

读到这儿你可能内心平静了一些，知道该怎么做了。

如果孩子平时成绩尚好，是一时出了问题没有考好，家长就应当分析孩子出问题的原因，然后根据原因，制定改进方法，实施新的方法，让孩子重新回到正常轨道。孩子成绩差的原因可以从以下几方面进行分析：一是非认知因素方面。有可能是孩子近期对学习没有兴趣，缺乏取得好成绩的强烈动机；家里、学校的某些原因导致孩子情绪波动较大；孩子的毅力不够，缺乏持之以恒的坚持精神等，这些都会造成孩子成绩变差。二是基础不牢。如理科知识体系建构方式的特点是前后知识联系紧密，相关度很大。如果前面知识掌握不牢，后面的课可能就听不懂，习题就没法做，考试肯定出问题。三是学习方法不当。学习是需要方法的，对学习方法的掌握是学习的重要内容之一。不同的学科，有不同的学习方法，也有共同的学习方法。当接触一门新学科或进入新的章节时，都要弄清学好本内容的方法。方法得当，事半功倍；方法不当，越学越累。四是学习专注度不够，注意力不能高度集中。孩子目标不明确，内心不坚定，想法太多，注意力变化快，精力分散，会导致成绩不好。五是学习环境的影响。有的家庭每天晚上不是看电视就是打麻将，或者是喝酒聊天甚至吵架，从不过问孩子学习。有的家庭虽然孩子有独立的学习空间，但是爸妈总是不停地给孩子送喝的吃的、问这问那，顺便查看一下孩子有没有分神，这种做法也易引起孩子反感，干扰孩子的学习。六是孩子身体不适，如生病、受伤等，影响考试水平发挥。七是教师调整，孩子不喜欢新的老师，从而不喜欢听老师讲的课，导致成绩下降。八是孩子已有考试焦虑现象。例如因以往的考试成绩不良，曾经被同学嘲笑、被老师批评、遭到家长责骂，心理上留下阴影，导致临近考试学习就不在状态，睡眠也不好，进入考场就心慌，生怕考不好，以致恶性循环。

如果孩子智力正常，学习比较勤奋，成绩却总是一般，这时家长就要考虑孩子的潜能与考试所能检测的能力因素可能不一致，绝不是孩子低能，更不是孩子无能。此时，家长就更要多点心眼，要多用点心，方可有“柳暗花明又一村”之新天地。正如著名企业家曹德旺所说，做事要用心，有多少心就能办多少事，就会有多少收获。此时家长一定更要有爱心、平常心、包容心、细心、专心、决心、恒心，绝不能灰心，更不能死心。家长要用你的慧眼去发现孩子的潜能，用你的爱心去温暖孩子的身心，用你的双手去挖掘孩子的潜能，用你的付出去提升孩子的能力，用你独特的方法去造就你独具个性的孩子。若家长觉得自己专业性不够，可请专业人员协助，共同寻找孩子的特长，开发孩子的潜能。家长要坚信天道酬勤、功夫不负有心人。

11. 教导孩子夯实基础，增进孩子学习兴趣

万丈高楼平地起。基础没有打牢，知识的大厦是无法建得牢固的。在小学阶段，不同孩子之间的学习差异没有多大，主要原因是此时知识容量小，考试相对简单，重点是培养学生的学习兴趣，使之形成良好的学习习惯。初中阶段，知识量大幅度增加，难度加大，又遇上孩子的青春期，学生成绩分化较大。初中阶段是人生的重要阶段，如果各种基础打得实就能顺利度过这个学习阶段，为人生的发展奠定坚实的基础。下面以初中数学为例谈谈夯实基础的重要性和做法。

谈夯实基础，首先要正确认识基础。数学的基础主要是指“四基”，即基本知识、基本技能、基本思想、基本活动经验；“四能”，即发现问题能力、提出问题能力、分析问题能力、解决问题能力。不少孩子从小学升到初中后，还以为基础就是所谓的知识点，由于认识的局限，导致学习不全面、不到位，以致成绩不良。没有基础，何来进阶？知识体系环环相扣，没有坚实的基础，你的知识体系只会是漏洞百出，学习时只懂表面，不懂原理；会做一题，题型稍稍变动又不会做了。可以说同学们在学校学习的每一个学科的知识都是循序渐进的，从最基础的知识逐渐延伸到难度系数大的知识，基础知识是重难点知识延伸的基础，所以同学们想要学好一门学科，就一定要学好这门学科的基础知识，只有学好了基础知识，同学们才能够在这一门学科上取得一个好成绩。比如，中考数学的压轴题，其实都是将一堆基础知识点集中于一题，是基础知识的升级题、变式题、综合题。没有基础，何来高分？对于一门考试来说，基础知识在整张试卷中所占的分数比例达到70%，中档题为20%，难题为10%。只有基础知识这一部分得到的分数比较高，你才可能取得较高的分数。比如，中考数学满分150分，其中基础知识高达105分。不管中档题、难题解得好坏，基础知识的105分必须保证少丢分。

为了更好地学好基础知识、夯实基础，可以从以下几个方面着手：

一是基础知识形成体系。既要重学习过程，提升自己的学习能力，也要重结果的掌握，记牢知识、技巧、思路等。对于老师的板书，首先要抄下来，接下来不要去想着怎样记住，而是要去思考老师为什么这样书写板书。其实不仅是老师的板书，对于身边的辅导材料，包括教材，都要这样分析，形成习惯。

二是基础知识学会拓展。理解是记忆的基础，记忆是理解的必然，理解和记忆对学习都是十分重要的。新的知识都是在学习完基本概念后去整体地延伸的，所以可以说基本概念就是同学们解题的关键所在。往下学就是学习解题的思路和方法。在学习基础概念的时候要彻底地学透彻了，不要学一个表面的基础知识就以

为自己懂了。如果对于某一个知识点没有深层次的理解，是不可能做到有效拓展的。

三是应用方法学会总结。要熟练掌握不同知识点在相应场景中的应用情况。审题时，学会将重点信息从场景中提取出来，排除无关信息的干扰。

四是基础应用练到流畅。重应用的同时可以强化对知识点、解题思路、做题技巧的掌握。当对知识点的表述和应用都很流畅了，其实就代表知识点已经被熟练掌握了。在数学中考中，基础题 105 分要一分不失，中档题分 30 分要尽量全得，难题 15 分力争多得。夯实基础知识是取得高分的重中之重，基础的扎实带来学习的顺畅，保证考试的顺利。一次又一次的好成绩，必将促进孩子兴趣的提升。

12. 引导孩子掌握应试技巧

学得好不一定就考得好。每年中考、高考都有考试失利学生出现就足以说明这一点。学得好又能考得好，甚至能超常发挥，实际上是需要考试技巧的。

调查表明，高考期间，16.8%考生反映有头晕的感觉，25.4%的考生有严重的心理障碍，考前坐立不安的占 50%以上。对考入北京大学的 51 位状元的调查结果显示，在影响高考成绩的 20 个因素中，排在前四的因素为：考场心态，考前心态，学习方法，学习基础。考前营养、睡眠时间、人际关系也很重要。

（1）考场心态

如果平时没有在考试中进行心理调适训练、时间分配训练，就容易在高考时不能合理分配时间，做前面的题目耗费了过多的时间，到后面的时间不够用，看着自己会答的题目却没有时间下手，这时候极容易出现心理焦虑，严重的会干扰解题思路。紧张、心态失衡会让考生无法保持冷静，不能从容不迫地答题。这时即使知道答案也很可能写不出来，会出现“话到嘴边却说不出”的现象。

相反，轻松、平和的心态让考生能够正常甚至超常发挥出自己的水平。要做到这一点，就要求学生能够在平时针对中、高考进行充分的训练，通过各种模拟考试总结经验，把握心理的平衡点。

学生进入考场参加考试，情绪紧张是正常现象，也是必需的，关键在于强度适当。极低度的兴奋和紧张，甚至对考试抱无所谓的态度，不能引起考生对考试内容的高度注意，从而导致作答速度缓慢；但高度的紧张又会导致考生怯场，甚至害怕考试。耶克斯-多德森定律表明，中等程度的紧张最有助于取得理想的考试成绩。

如果在考场出现情绪紧张的现象，可以双眼盯住一点，或者闭上双眼，然后在心里对自己默念“放——松”。说这两个字时，同时要想象它们的含义。重复这个过程六次，有望排除紧张或怯场情绪。还有脑海中刚一出现恐惧念头，就要在内心断喝“停止”，这时不妨加上一个动作强化效果。一旦意识到自己怯场，就用深呼吸方法进行调整，做一次长而慢的深呼吸，吸气时缓而平静，呼气时慢而深沉，做两三次可有效缓解紧张情绪。慢慢地喝一点水让自己清醒一下也是一个好方法。还可采用积极心理暗示的方法，提醒自己：我已做好充分准备，我能考出好成绩。

（2）考前心态

心理学上认为，认知指导行为。一个人对中考、高考的认知会像指挥棒一样指挥他的一言一行。要是能够清晰认识到学生对中考、高考有什么看法，很多问题都可以迎刃而解。

作为学生，自己要正确认识考试。①考试最常用的功能就是检验学生的学习成果，考查学生达到学习目标的程度。②鼓励学生学习。根据心理学研究可知，每个人都有争取达到理想目标，力争超过别人并取得优势地位的愿望和动机，这也就是我们所说的竞争意识。考试成绩名次靠前的学生会产生一种成就感，这种成就感是促进他们继续努力的强大动力；名次落后的学生也会感受到自己与别人的差距，会产生发奋努力的愿望，这些都是考试的激励作用。③促进学生发展。促进学生发展是考试所具有的最重要的意义，也是考试的根本目的所在。通过考试，学生可以获得大量的相关反馈信息，能够了解到自己的不足及其原因，找到自己在学习过程中存在的问题，从而继续努力，最终得到提高。④考试成绩只能决定自己一个阶段的发展路径和前景，而不能决定自己一生的命运，只要不断进取，成功就会向自己招手。要相信天生我材必有用。⑤做好充分准备，对考出好成绩有足够信心。⑥若试卷难度很大，别紧张，要提醒自己：大家都是统一试卷，我难，大家也难，可我不畏难。

家长不能给孩子加压。一是不能在考前给孩子定不切实际的目标。家长不可将自己的梦想强加给孩子，更不可要求孩子必须考上名校。要知道最后成才的不一定都是名校毕业的。要给孩子留后路，孩子有了这种心理准备，在考场上才能轻装上阵，把应有的知识水平充分发挥出来。破釜沉舟不留后路，用在打仗上是可以的，但用在孩子的考试上是绝对不行的。二是家长不要过度紧张。对于重要的考试，有些家长的紧张程度可能超过孩子，这种焦虑又传给孩子，会加重孩子的紧张情绪。所以在大考前，家长要表现出大将风度，内心平静，言语平和，轻松自如，不谈考试，给孩子营造一个良好的考试心境。

（3）学习方法

掌握好的学习方法会提高学习的效率，学习成绩的飞速进步会增加学生的自信心，这份自信最终会被学生从平时的学习中带到最后的中、高考考场上。好的学习方法往往意味着学得更多、更深，掌握得更好。有好方法的学生往往对知识把握得最牢靠，也运用得最灵活，最后也会在考场上发挥得更好。学习方法的好坏在一定程度上也决定了解题思路的优劣。好的方法，最大的特点就是既实用又简单。对考试而言，言简意赅地回答出试题是一种优势，答题又快又好，才能在考场上抓住更多的分数。

好的方法来自老师的学法介绍，来自自己的经验总结，来自学习优异同学的现身说法。不重视学习方法的优化，不但学得累，还会影响考试成绩。例如对于物理学科的学习，就要重视对物理概念的理解掌握，熟练掌握物理公式、单位、应用，特别关注知识点在生活、工作、科技等方面的应用，注重知识点间的前后联系，做适量的练习，经常进行一题多解、一题多变、举一反三、举三反一等思考训练，把握知识点的各种考法并提高熟练程度，不断进行总结，使知识系统化、结构化，使知识与习题、与应用无缝对接。

（4）学习基础

学习基础对学生而言非常关键，这是学习的起点和立足点。只有打下扎实的基础，才能一步步更加深入地学习下去。基础为学习搭建一个大的舞台，所有的高深知识都是在基础上面慢慢地被理解、被吸收的，所以说，没有基础，就没有学习。基础决定学习效果，学习效果在成绩中得到体现。

在学习初期，当孩子的成绩欠佳时，就要及时分析原因，分清是知识问题、能力问题，还是习惯问题、态度问题；若是知识问题必须及时补上，若是能力问题要进行强化训练，若是习惯问题需要进行培养，若是态度问题需要进行端正。“基础不牢，地动山摇”，基础出了问题，孩子会越学越累，最后兴趣全无。

（5）考前营养

摄入充足的营养。复习考试是一项极其复杂的脑力劳动，需要摄入更充足合理的营养以供给大脑。“废寝忘食”只强调了意志在学习中的作用，却违背了人的生理规律，所以在复习考试时不宜提倡。

合理安排膳食。一日三餐不仅要定时定量，更重要的是要保证营养的供应，做到膳食平衡。一日三餐的热量，早餐应该占 25%～30%，午餐占 40%，晚餐占

30%～35%。早餐是我们一天中最重要的一餐，它能影响大脑整体的运作。营养专家建议，早餐应包含高蛋白质和淀粉类的食物，如牛奶、鸡蛋、水果、麦片、面包等食物，高蛋白的食物可唤醒你的大脑，而淀粉质的食物则可提供大脑所需的葡萄糖。午餐应适当多吃一些，而且质量要高。主食可以吃米饭、馒头、玉米面发糕、豆包等，副食要增加些富含蛋白质和脂肪的食物，如鱼类、肉类、蛋类、豆制品等，以及新鲜蔬菜，使体内血糖继续维持在高水平，以保证下午的工作和学习。晚餐要吃得少，以清淡、容易消化为原则，最迟要在就寝两个小时前进餐。如果晚餐吃得过多，并且吃大量含蛋白质和脂肪的食物，则不容易消化也影响睡眠。

备考阶段，考生家长一定要注意考生的饮食卫生，不要给考生吃剩饭剩菜，吃水果一定要洗净，可以在淡盐水中浸泡一会儿，不要给考生吃太多生冷的食品，以免考生出现肠胃不适、腹泻等症状，影响考生的备考状态。

考生应尽量少服用那些所谓的营养滋补品、保健品。考生要是不能很好地吸收、适应这些保健品的话，很可能会适得其反，容易导致腹泻、过敏、感冒、上火等病征。要是确实需要服用，要注意适度，不要滥用。

考前食谱忌大变，饮食最忌减主食，咖啡会导致尿频，零食忌选坚果类。考前早餐不要吃含糖量低且利尿的水果，应吃含钾量高的水果，如香蕉和桃；多喝些葡萄糖水或吃一块巧克力，这样可增加热量，有助于提高自己的注意力、记忆力和兴奋度。

(6) 睡眠时间

有些考生为抓紧时间多学知识，剥夺部分睡眠时间，这是一种极其愚蠢的做法。睡眠可以消除疲劳，防止大脑因活动过度而产生抑制，而且可以为新陈代谢补充营养，使人注意力集中，提高记忆效率，让人思维敏捷、想象力丰富，所以复习越是紧张，越要保证充足的睡眠。在复习考试期间，每天必须睡足 8 小时。

孩子中、高考前失眠怎么办?

越临近中、高考，各位考生和家长越感受到大考将近的氛围。在最后的冲刺阶段，“睡觉”也成为一门学问。有些考生因为压力过大而紧张失眠，该如何调整呢?一是做好考前准备。把文具准备好放在书包里，让自己潜意识有那种即使起晚了也没关系、拎包就可以走的感觉。充分的准备，会减轻自己对考试的焦虑。二是转移注意力。越想着要睡着就越是睡不着，当你想着别的事情的时候，反而能轻易入睡。睡不着的时候不妨读读书，把声音读出来，或者看看笑话、听听音乐，在你专注其他的事情的时候，你很快就睡着了。三是保持平常心态。每个考生不要刻意去关注自己睡得好不好，在面临大考之时，困了就睡，不困就学。心里应想着，反正睡好睡不好不是什么大事，躺在床上睡得着就睡，睡不着就起来翻翻书，但不能看小说或武打片一类刺激性的书籍。有了这种平常心态，把过分关注睡眠的念头扔掉，大脑反而变得平静安宁，会很快进入梦乡。四是保持规律的生活起居。每个考生都要养成起居有时、劳逸结合的好习惯，这样做有利于大脑皮层兴奋和抑制的调节，使生物钟正常地运转，到入睡时便能睡意袭来，安然入睡。即使在考前的晚上真的没睡好，清晨起来，你只要洗洗脸，提提神，活动活动身子，吃好早餐，带着微笑走上考场，照样会考出好成绩。五是莫因一夜没睡好而忧心忡忡。不少考生认为睡不好脑子会变笨，记忆力会下降，学的东西容易忘掉，甚至认为身体都会因此垮掉。其实，这是杞人忧天。所谓"真的睡不好"多是自己主观臆造出来的，即心理学中说的主观失眠。心理学家对睡眠进行剥夺实验后发现，即使真的一夜没睡，对第二天人的身心活动也基本没有什么影响。因此，不要过分夸大主观失眠的害处，自己吓唬自己。六是勿把做梦当成坏事。有些考生认为睡觉时做梦就是没睡好，为此而焦虑不安。殊不知，人人都会做梦，这是一种正常的生理现象。研究表明，梦境多出现在深睡阶段，这意味着做梦时正是睡得好的时候。做梦有利于清除脑中杂乱无章的东西，对大脑是有益的调整，还可消除疲劳。所以，不必为做梦而揪心多虑。七是坚持适度的有氧运动。考生不可天天只顾埋头学习，应根据自己的体质状况选择喜爱的项目，如快走、慢跑、打球、跳健身舞、游泳、登山、骑车等，持之以恒地进行锻炼。运动可以帮助调整情绪，使你在学习时头脑清醒，对防治失眠也大有裨益。八是利用器材缓解压力。现在科学发达，有很多高科技产品辅助精神放松，如体感音乐放松疗法，就是以缓解精神压力为最终目的，通过从音乐中提取的16～150 Hz 的低频谐振，可以让身体感受到音乐，达到全身放松的目的。每天使用 15 分钟，就能感觉精神放松、睡眠好转，对高考期间的紧张、抑郁、失眠、焦虑、恐慌有着很好的疗效。

案例 4-11：

中、高考前缓解失眠小妙招

醋泡脚

睡前在温水中加入少量醋泡脚，一边泡脚一边按摩，可以活络经气，协调神经的兴奋程度，调节紧张的神经，调和经络气血，通达阴阳，改善睡眠质量，治愈失眠、多梦等睡眠障碍。

梳头按摩

睡前用手指梳头可以刺激、按摩头皮，疏通脑部血液，止痛明目，促进大脑思维，提高记忆力，减少脱发，消除大脑疲劳；按摩头部、耳部、面部、肩颈，推摩胸背部、腿部，交替搓脚心涌泉穴，双手叠掌按摩腹部，都有助于提升睡眠质量。所以睡前相互按摩或者自我按摩是一种不错的改善睡眠的方法。

适量运动

散步、搓脚都能促进血液循环，舒经活络，让人更快更舒适地入睡。

饮食调理

核桃

在临床上，核桃被证明可以改善睡眠质量，因此常被用来治疗神经衰弱、失眠、健忘、多梦等症状。具体吃法是配以黑芝麻，捣成糊状，睡前服用15克，效果非常明显。

燕麦片

燕麦含有丰富的N-乙酰-5-甲氧基色胺，煮一小碗燕麦，加少许蜂蜜混合食用，对改善睡眠是再合适不过的了。同时燕麦片能诱使产生褪黑素，一小碗就能促进睡眠效果，如果大量咀嚼燕麦片，效果会更佳。

葵花籽

葵花籽含多种氨基酸和维生素，可以调节新陈代谢，改善脑细胞抑制机能，起到镇静安神的作用。

蜂蜜

蜂蜜含有葡萄糖、维生素以及镁、磷、钙等物质，能够滋润神经、调节神经系统，从而起到促进睡眠的作用。睡前将一汤匙蜂蜜加入一杯温水中冲服即可有效改善睡眠。

红枣

红枣性温、味甘、色赤、肉润，具有补五脏、益脾胃、养血安神之功效，对气血虚弱引起的多梦、失眠、精神恍惚有显著疗效。具体吃法是取红枣去核，加水煮烂，加冰糖、阿胶文火煨成膏，睡前食1～2调羹。

（7）人际关系

人际关系的好坏，直接影响学生的身心健康，尤其在中、高考临近的时候，人际关系变得更加敏感起来。这时的人际关系直接影响中、高考的成绩：良好的人际关系为中、高考创造良好环境；而恶劣的人际关系影响决战中、高考的心情。为了保持最好的身心状态，学生就要维持好自身的人际关系。

首先，是维系好师生关系。教师对学生都抱有期望和要求，这种期望和要求会随着中、高考的接近越发强烈，给学生和老师都造成不小的压力，同时也让师生关系变得敏感起来，稍微处理不当就会影响到复习备考的有序进行。无论是德高望重的老教师，还是刚进入学校的年轻教师，都值得学生尊重和感恩，因为他们是传道授业解惑的人。

有的老师性格急躁，会在不冷静的情况下出口伤人，这样对学生多多少少会造成些伤害，但学生不该因为这种“负面评价”而自暴自弃。学生虽然无法将老师改造成自己想要的那样绝对公平、公正、亲和，但可以改变自己的心态，没必要一直纠结于老师的缺点。

无论是什么性格的老师，都希望自己的学生在中、高考中发挥出色，取得最好的成绩，他们将自己掌握的知识教给了学生，每天都在引导和盼望着学生不断进步。如果老师身上真的有学生都无法忍受的缺点，应该向学校反映、与老师做沟通，争取老师的改变，努力建立起互相尊重、民主平等的师生关系。

其次，要维系好同学关系。面临中、高考，很多同学都会倾诉感到“孤独”，因为身边的同学既是战友又是对手。激烈的竞争给学生造成很大的心理压力，很可能会使原本亲密的同学关系变得疏离，说话总是小心翼翼，唯恐一不小心就泄露了自己知道的中、高考信息；遇到不会做的题，问问题的学生怕遭到别人的拒绝，被问到的学生也尽可能地点到为止。中、高考让同学之间的关系变得沉重，也变得漠然。

在这种情况下，更加需要珍惜和同学之间的友谊，要知道大家都处在紧张的升学压力之下，难免会出现摩擦和矛盾。面对一些无心的伤害，要学会宽容和体谅，学会换位思考。

再次，要维系好亲子关系。中、高考对每一个家庭而言，都是一件非常重要的事情。几乎每一对父母对孩子都会有非常大的期望和要求。在关系着孩子前途和命运的中、高考面前，无论是学生家长还是学生自己都面临着巨大的压力，因为所有人都期望孩子能有个非常光明的未来。

通常这时候的父母会变得“啰哩啰唆”“紧张兮兮”，虽然这种行为并不是可取的，但也是一种关爱的表现。要处理好亲子关系，孩子首先要体谅和理解父母。很多家长对中、高考认识并不充分，无知造成的恐惧有时会让他们比自己的孩子更加焦虑，这时就要求学生对父母多理解、多包容，相信自己有能力完成自己的学业。

父母要尽量控制自己的言行，坚持不懂就不说，真懂也要少说，要说就说让大家开心放松的事情。

父母如果感情不和、有离婚想法的，也要等到孩子中、高考结束后办理手续，以免影响孩子的情绪。因为中、高考人生只有一次，并且时间固定，而离婚随时可以进行。

第六节　培养孩子的责任心

责任是道德的核心。中国历来重视对年轻一代进行责任教育。孔子的“当仁不让”，孟子的“舍我其谁”，顾炎武的“天下兴亡，匹夫有责”，无不彰显着对国事民生的崇高责任感。比尔·盖茨说过：“人可以不伟大，但不可以没有责任心。如果一个人有了责任心，他就会努力将每件事做到完美。”

联合国教科文组织在相关文件中指出：“教育质量大体有两项因素至关重要。一是确保学习者认知能力的发展，二是强调教育在促进学习者的创造力和情感发展以及帮助他们树立责任公民应有的价值观和处世态度方面所发挥的作用。”教育发展的方向之一，是使每个人承担起包括道德责任在内的一切责任，我们提出旨在教人“学会负责”的责任教育，是历史的必然、时代的需求。

所谓责任，是指分内应做的事，是个人或群体组织根据自身社会角色属性所应承担的职责和使命。人类社会中的每一个人都肩负着或多或少、或大或小的责任。

责任感是自觉地把分内的事情做好的心情，也就是“责任心”。从教育心理学的角度来理解，责任心是指个体经过一定的意志努力，主动去完成某项规定的任务或社会要求的较稳定的态度。

孩子的责任心是在长期的教育和个人体验的过程中逐步形成的，家长应在教育中始终把责任心教育作为主旋律，作为追求、崇尚的目标。责任教育是指通过一定的教育内容、途径、方法，培养责任主体的责任素质，以使其对承担的职责、任务和使命加以确认、承诺并履行的教育。

培养孩子的责任感，通过责任教育系列活动使孩子形成正确的国家观和人生观，形成对自己负责，对家庭负责，对他人负责，对集体负责，对祖国、社会和人类赖以生存的自然、生态、政治、经济、文化、人文等环境负责的良好心态，不断增强责任意识，培养负责任的行为，养成负责任的习惯，使孩子逐步成为自我教育、自我管理、自我调节、自我发展的主体。

一、责任教育三境界

感恩是做人的根本，责任则是做事的准则。只要你是社会上的一分子，你就有着无法逃避的责任——对自己、配偶、父母、儿女、朋友、工作、社会的责任。

“责任”一词对于我们来说并不陌生，从年幼的儿童到长大的成人，从平常的百姓到身居高位的领导，不同的人承担着不同的责任。对任何人而言，责任包含有三层含义：“知责”“尽责”“负责”。

首先是“知责”，就是要明晰责任、牢记使命。认清责任，是为了更好地承担责任。明确个人的责任，也可以减少对责任的推诿。

案例 4-12：

南京明城墙是我国保存比较完整的古城墙，也是世界上现存规模最大的古代砖城，这与它所用砖块的质量密切相关。据记载，该城墙所用砖块都是由长江中下游附近的 150 多个府(州)、县烧制的，砖的侧面刻着铭文，除时间、府县外，还有 4 个人的名字，分别是监造官、烧窑匠、制砖人、提调官(运输官)。砖上刻人名的用意，用现在的话来说，就是职责分明、责任到人。参与人员的名字都刻在砖上，清清楚楚、一目了然，一旦出现问题，谁也赖不掉。无论监造官、提调官，还是烧窑匠、制砖人，哪个环节出了问题，都要被追究责任。这就使得参与人员丝毫不敢懈怠，都尽职尽责。正因为责任清楚，才保证了城砖质量上佳，使南京明城墙历经 600 多年的风雨，依然巍然屹立。

清楚自己的责任，才知道该如何承担责任。无论我们身在何处，都有一份责任，社会、国家、企业、家庭正是因为有了一个又一个成员承担起自己的责任，才得以稳定，才具有让每一个人受益的良好秩序。

其次是“尽责”，就是要尽职履责。人尽其责，是一个社会得以正常运转的基础。无论你是领袖还是百姓，无论你是教授还是农民，无论你是领导还是员工，都要自己的岗位上尽职尽责。如果全社会的人都努力地做好自己的本职工作，各行各业都会欣欣向荣、朝气蓬勃。

案例 4-13：

大连市公共汽车联营公司 702 路 422 号双层巴士司机黄志全在行车的途中突然心脏病发作，在生命的最后一分钟，他做了三件事。

第一件事，把车缓缓地停在路边，并用最后的力气拉下了手动刹车闸。

第二件事，用尽全身力气把车门打开，让乘客可以安全地下车。

第三件事，将发动机熄火，确保了车和乘客的安全。

做完这三件事后，他趴在方向盘上停止了呼吸。

即使在生命垂危时，黄志全也不忘自己的责任，不忘对乘客所担负的责任。他在生命的最后一分钟里所做的一切并不惊天动地，却是有责任心、有使命感的人的榜样与骄傲。

每个人都应该尽职履责，忠于职守，干一行爱一行，钻一行精一行，在自己的岗位上努力创造出一流业绩。

第三是“负责”，就是要勇于负责、主动担责。一定程度上说，负责与否决定了你人生能否成功。如果不想拿自己的人生开玩笑，就应该主动负责。

主动担责是成功者必备的素质。大多数情况下，即使你没有被正式告知要对某事负责，也应该努力做好它。当你尝试着主动负责时，你会发现自己受益匪浅：在精神上获得了快乐和自信，在物质上获得了丰厚的报酬。如果你真正想让自己不断进步，那么，就要知责进而尽责，更要主动负责。

二、家庭开展责任教育的方法

我在学校开展过责任教育实践，教育效果很好，一些做法家长可以借鉴。责任教育是一个循序渐进的过程，我们把责任教育分为七个层次分步推进。一是以对自己负责为起点，学会自律与成长；二是以对家庭负责为原点，学会感恩与孝敬；三是以对他人负责为支点，学会尊重与帮助；四是以对集体负责为立足点，学会关心与协作；五是以对社会负责为着眼点，学会担当与报答；六是以对国家负责为核心点，学会忠诚与奉献；七是以对人类负责为制高点，学会敬畏与珍爱。在家庭中对孩子开展责任教育亦可分步推进。在孩子小的时候，让孩子在做具体的事情中知责、尽责；当孩子到小学高年级时，与孩子边做事边交流，让孩子知责、明责、负责；到初中阶段，要给孩子扩大责任范围，明确具体责任，并要求他们认真负责，引领他主动担责，全力以赴尽责。

责任心是一个人的支柱，责任心是管理自己的心锁。人生活在这个世界上，责任心是人与人之间的纽带。有了责任心，孩子才有创造的动力，才能为自己的行为负责任，为自己的人生负责任。那么家长如何培养孩子的责任心呢？

1. 教导孩子关心别人

家长可以建议孩子去帮助身边的亲人，比如给爷爷奶奶倒杯水、给姥姥姥爷洗脚，然后父母及时地给予孩子表扬。通过帮助别人做一点一滴的小事，让孩子找到负责带来的价值感及重要性，从而树立孩子的责任心。

千万不能让孩子整天过饭来张口、衣来伸手，四体不勤、五谷不分的日子。只知道索取，不知道付出，只一味要别人关心，从不关心别人的人是自私的人，是没有责任心的人。

2. 让孩子参与家庭劳动

家长平时最好有意识地分配孩子一些力所能及的家务劳动，比如扫地、抹桌子、为花草浇水、为宠物洗澡等。让孩子积极地参与到家庭生活的方方面面，让孩子感觉到他不是家里的客人而是主人，从而培养责任心。

要舍得用孩子。孩子是越用越有用，越是不用越是无用。在使用孩子的过程中让孩子知责，同时提升孩子的责任感，养成尽责的习惯。在用孩子的过程中，父母要不停地说“有个儿子真好”或“有个女儿真好”之类的话，孩子做得多了，父母说到位了，孩子的责任心自然就形成了。

3. 孩子自己的事情自己做

教育家陈鹤琴先生曾经说：“凡是孩子自己能做的事，让他自己去做。”这不仅对培养孩子的独立性、自理能力很重要，同时也培养了孩子的责任感，使孩子能对自己的生活、行为负责。相反，如果父母事事包办，会使孩子失去责任心。

4. 尊重孩子的独立人格，平等地对待孩子

绝大部分家长跟孩子说话的语气都是居高临下的，内容也总是教导孩子要如何做。事实上，孩子在上初中之后，对事情已经有了基本的了解，也有了一定程度的判断能力。对待孩子的事情时，家长应该听一下孩子的意见，采纳他们有价值的意见。家长要善于引导孩子自己选择、自己决策，父母只做一个见证人、协助者、监督者、指路人。

5. 孩子的事情让孩子自己负责任

我们的家长总是想着让孩子去干什么，而不是让孩子自己去想干什么。如果我们家长事先和孩子讲清楚他想干的事情他都要自己承担责任，那么家长就放手让孩子去做吧。

6. 让孩子承担后果

案例 4-14：

一个小学生因破坏行为受到停乘校车一周的处罚，孩子只好每天步行 1 小时上学。当旁人问孩子的妈妈为什么不用家里的汽车送他去上学，孩子妈妈的回答

让人肃然起敬："我不会送他，他应该对自己的行为负责！"孩子承担了做错事的后果，以后才会对自己的所作所为更加认真负责。

有一位男孩在踢足球时不小心打碎了邻居家的玻璃，人家索赔 12.5 美元。闯了大祸的男孩向父亲认错后，父亲让他对自己的过失负责。他为难地说："我没钱赔人家。"父亲说："我先借给你，一年后还我。"从此，这位男孩每逢假日便外出辛勤打工，经过半年的努力，他终于挣足了 12.5 美元还给了父亲。后来他在回忆这件事时说："通过自己的劳动来承担过失，使我懂得了什么叫责任。"

7. 鼓励与表扬孩子

鼓励与表扬孩子，这听起来很简单，但做起来并不容易。鼓励与表扬孩子的意义很深刻，会让孩子对自己产生肯定的态度，会让孩子在感到能力不足时增加前进的动力，会增进父母与孩子的感情。

8. 父母的言传身教

在孩子成长时期，家长不仅要给孩子灌输自己对自己行为负责的观念，更要以身作则，给孩子做好榜样。要让孩子知道，每个人必须自己对自己的一生负责任。一个人优秀与否，取决于他自己。当孩子对自己的生命负责任时，他就不会再主动找借口来掩盖自己不努力学习的行为，他会由被动学习变成主动学习。

9. 适当让孩子照顾别人

一位妈妈要带 10 岁的孩子去游乐场，妈妈刚好有身孕，临出家门时，工作繁忙的爸爸嘱咐："儿子，你已经是一个小男子汉了，替爸爸照顾好妈妈和妈妈肚子里的小宝宝哟！"一路上，儿子一直紧紧牵着妈妈的手，还时不时将开水递给妈妈喝，俨然一个小大人的模样，让路人好生羡慕。适当让孩子照顾别人，他们才会意识到自己也有承担责任的能力。

10. 让孩子阅读著名人物传记

阅读著名人物传记对孩子深化做人责任的理解，对孩子责任心的提升有极其重要的作用。如毛泽东以推翻压在中国人民头上的三座大山、建立由人民当家做主的新中国为己任，激发无限的潜能和斗志，为新中国的缔造立下不朽的功勋；"两弹元勋"邓稼先的事迹都对激发孩子的爱国之心和坚定的责任心有很大帮助。

11. 以包容之心培养孩子责任心

孩子的成长过程中不可能是一帆风顺的，孩子责任心的形成过程中肯定会有波澜起伏，会有不尽人意之处。当孩子责任意识不明时，要巧妙播种；当孩子责任意识不强时，要开辟新的途径进行强化；当孩子责任能力不够时，要学会精心培养；当孩子责任高度不高时，要设法让他开阔胸怀、拓展眼界；当孩子有失责行为的时候，父母要冷静分析，以包容之心对待孩子，切不可一棒子打死。

有责任才有成长，有成长才会有成熟。培养孩子的责任心太重要了，但在培养孩子责任心的过程中，很多父母舍不得让孩子“吃苦”。家长要知道，没有人能不在成长的路上摔两跤的，每个人都是在“摔跤”中成长的！培养孩子的责任心要从生活小事做起，比如书包自己背、卧室自己整理、被子自己叠、学习自己负责、身体自己锻炼、工作自己上进、事业自己开拓等等。小事做多了，小事做到位了，大事就敢做了，大事就会做了，大事就能做成了。

第七节　培养孩子的进取心

一个孩子有了爱心，建立了自尊心、自信心、责任心，有了远大的目标追求，这个孩子就从一个物质的人，成长为一个有精神追求的人。而如何才能让孩子走得更高、发展更快、未来更好，这就需要家长精心培养孩子的进取心，培养孩子的同理心，坚强孩子的意志，培养孩子的良好习惯等，为他创造美好人生奠定强大的精神基础。本节重点谈谈对孩子进取心的培养。

一、进取心的概述与价值

进取心是指不满足于现状，坚持不懈地追求新目标的蓬勃向上的心理状态。人类如果没有进取心，社会就会永远停留在最原始的水平上，正如鲁迅先生所说，“不满是向上的车轮”。社会之所以能够不断发展进步，一个重要的推动力量，就是我们拥有这只“向上的车轮”，即我们常说的进取之心。

具有进取心的人，渴望有所建树，争取更大更好的发展，会为自己设定较高的学习目标、工作目标，勇于迎接挑战，要求自己学习进步、工作成绩出色。

有了进取心的人会自发自动地给自己确立目标，给自己鼓劲加油，设法让自己提速，全力以赴地去实现自己的人生目标，进而为集体、为国家、为社会贡献自己的力量。

二、进取心的培养

1. 引导孩子树立目标

人是以目标为导向的生物，我们是在追求目标的过程中体现生命意义的。

家长要善于观察孩子，及早发现孩子的兴趣点，并根据孩子的兴趣和社会发展的趋势引导孩子树立自己的目标，规划孩子的发展路径，优化条件保障孩子实现目标。目标要系统化，要具体化，要可操作，要可检测，要让孩子经过努力能完成。每天进步一点点，不断实现阶段小目标，最终实现人生大目标。给孩子设订的近期目标不可好高骛远，不可异想天开，不能高不可攀，让孩子望而却步。

2. 家长要以身作则

社会精英的家庭一般有三个特征：一是知性有爱，二是三观端正，三是父母上进。所以，家长要想孩子有进取心，首先自己应有积极的人生态度，是一个时时处处都充满热情、积极向上的人，不断进取的人。

我们的生活观念、行为方式会潜移默化地影响孩子。很多家长反映说自己的孩子不听话，就是不好好学习，就喜欢看电视，就喜欢在外面玩。出现这种情况，家长要明白孩子在小的时候通过语言学习是次要的，主要学习方式是通过行为和感觉来感受这个事情是怎么样的。家长如果在孩子几岁的时候整天打打麻将、看看电视，从不看书学习，工作不认真，抱怨单位不好，没有事业心，然后对孩子说“你要好好学习，可不能学我啊！”孩子是不会听的。其实家长要明白自己怎么生活，孩子就以为生活就应是这个状态，孩子一天天长大后，就渐渐地如你一样生活。

如果家长是一个积极向上的人，工作上兢兢业业，工作之余不停地学习理论、钻研技术，始终保持对知识的渴望与追求。同时告诉孩子：成功的人都是爱学习的，不爱学习的人肯定不会成功，学习是成功人士生存的一种方式。除重大节日外，几乎不看电视，业余时间家里大部分人都在阅读、交流、学习。在这种环境里成长的孩子能不爱上学习、积极向上吗？

孩子到初中阶段时，要告诉孩子：学习过程中要学会选择，要看准方向，要找准位置，要学会学习，要学到真知，要提升能力，要完善自己，将自己所学知识与社会需求相结合，与未来发展相结合，这样的学习才一定会走向成功。

3. 用伟人、名人的奋斗故事激励孩子

家长通过给孩子讲伟人、名人在青少年时的奋斗故事，如周恩来从小就立志为中华之崛起而读书的豪情壮志、邓小平 16 岁就赴法国勤工俭学寻找救国救民的道路，告诉孩子自古英雄出少年的道理，激励孩子从小立大志，从小就奋发向上；讲高斯9岁就能快速计算“1＋2＋3＋…＋100”，然后在老师的鼓励下成为德国著名的天文学家、数学家、物理学家、测量学家的故事，告诉孩子人从小就是可以有所发现、有所作为的。

讲故事时要注意方法，不要说：“富兰克林7岁的时候比你强多了！”这样就进入了教育的误区，会让孩子觉得自己不如人，产生自卑心理。正确的引导方法是：“富兰克林7岁已经学会学习，你也应该学会学习……”这样讲有杰出成就的人不会伤害孩子的自尊心，且会在孩子心中树立标杆，孩子会想别人能做成的事我通过努力也有可能做成。如果跟同龄人相比，跟身边人比，孩子会觉得：“他比我强大，比我更快，他已经超我很多，除非他失手了，否则我怎么会超越？”这样可能会产生适得其反的效果。

4. 表达对孩子的期望 明确远大的目标

没有一个孩子不希望自己学有所成，成为人们心目中的英雄人物、杰出人物。父母期望孩子成为什么样的人，在孩子小的时候就要开始巧妙地播种，精心地培育，用心地引导。可以通过给孩子讲故事，让孩子看电视，参观相关学校、公司单位等，让孩子见到你希望他成为的那些人，了解那些人是干什么的、有什么贡献，并跟孩子说：爸爸妈妈希望你将来能够成为这样的人……表达对孩子的期望。孩子有了一定的阅历后，将来想成为什么样的人，可能有所变化，这时可以让孩子自己确定。此时，父母只需要告诉孩子：“我们希望你成为一个对社会有价值的人，有大成就的人，一个力争上游的人，不希望你成为一个平庸的人。”同时告诉孩子“现在决定未来”。一个好的岗位想得到的人很多，最后能获得那个岗位的人一定是积极准备的人、主动进取的人、能力过人的人；只会空想，没有行动的人或行动缓慢的人不会有美好的未来。

5. 激励孩子奋斗，不断完善自己

激发孩子的壮志，鼓足孩子的干劲，引导孩子全面提升，不断完善自己，是每一个家长时刻都要做的工作。

告诉孩子幸福都是奋斗出来的，成功者都是在探索中前行，在前行中探索，在探索中总结，在总结中提升，在提升中完善自己，不断创造人生新的辉煌。

案例4-15：

北京新东方总裁俞敏洪两次高考落榜，1980年第三次参加高考考入北京大学西语系，本科毕业后留校任教。1991年从北大辞职，1993年创办北京新东方学校，

2006 年带领新东方在美国纽约证交所上市，2009 年获得“CCTV 年度经济人物”，2012 年成为中国最具影响力的 50 位商界领袖之一。2014 年 11 月 26 日，携手华泰联合证券前董事长盛希泰共同创立洪泰基金。

案例 4-16：

1982 年，马云第一次参加高考就落榜了，数学只得了 1 分。马云充满了挫败感，之后他跟表弟到一家酒店应聘服务生，结果表弟被录用，自己惨遭拒绝。老板给出的理由是马云又瘦又矮，长相不好。后来马云做过秘书、搬运工人。

1983 年，马云第二次参加高考，再次落榜，数学提高到了 19 分。马云的父母劝他死了上大学的心，好好学门手艺，之后马云又开始骑着那辆破旧的自行车，穿梭于杭州的大街小巷。

1984 年，马云不顾家人的极力反对第三次参加高考，这次数学考了 89 分，但总分离本科线还差 5 分。由于英语专业招生指标未满，部分英语优异者获得升本机会，马云被杭州师范学院破格录入外语本科专业。进入大学后，马云变成了品学兼优的好学生，凭借出色的英语成绩稳居外语系前五名。之后马云当选学生会主席，后来还担任了两届杭州市学联主席。

1999 年 3 月，马云正式辞去公职。后来被称为十八罗汉的马云团队回到杭州，凑够 50 万元人民币创建阿里，开始了新一轮创业，开发阿里巴巴网站。

2019 年 3 月，马云以 373 亿美元财富排名 2019 年福布斯全球亿万富豪榜第 21 位。2019 年 5 月 10 日，马云等 17 位全球杰出人士被联合国秘书长古特雷斯任命为新一届可持续发展目标倡导者。2019 福布斯中国慈善榜排名第 3 位。2019 年 10 月获得福布斯终身成就奖。2019 年 10 月 19 日，入选 2019 福布斯年度商业人物之跨国经营商业领袖。

俞敏洪、马云是当代典型的不断学习、全面进取、持续奋斗走向成功的代表人物。

华为公司创始人任正非说过：“人，如果不趁年轻多努力，你有青春又如何？”都说年轻就是资本，我想补充的是：只有奋斗，你的资本才有价值；只有拼命，你的年轻才值得你炫耀！

一开口就在讲困难，成长已经远离你；一付出就在想回报，机会已经远离你；一做事就在想个人利益，收获已经远离你；一有起色就想谈条件，未来已经远离你；一合作就在想自己如何不吃亏，事业已经远离你；成功的秘诀就是奋斗，就是多付出，就是我愿意！

6. 放手让孩子做事 确认孩子自我价值

当孩子觉得自己是有价值的人，是有能力的人时，他就会不断展示自己的能力和价值，在人生的道路上就会不断拓展自己的价值，想方设法提升自己的价值。

要想使孩子有价值感就要放手让孩子做事。开始先让孩子做力所能及的事情，例如整理玩具、自己看的书放回原处等；接着让孩子自己的事自己做，例如自己洗手、自己吃饭、自己穿衣等；孩子到小学高年级时要让孩子独立承担一定的家务活；到初中要学会做简单的饭菜，生活能全部自理。孩子在做事的过程中，家长要指导，要有耐心，要有包容心，容许孩子失误，要肯定孩子的进步，确认孩子的价值。

我孙子 4 岁的时候，我从扬州给他带去一架小无人机。第一次安装无人机的时候，我安装，他在旁边观察，安装过程中只要他觉得他会的，就提出“爷爷这个我来装”，我自然就让他装，在爷孙俩的合作下，无人机第一次安装试飞成功，他十分兴奋，非常开心。第二天，他又想玩无人机，我对他说：你若能独立安装好无人机，爷爷就陪你去公园放飞无人机。只见他打开无人机包装盒，凭着记忆，看着图片，一步一步地安装着，大约花了 20 分钟，安装好了无人机，到公园飞行时他自行操作成功起飞。当时我就表扬他：“洋洋真棒！自己能装无人机了！”我想这次安装无人机活动，对洋洋自我价值的提升、进取精神的提升肯定有作用。

类似这样的事，家长要敢于放手让孩子去做，做好了表扬，做不好帮助、指导、鼓励，直到做成为止，绝不能批评、否定。长期坚持下去，孩子的进取精神和自我价值感必有大的提升。

如果为了孩子什么事都做，包办一切，这样的父母只能培养一个懦弱无能的孩子，这绝对是人间的惨剧。当父母为了孩子做了所有的事，他们以为付出了全部，而在教育家眼中他们是极端自私的：你满足了自己去爱的要求，获得了价值感，却夺去了孩子的价值感和获得自信的权利。

7. 生活在于选择，选择贵在进取

人生在于感悟，生活在于领悟。不懂选择，再努力也难以成功；不懂珍惜，换对象也难以持久；不懂欣赏，换眼睛也难以描述；不懂行动，再聪明也难以圆梦；不懂合作，再拼搏也难以大成；不懂积累，再挣钱也难以大富；不懂满足，再富有也难以幸福；不懂养生，再治疗也难以长寿。

家长要让孩子明白：你生命中的每时每刻都在选择，选择是质变，努力是量变，两者相辅相成，缺一不可。选择比努力重要，选择是确定方向，选择是寻找平台，选择是明晰路径。但只有努力才能向前。只选择，不努力进取，最终也是一场空。

许多家长即便知道孩子背负着期望不一定快乐，但还是忍不住按照自己的意志对他们指手画脚：考上名牌大学，找一份稳定的工作，恋爱、结婚、生子……太多父母给孩子一键定制自己眼中的“完美人生”。对此，不少小孩在小的时候不理解，其实在今天的市场经济的大潮下，一个人要想有尊严地活着必须要自我奋斗。

著名演员陈道明在女儿陈格的教育上有三条期许：“第一是希望她身体好，第二要快乐，第三尽量有所成，但更要知道自己是凡人，是普通人。至于命运是否承载那么多伟大，那就交给命运吧。”不强求她获得世俗意义上的成功，但求孩子健康快乐，这是一位智者在认清了生命真相后的最通透的教育理念。尽量有所成，会让孩子在进取的路上减少很多来自父母的压力，而必须成功会让孩子在无形中增加太多的压力，这将会适得其反。孩子成长的路上家长要有教育智慧。

刘瑜博士曾在给女儿的信中说道：“你想当一个华尔街的银行家，就去努力吧；但如果你仅仅想当一个面包师，那也不错；如果你想从政，妈妈也一定支持。”选择了就要去追求，选择了就不要后悔，后悔无用，成长最重，进取更美。

每一个孩子都是一颗饱含无限可能的种子，他会飘落在哪里，取决于他内心的方向，而非你指定的地方。聪明的父母，懂得引领，善于选择，默默注视，适时放手。

8. 表扬进取行为，塑造进取精神

案例 4-17：

赵雨从北京大学毕业后又考入剑桥大学，她的母亲谈了小的时候教育她的故事。

赵雨刚学骑自行车的时候，一开始连车都推不稳，怎么办呢？我就让她每天推一推，慢慢地敢推车了，我夸她进步不小。后来就教她学跨车，开始时她不敢，怕摔着，我给她扶几次，渐渐地她敢跨着走了。跨了好几天就是不敢骑，还是怕摔倒，我说：“学骑车哪有不摔跤的？不摔着哪能学会骑车，我当时学骑车时不知摔过多少次呢。”说着，让她看了下我腿上的伤疤，这下她真的有勇气想试试，可没走两步就摔倒了，我给她扶起，她又骑上，一次又一次地摔倒，一次又一次地爬起来，终于有一天骑上不倒了。过了几个星期，即使我坐在后面，赵雨也能带着我骑了。

在学习上，每当赵雨遇到困难，我常拿骑车这件事鼓励她、开导她，干什么事都要有自信心，从易到难，循序渐进，最后总能解决一切困难。题目做错了，没关系，重新再来。我上学时也常遇到这种情况，只要有信心、肯用心、有恒心，没有过不去的关口。她也真争气，每次考试成绩都能在年级数一数二。别的家长问我秘诀何在，我毫不保留地说：“当孩子主动进取时，家长要不断地表扬和鼓励，相信她自己能做，而且一定能做得更好。”

当孩子在一件事上表现出进取心后，家长要抓住这个机遇，放手让孩子去试、去做、去闯，成功了立即表扬鼓励，失败了从头再来，不批评、不指责，只有鼓劲加油！让孩子进取的范围不断拓展，进取的毅力磨炼得顽强，成功的信心变得坚强，将遇事进取的行为化为积极进取的精神人格，这样的孩子将会一步一步走向成功。

第八节　培养孩子的同情心

一、什么是同情心

同情心，首先是指对某事（如对另一人的感情）的觉察与同情感，同时也指这种感情的表露。这是同情心的基本含义和初级层面，人人都具有不同程度的同情心。

同情心又是一种才能，往往指能与他人感情有共鸣的一种才能，这种感情不一定是悲伤。这是同情心的引申含义和高级层面。

同理心就是将心比心，在同样时间、地点、事件的背景下，将当事人换成自己，设身处地去感受、体谅他人。同理心在不同场合、面对不同对象时，又可叫共感、同感、移情，它是指正确了解他人的感受和情绪，进而做到相互理解、关怀和情感上的融洽。同理心有四大特质：①将心比心：能够将当事人换成自己，设身处地去感受和体谅他人，并以此作为处理工作中人际关系、解决沟通问题的基础。②感觉敏感度：具备较高的体察自我和他人的情绪、感受的能力，能够通过表情、语气和肢体等非言语信息，准确判断和体认他人的情绪与情感状态。③同理心沟通：听到说者想说的，说到听者想听。④同理心处事：以对方有兴趣的方式，做对方认为重要的事情。具有同理心的人能站在当事人的角度和位置上，客观地理解当事人的内心感受，且把这种理解传达给当事人。

同情心要从小培养。同理心的培养需要个人的修养，需要时间的积淀，需要经历事件的磨炼。

二、同情心的价值

具有同情心和同理心是成为高情商人的基础。社会上流传这样四句话是有一定道理的：高情商高智商春风得意，高情商低智商贵人相助，低情商高智商怀才不遇，低情商低智商一事无成。《哈佛商业评论》称，同情“是一种比韧性更好的管理策略”。在国家公共广播电台的一集节目中，一位情商专家谈到了培养更多同情心的重要性，尤其是在人际关系中培养更诚实的态度，甚至会使工作变得更有成效。具有同情心的人才能更好地与人相处，才能凝聚更大的力量，实现更大的目标。

正所谓，智商重要，情商更重要。其中孩子的同情心是构成完美个性、良好品德的要素之一。同情心的培养要从小开始，这对现在的孩子尤为重要。孩子的同情心是一种非常珍贵的感情，它主要表现为对别人痛苦的关心和安慰。这种感情对于孩子个性的健康发展尤其是情感的发展，以及良好人际关系的建立有着非常重要的意义。富有同情心的孩子往往心地善良，性情温和，惹人喜爱，受人拥护；而缺乏同情心的人往往性情怪异，易走极端，不易与人亲近，因而人际关系往往不好。不懂得关心人、缺乏同情心的人，心里没有晴天。因为这种人心里没有别人，也就不能理解别人的能力和习惯，他不能接纳别人，别人也不容易接纳他。可是人又不能离开别人，否则就不能在社会上生存或有什么发展，你说这样的人痛苦不痛苦？现在的孩子不少是独生子女，由于家庭教育中或多或少地存在娇生惯养的现象，孩子习惯了以自我为中心，习惯了养尊处优，因而往往缺乏应有的同情心。

三、同情心的培养

同情心需要从小培养，同理心比同情心的形成更难一些，但同理心在人际关系中发挥的作用也更大。

同情心，是认知到别人的痛苦，从而引起恻隐之心。同理心，是能够感同身受，能设身处地为他人着想，实际感受到他人的痛苦。当听到他人遭遇不幸时，有同情心的人会说：“我真的替你感到难过。”但是有同理心的人却会这样说：“我也遇到过这样的事，我知道这是什么样的感觉。”同理心是牵涉两个人的互动过程，必须认真地倾听，从而了解、接纳对方的感觉，这是一种认同他人体验的态度。同理心是一种关心与爱的艺术，是高情商的表现。

根据一个人说话内容、做事的表现，大致可以判断一个人的同情心、同理心的等级。

（1）低级水平：很少从他人的角度思考问题，做事情很少考虑到他人的感受；沟通时讲客套话，无法引起对方的共鸣，对方也不愿意将自己的真实想法说出来；不愿意倾听；安排事务几乎不考虑下属的需要。

（2）初级水平：能够从别人的角度思考问题，做事情会考虑到他人的感受；与人沟通比较真诚，愿意将自己的一部分想法表露出来；能让人觉得被理解、被包容；学会倾听；工作中尽量考虑对方的需要。

（3）中级水平：能够站在对方的角度考虑问题，想对方之所想，急对方之所急；能够使人不知不觉地将内心的想法、感受说出来；能够让人觉得被理解、被包容；能够用心倾听；在安排事务时，尽量照顾到对方的需要，并愿意做出调整。

（4）高级水平：将心比心，设身处地地去感受和体谅别人，并以此作为工作依据；有优秀的洞察力与心理分析能力，能从别人的表情、语气判断他人的情绪；投其所好，真诚，说到听者想听，听到说者想说的，以对方适应的形式沟通。

从小培养孩子的同情心可以为助人、分享、谦让等良好的社会行为奠定重要基础，使他们成为具有高尚道德情感和良好道德行为的人。著名教育家陈鹤琴先生曾经说过："同情行为在家庭里在社会里是一种非常重要的美德。若家庭里没有同情行为，那父不父，母不母，子不子，家庭就不成为家庭；若社会里没有同情行为，尔虞我诈，人人自利，社会也不成社会了。"家长可以从以下几方面呵护培养孩子的同情心。

（1）无条件地爱孩子，无条件地接纳孩子

若家长爱自己的孩子是无条件、无代价的，你爱他的理由就是因为他是你的孩子，不论孩子是否漂亮帅气，不论孩子的行为是否令你满意，无论孩子考试成绩好坏，都不影响你对他的爱，则你的孩子会相信父母爱自己是无条件的、无私的，他会珍视父母的爱，同时会强烈感觉到自己被父母爱着，从而觉得自己是有价值的，值得别人爱的，即使自己再有缺陷、有失误，甚至失败，也能得到父母的同情原谅和帮助。方向不明时有人指路，动力不足时有人加油，失误时有人分析原因，调整路径继续前行，暂时失败时有人扶你，振奋精神重新上路。在这样充满爱的环境中长大的孩子，自然就学会了同情，学会了原谅，变得有爱心、有同情心。这样的孩子面对人生挑战的勇气将会大增。

（2）家长做好榜样，潜移默化影响孩子

培养同情心，需要在孩子的生长环境中营造一种富有人情味的家庭氛围、生活氛围。父母是孩子的第一任教师，要想使孩子有好的品质，首要的是家长应该提高自身素养，更新家教观念。托尔斯泰说："在一个家庭里，只有父亲能自己教育自己时，在那里才能产生孩子的自我教育。没有父亲的先锋榜样，一切有关孩子进行自我教育的谈话都将变成空谈。"家长孝敬老人，孩子才可能孝敬你；家长关心邻居，孩子也会与人为善。那些能够真诚地深切地关心他人，对别人尊重并施以同情的父母养育出的孩子，也会拥有这样的品质。

(3) 引导孩子关爱大自然

悲天悯人是同情心的表现，培养孩子关心同情他人时，也要引导孩子关爱大自然，珍爱大自然的花花草草，关心保护大自然的小动物。常陪孩子到大自然中，享受阳光、雨露，欣赏花草、虫鱼。一方面让孩子感受大自然的美和神奇，让他学会珍惜；另一方面孩子会看到城市里的臭水沟、垃圾堆等，通过与大自然美的对比，让孩子感到肆意破坏大自然给人类带来的危害，从而懂得保护环境、关爱大自然，培养孩子的同情心、爱心，进而将这种情感迁移到对社会、对更多人的关爱。

(4) 利用媒介和角色扮演，让孩子推己及人

孩子讨厌空洞的说教，听故事、看图画书、看动画片的情感体验更适合孩子的理解。家长给孩子讲故事，陪伴孩子看图画书和动画片时，在角色人物遭遇“不幸”时停下来，听听孩子此刻的心理感受，引导激发孩子的同情心，还可以问宝宝：“假如你是故事里的人，你会怎么办？”这种角色扮演，让孩子学会站在他人角度上感受事情，让孩子抛开自己去考虑他人，也是培养同情心的一种好办法。如果在这些媒介中有负面的东西，家长要及时疏导。例如，电视上出现山体滑坡的画面，造成有些人无家可归，引发孩子对受难百姓的同情心，亦可领着孩子参加灾区捐款活动，培养孩子的爱心行动。当孩子问：我们这里会有山体滑坡吗？说明孩子心中有负面的东西，生怕自己这里也有山体滑坡出现，自己也成为无家可归的孩子。家长要明白孩子问这个问题的本意，并要巧妙回答孩子，让孩子放心。否则，孩子心中就有可能留下负面的阴影。

(5) 随时随地启发保护孩子的同情心

孩子的同情心在早期只是一种朴素的情感和需要，但这种情感和需要就像刚刚露头的绿芽儿，并不能等同于行为。要将这种情感和需要转化为行为，需要家长启发和引导，让孩子的同情心成长起来，变成行为习惯。在孩子的成长环境中，要营造同情心的氛围，引导孩子主动关心弱者，帮助他人，伸张正义。若孩子做得很好，家长要赞扬，鼓励孩子继续保持。如家长生病了，不要跟孩子说“没事”，而要告诉孩子你不舒服，引导孩子关心你，给孩子提供恰当的机会来表达同情心。千万不能打击孩子刚露头的同情心，比如在公交车上，孩子给老人让座，家长担心孩子受苦就阻止孩子让座。类似这样的行为在不知不觉中抑制了孩子心中同情和善良的生长。但引导培养孩子同情心时，要教孩子什么是正义的、可以做的，要学会保护自己。

记得我家孩子 4 岁的时候，在我收拾屋中旧物的时候，他发现了一个我儿时玩

的布娃娃，由于时间久远，布娃娃已经破旧不堪。我家孩子却像发现了宝贝似的，拿住不放，可能是没有见过我那个时代的布娃娃吧。突然，他对我说："爸爸，娃娃怎么没有眼睛，衣服怎么也破了？"我这才注意到，这个布娃娃已经严重残损，看着孩子那略带悲伤的脸，我告诉他："这个娃娃很久以前被邻居的狗给咬坏了。"孩子小声嘀咕着说："娃娃会有多疼呀。"我马上意识到这是培养孩子同情心的好机会，于是对他说："孩子，我们一块把它修好，好吗？"孩子痛快地答应了。

孩子其实从一出生开始，就在学习各种情感，而同情心往往与生俱来。由于幼儿富于想象，他们对周围的一切，包括没有生命的东西都会表示同情，甚至玩具狗掉在地上，孩子也会一边帮它揉一边说：摔疼了吗？我帮你揉一揉。

不过，孩子的同情心有个体差异，对于同一件事情，不同的孩子会有不同的反应。一个小朋友摔倒了，有的会跑过去扶，有的则会很冷漠。但是孩子的同情心会相互感染，如果一个小朋友上前去把他扶起来，其他的小朋友往往也会上前去扶。但同时，由于孩子比较小，他们在表现同情的时候有时难免表现出很多过激的攻击性行为，比如虽然同情小猫，但有时为了不让猫到处乱跑，会揪住猫的尾巴，诸如此类的行为。按照生态学理论的解释，攻击是人的本能的反应，这种本能必须靠道德的约束才能加以压抑。少数孩子表现出来的残忍行为，显然与他们认知能力和道德观念薄弱有关。因此在对孩子的教育中要增加培养善良情感的内容，压制本能的攻击性。

同情心的形成，对我们更好地了解别人，建立与别人的融洽关系，形成良好的人际关系有重要的基础作用。

第九节　让孩子毅力更坚强

一、什么是毅力

（一）毅力的概念

毅力又称意志力，是人的意志品质中坚持不懈的那一部分。

在心理学上，意志是指人们有意识地确立目标，调节和支配行为，并通过自觉克服困难和挫折，努力实现预定目标的一种意志品质，是人的思维决策见诸行动的心理过程。

（二）毅力的品质

1. 自觉性

自觉性是指对自己的目标有深刻的认识，能够自觉地支配自己的行动，使自己的行动能够服从目标的品质。

具有自觉品质的人，不会随波逐流，也不会屈服于外界的压力，他能够独立判断、独立地做出决定和执行决定。与这一品质相反的是武断和易受暗示。

案例 4-18：

梁漱溟先生 13 岁时，家中曾请了一位饱学之士为他讲《庄子》，但刚学了开头，老师便病倒了。1 个月后老师病好了，梁漱溟也把《庄子》学完了。原来梁漱溟立志成才，学习自觉性极强，没人上课，就规定自己每天读 10 页书、抄 10 页书、背 10 页书，从不间断。就凭着这种自觉学习的精神，他不到 20 岁就发表了多篇研究古印度哲学的很有创见的文章。21 岁时，他报考北京大学，因总分不够未能被录取。北大校长蔡元培看过他的文章，也听说过他那种自觉学习的精神，就说："当学生没资格，就来当教授吧！"而且真的聘请他为北大教授。梁漱溟到北大任教后不久，就写出了轰动中外学术界的《中西文化及其哲学》。

梁漱溟遇到蔡元培这位伯乐固然是一种机遇，但归根结底，他的机遇来源于他少年立志、自觉学习的精神。

2. 果断性

果断性是指迅速地、不失时机地采取行动的品质，与这种品质相反的是优柔寡断和草率行事。

3. 坚韧性

坚韧性是指坚持不懈地克服困难、永不退缩的品质，这种品质是毅力的核心成分，也被称为顽强性，与这种品质相反的是易动摇和执拗。

案例 4-19：

5 岁的时候，张海迪因患脊髓血管瘤造成高位截瘫，但她身残志坚，勤奋学习，热心助人，被誉为"当代保尔"。

在残酷的命运面前，张海迪没有沮丧和颓废，她以顽强的毅力和恒心坚持与疾病做斗争，虽然没有机会走进校园，却发奋学习，学完了小学、中学的全部课程，坚持自学大学英语、日语、德语和世界语，并攻读了本科和硕士研究生的课程。1983

年3月7日，共青团中央在北京举行命名表彰大会，授予被誉为“80年代新雷锋”的张海迪同志“优秀共青团员”称号。

1983年，张海迪开始从事文学创作，先后翻译了《海边诊所》《小米勒旅行记》和《丽贝卡在新学校》，创作了《向天空敞开的窗口》《生命的追问》《轮椅上的梦》等一百多万字的作品。现为山东省作家协会文学创作室一级作家。1993年，张海迪通过考试和论文答辩，获吉林大学哲学硕士学位。1994年参加远南运动会。1997年入选日本NHK“世界五大杰出残疾人”。1998年起担任中国肢残人协会主席。2000年获得“全国劳动模范”称号。张海迪历任第九、十届全国政协委员。2008年11月，当选中国残联第五届主席团主席，2013年9月19日，选举连任中国残联第六届主席团主席。2014年10月6日当选康复国际主席。2016年8月，担任里约残奥会中国代表团团长。2017年6月19日，张海迪获得国际残奥委会主席参选提名。2019年1月，被评为2018年度十大女性新闻人物之一。2019年9月25日，被授予“最美奋斗者”荣誉称号。现任中国残联主席、北京冬奥组委执行主席、中国残奥委会主席。

4. 自制力

自制力是善于管理和控制自己的情绪、行动的能力，与这种品质相反的是任性和胆小怯懦。

二、毅力的重要性

（一）充满正能量的毅力

1. 毅力就是永不言败

在《老人与海》的故事中，老人被一条无比巨大的马林鱼拖着漂流了整整两天两夜，老人在两天两夜中经历了从未经受的艰难考验，终于把大鱼刺死。但老人在归途中却又遇上了鲨鱼，他与鲨鱼殊死搏斗，最后拖回家的只是一副空的鱼骨架。

这个故事里的老人虽然失败了，但他却是精神上的胜利者，他坚信“人可以被毁灭，但不能被打败”。那种顽强搏击的精神，展示了人的高贵尊严。无论遇到什么事情，无论得到怎样的结果，都能取得最后的胜利，这正是毅力带给我们的感动和力量。

2. 变逆境为顺境

案例4-20：

两只青蛙在玩耍时不小心掉进一户人家的奶桶里。一只青蛙想：“完了，全完了！这么高的牛奶桶，我永远也跳不出去了。”于是，这只青蛙很快就沉入桶底。

另一只青蛙看见同伴沉底了，并没有沮丧、放弃，而是不断地告诫自己：“上帝给了我坚强的意志、发达的肌肉，我一定能跳出去。”在坚强毅力的支撑下，这只青蛙一次又一次地奋起、跳跃，不知过了多久，它突然发现脚下的牛奶变得坚实起来了。原来，反复的蹬踏和跳动已经把液状的牛奶变成了一块奶酪！这只青蛙轻盈地从桶里跳了出来。

一个人要想成功，就要有坚持不懈的勇气和毅力。当恒心与追求结合之后，便会产生百折不挠的巨大力量。遇到挫折、困难并不可怕，可怕的是你没有坚持到底的毅力。

只要有毅力，就能把逆境转变为顺境，将不可能变成可能，创造出比预期的目标更加辉煌的奇迹。

（二）锲而不舍镂金石

1. 无法被替代的毅力

1919年诺贝尔和平奖得主、美国第28任总统伍德罗·威尔逊说过：“坚持到底——在这个世界上，没有什么东西能够取代毅力。能力无法取代毅力，这个世界上最常见的莫过于有能力的失败者；天才也无法取代毅力，失败的天才更是司空见惯；教育也无法取代毅力，这个世界上充满具有高深学识的被淘汰者。毅力加上决心，就能无往不利。”

案例4-21：

一位世界级的推销大师，在他结束推销生涯的大会上吸引了业界的5 000多位精英参加。

许多人问他成功的秘诀，他笑而不答。这时，全场灯光暗了下来，会场一边出现了4名彪形大汉，他们合力抬着一个铁架走上台来，铁架下垂着一只大铁球。正在现场的所有人都丈二和尚摸不着头脑时，那位推销大师走上了台，朝铁球推了一下，铁球没有动。隔了5秒，他又推了一下，又隔了5秒，他又推了一下，铁球还是一动没动。于是他每隔5秒就推一下，这样如此持续不断，球仍然一动也不动，台下的人开始骚动，陆续有人离开现场。但大师还是继续推动铁球，人越走越多，留下来的只有几百人了。40分钟过后，坐在前面的小孩突然叫起来：“大铁球开始晃动了！”此时他还是不紧不慢地推着球，球晃动的幅度越来越大，就算任何人的努力也不能让它停下来。一阵热烈的掌声在场上爆发起来，掌声中他开口讲话了，他只讲了一句话：“在成功的道路上，你如果没有耐心去等待成功的到来，那么，只好用一生的耐心去面对失败。”

成功就是简单的事情重复去做，以这种毅力每天进步一点点，当成功来临的时候，你挡都挡不住。

2. 沙漠尽头有绿洲

在艰难困苦时，成功就在你坚持之下的努力之中。失败者走过了九十九，成功者走过了九十九之后的一。成功就是坚持向前、向前、再向前。

案例 4-22：

有一位开采石油的投资商在一个据说蕴藏大量石油的地区开采石油，可是钻到地下 100 米时还没有见到石油。于是他移开一段距离后又重新钻探，可是这次钻到地下 100 米还是没有见到石油。他又气愤地移到别处开采，如此反复总是未能如愿，最后他只好放弃了开采计划。

有意思的是，在他放弃之后，另一位开发商来到他曾经钻探过的地方，继续往下钻，等钻到地下 120 米时，大量石油滚滚而出，因此获得大量的回报。

可见，即使你奋斗的方向是正确的，你也有积极的行动，但是，如果你不能坚持到底，那么你也不会取得成功，甚至你已经做出的努力也会白白浪费。

假如现在你还不成功，或者还不太成功的话，千万不要灰心，更不要放弃。你之所以还不成功或者不太成功，那是因为你失败的次数还不够多。你只需要总结好经验，调整好方法，继续坚持不懈地努力，往前、再往前走一步，你就一定会取得成功。

三、锻炼毅力的方法

（一）体育锻炼法

体育锻炼法，就是利用体育来锻炼意志，让自己的毅力更顽强。

毛泽东同志说：“体育之效，能强筋骨、强意志。”毛泽东在求学期间就坚持进行洗冷水浴、风雨浴等常人所难为的体育锻炼，其目的就在于锻炼勇猛无畏、不畏艰难的钢铁意志。体育锻炼已经被实践证明是锻炼意志的有效途径。

日本川崎阳光幼儿园同日本其他几十所幼儿园一样，认为裸体锻炼不仅有助于孩子的身体健康，而且可以磨炼他们的意志，因此无论春夏秋冬都让孩子们进行裸体锻炼。即使在白雪飞扬的冬天，孩子们也只穿一条蓝色的运动短裤和一双白色运动鞋，在没有供暖设备的房间和冷飕飕的操场上活动。阳光幼儿园副园长松木说："孩子们总说'我不冷'。这种情绪使得他们总显得精神抖擞。实际上他们的确感到冷，但他们不为寒冷所惧，我想这才是重要的。"

著名教育改革家魏书生老师要求女学生每天必做100个仰卧起坐，男学生每天做100个俯卧撑，学生每天跑3 000米。无论酷暑寒冬，每天都必须坚持。魏书生带头执行，让这一规定成了班级的一项制度。

在各种体育项目中，长跑对意志的锻炼作用最大，因为长跑最能训练耐力、毅力，最能使人顽强，具有坚持精神。

巴斯德说："告诉你使我达到目标的奥秘吧，我唯一的力量是我的坚持精神。"

台湾著名企业家王永庆非常重视长跑，他坚持每天早上4点晨跑。他认为：虽然长跑非常辛苦且枯燥，但是这不仅能够锻炼强健的体魄，而且能够训练坚韧的精神。体育锻炼法既锻炼了身体，又锻炼了意志，一举两得。

（二）劳动锻炼法

劳动锻炼法，就是利用各种劳动来进行毅力锻炼。劳动锻炼法的使用范围非常广泛，不管是体力劳动，还是脑力劳动，都可以作为锻炼毅力的好项目。

卢梭说："在人的生活中最重要的是劳动训练，没有劳动就没有正常人的生活。"艰苦的劳动是锻炼意志力的熔炉。

我国的孩子普遍缺少体力劳动锻炼。一份统计资料表明，各国小学生每天的劳动时间相差很大：美国1.2小时，韩国0.7小时，法国0.6小时，英国0.5小时，而我国城市小学生每天劳动时间仅为0.22小时，是美国学生的六分之一。

劳动构成人的生活的主要内容，生活中的一切幸福和欢乐都由劳动所创造。高尔基说："人的天赋就像火花，它既可以熄灭，也可以燃烧，而它燃烧熊熊大火的方法只有一个，就是劳动，再劳动。因此，天才就是劳动。"劳动是一切之母，是天才的必经之路。劳动锻炼不仅能够锻炼意志，还能收到劳动本身之效，也是一举两得。

（三）行善锻炼法

行善锻炼法，就是结合道德修养、爱心训练、善心训练来训练毅力。人的任何行为都受毅力控制、支配。道德教育之所以流于说教，就是因为人们只知道道德知识，缺少道德实践、道德行为。人们之所以缺少善行，不是缺知识、缺能力，而是缺行动、缺毅力。

许多时候，我们做的错事都属于"明知故犯"。明知不对，为何去做？主要是意志薄弱，抵挡不住某种压力与诱惑。赫尔巴特说得好："道德教育的首要条件，绝不是发展某种外表的行为模式，而是在儿童心中发展明辨的识见以及它相应的意志力。”可见，道德修养必须靠意志。达尔文说：“道德修养所能达到的最高境界：我们认识到应当控制自己的思想。”控制自己的思想，必须靠意志。

严格控制自己思想的过程也能最好地锻炼自制力、意志力。古人道德修炼的要求是：君子忍人所不能忍，容人所不能容，处人所不能处。要想真正达到君子的这种道德水准，没有意志力是根本不行的。同时，难忍时忍、难容时容、难处时处的过程，也能最好地锻炼意志力。

曼德拉在27年的铁窗生涯中，共有18年被囚禁在远离大陆的罗本岛上。曼德拉住过的牢房只有4.5平方米，里面的摆设是一卷薄毯子、一张桌子、一个饭盆、一个马桶，除此之外别无他物。这么多年的苦难，原本会在曼德拉的心上留下仇恨。但令世人惊讶的是，1994年曼德拉宣誓就任南非总统的典礼上，有3位特殊的客人：曼德拉坐牢期间的狱警、镇压黑人最为残酷的南非前白人总统、1963年审判时力主将曼德拉判处死刑的检察官。曼德拉当着他们的面，向全世界做出了承诺：“让所有人得享正义，让所有人得享和平，让所有人得享工作、面包、水和盐分。”正是曼德拉异于常人的忍耐力，让他成了世界上距离圣人最近的人之一。

（四）消除恶习法

消除恶习法，就是通过消除自身各种不良习惯、不良习性来锻炼毅力。阿拉伯谚语说：“改变恶习的钥匙收藏在意志那里。”反过来，通过改变恶习也能锻炼意志。“对自己一个小小胜利，就能使我们坚强很多。”消除自己一个小小恶习，就是对自己的一个小小胜利，就能使我们的意志坚强很多。

美国政治家、物理学家富兰克林就非常善于利用消除恶习法来锻炼意志。他首先找出自己的13项坏习惯，每星期选出一项进行矫治，并每天据实记录自己的奋斗成绩，如果成绩不理想，再继续矫正。就这样，富兰克林既消除了自身的恶习，完善了自我，同时又使自己的意志变得更坚强。

消除恶习的同时，还能重塑性格，而“性格决定命运”，这同样是一举两得。

林则徐自幼脾气急躁，遇事容易发怒，以致常常把好事办坏。他的父亲多次提醒他，并在给他的家书中专门讲了一个“急性判官”误事的故事。林则徐读完家书，感触很深，下决心改掉自己急躁的坏脾气，亲笔书写“制怒”二字，制成横匾，挂在自己书房里。以后走到哪里，那块匾就带到哪里。就是后来当了官，也以此来自警自策，严格要求自己，终使急躁的性格大为改变，同时意志也得到很好的锻炼。

（五）善用逆境法

这里的逆境包括种种艰难困苦的环境，还包括各种各样的挫折、失败。逆境，给人带来许多麻烦、困难、障碍，人们都很讨厌逆境。

但是各种逆境、困难、挫折、失败，都是锻炼自己难得的机会。“宝剑锋从磨砺出，梅花香自苦寒来。”逆境造英雄，苦难育英才。俄国物理学家列别捷夫说得好：“平静的水面练不出精悍的水手，安逸的环境造不出时代的伟人。”鲁迅也说：“生活太安逸了，反被安逸所累。”邹韬奋明确指出：“挫折磨难是锻炼意志增强能力的好机会。”

调查表明，当年上山下乡的知青，意志普遍比较坚强，成就事业者也非常多。习近平主席、李克强总理当年都是知青，他们都认为知青经历对他们的成长有很大帮助。

孟子有段名言：“故天将降大任于是人也，必先苦其心志，劳其筋骨，饿其体肤，空乏其身，行拂乱其所为，所以动心忍性，曾益其所不能。”逆境，就是老天爷给予我们最好的“苦心志”的机会。罗素说：“累累伤痕是生命给你的最好东西。”因此，面对逆境，我们应以一种积极的姿态来应对。

逆境是意志的磨刀石。磨砺越多，意志就会越坚强。根据这一道理，在生活中，我们要不畏困难，不畏逆境，要庆幸逆境给予我们最好的锻炼意志的机会。甚至，我们还要有意识地给自己适当地设置难题，使自己的意志不断经受磨炼，变得坚强起来。

成功正是孕育在向困难宣战时，向自我挑战的搏击中。善用逆境法，不仅能够使我们的意志越来越坚强，而且还能使我们面对挫折、失败不仅不会悲观、消极，还会以积极的精神状态来对待，从而获得成功。这种方法同样是一举两得。

（六）调控心情法

锻炼意志不仅要跟肉体上的痛苦做斗争，更重要的是要与我们的不良心情、情绪做斗争。我们在生活中很多时候是消极情绪在左右我们，而这些对人都是十分有害的，既影响我们的工作和学习，又损害我们的健康。风靡世界的情商理论认为，情商比智商重要得多。情商主要就是控制情绪适应各种场景的能力。美国心理学家韦恩·W.戴埃说：“一旦你学会依照自己的选择控制情感，你就踏上了一条‘聪明才智’的道路。”控制情绪如此重要，而控制情绪的关键就在于意志。我们每一个人都要学会用理智去驾驭情感，用意志遵循理智的要求实现对情感的准确把控。

案例 4-23：

春秋时期，越王勾践战败被抓到吴国。越王心里虽然很愤恨，但仍然控制住自己的情绪。吴王出门时，他走在前面牵着马；吴王生病时，他在床前尽力照顾。吴王看他这样尽心伺候自己，觉得他对自己非常忠心，最后就允许他返回越国。

越王勾践回国后，为了告诫自己不要忘记复仇雪恨，他每天睡在坚硬的柴上，还在门上吊一颗苦胆，吃饭和睡觉时都要品尝一下，为的就是要让自己记住教训。经过十年的艰苦奋斗，越国变得国富兵强，于是越王亲自率领军队进攻吴国，成功取得胜利。后来，越国又趁胜进军中原，成为春秋时期的一大强国。

每当我们遇到不顺心的人与事时，我们要将之作为锻炼意志的最好时机。不让消极的情绪控制自己，而是用意志坚决排除消极情绪，让自己的心情经常处于最佳状态。长期的坚持调整心情对锻炼我们的意志、优化我们的情绪、完善我们的人格有十分重要的作用。

（七）一本万利法

一本万利法，就是通过实现理智化来锻炼意志的方法。这里的“本”，是指理智化。理智化对人的许多事情都有利，故称万利。理智是人与动物的最大区别所在。理智是最强大的力量之一。

案例 4-24：

美国缅因州有一个伐木工人叫巴尼·罗伯格。一天，他独自一人开车到很远的地方去伐木，一棵被他用电锯锯断的大树倒下时，被对面的大树弹了回来，他躲闪不及，右腿被沉重的树干死死压住，顿时血流不止，疼痛使得他的眼前一阵阵发黑。面对自己伐木史上从未遇到过的失败和灾难，他的第一个反应就是：“我该怎么办?”

他看到了这样一个严酷的现实：周围几十里没有村庄和居民，10 小时以内不会有人来救他，他会因为流血过多而死亡。他不能等待，必须自己救自己。他用尽全身力气抽腿，可怎么也抽不出来。他摸到身边的斧子，开始砍树，但因为用力过猛，才砍了三四下，斧柄就断了。他真是觉得没有希望了，不禁叹了一口气，但他克制住了痛苦和失望。他向四周望了望，发现在不远的地方放着他的电锯。他用断了的斧柄把电锯弄到手，想用电锯将压着的树干锯掉，可是，他很快发现树干是斜着的，如果锯树，树干就会把锯条死死夹住，根本拉动不了，看来死亡是不可避免的了。

然而，正当他几乎绝望的时候，他忽然想到了另一条路，这就是不锯树而把自己被压住的大腿锯掉。这是唯一可以保住性命的办法！他当机立断，毅然决然地拿起电锯锯断了被压着的大腿，并强忍常人根本无法忍受的剧痛开车回去。他终于以难以想象的决心和勇气，成功地拯救了自己！

这就是高度的理智化！这就是绝对的果断！这是坚强意志的最高境界！

运用一本万利法，就是要求我们在日常生活中，对于那些该做的，哪怕是不想做、不愿做的，偏要去做，强迫自己去做；对于不该做而想做的则相反。这既是依靠意志来实现理智化，又是在实现理智化的过程中锻炼意志，是锻炼意志的根本大法。

在我们的日常学习、工作、生活中，该做而不想做和想做而不该做的事是非常普遍的，这在客观上就为我们锻炼意志提供了很多良好的机会。我们要抓住机会，有意识地进行严格训练，持之以恒地坚持，就能既使自己高度理智化，同时又能磨炼出钢铁般的坚强意志。

（八）特殊锻炼法

为了磨炼人们的意志，各国都想出了一些特殊的办法，如美国的"魔鬼训练营"、法国的"鲸鱼学校"等等，都是专门进行意志训练的专业机构。

魔鬼训练营最早起源于古罗马的"斯巴达克斯训练法"，风行于欧美。二战后在欧美和日本演变成课程，其宗旨是锻炼人的意志力、忍耐度、心智模式、团队精神、沟通能力和技巧、开拓创新能力和领导能力等，是潜能开发的一种方式。

美日的魔鬼训练计划既是"磨炼之路"，有近乎野蛮、残酷的意志训练；又是"现实之路"，传播实用的知识；还是"超人之路"，使人成为决战商场的强者。它是一种超越常人生理极限、心理极限的训练模式，其宗旨是锻炼人的意志、心智和团队精神。

几十年来，美国陆军及其他部队、NBA 球队 85%的球员接受过"魔鬼训练"，将"魔鬼训练工厂" 列入自己培训科目的企业更是不计其数，美国企业界人士以参加该训练为荣。当有记者问到美国年度风云人物、曾挽救美国克莱斯勒汽车公司命运的克莱斯勒公司前总裁李·艾柯卡先生如何训练及培养职业人才时，他说："送他到'魔鬼训练工厂'接受历练，这是被证明过的捷径。"

课程走出人工规划的拓展基地，走出游人趋之若鹜的风景区，带领学员们走进深山老林，走进神秘大峡谷。学员们身背行囊，脸涂迷彩油，挑战生命极限。此训练不但锻炼了学员在艰苦陌生环境中的适应能力，考验在困难面前的作战能力，更增长藐视一切困难的信心，为今后在工作岗位上遇到问题能迅速调整心态做好准备。

魔鬼训练打破常规,特别注重启迪人的智力,转变思维方式,挖掘人的潜能。哈佛大学、斯坦福大学长期以来一直把魔鬼训练作为工商管理专业本科生和 MBA 的保留课程,这些课程从内容上大致可以分为魔鬼记忆、魔鬼思维、魔鬼决策和魔鬼创新四大类。与我国现有的 MBA 课程设置截然不同,魔鬼训练不是教你死记某种规矩和方法,而是训练你怎样破除思维定式的束缚,启发你改变传统的思维方式和规矩,引导你进行全方位的思考,特别鼓励你另辟蹊径。在教学方式上,魔鬼训练以做游戏、讨论趣味问题和模拟训练为主,不搞填鸭式的灌输。日式的魔鬼培训更侧重于体能和意志力方面的超强度训练,擅长通过体能与对自尊心的摧毁来强化人的意志力。

1）训练特点

（1）培训目的——在于挖掘受训者思想、体力和意志力的潜能,追求突破个人极限。

（2）培训概念——与传统培训设计上最大的不同,魔鬼训练的效果来自受训者的体验与领悟。课程的特殊性是其学习的重点不仅仅是课程的内容,更多的领悟来自参与活动的过程。

（3）培训方式——以活动为主。通过教练的引导,每个受训者将参与活动的过程与结果跟个人的成长经验进行比对,进而领悟活动的意义。

（4）培训内容——通过超常规、超强度的训练内容,令人刻骨铭心、印象深刻。

2）训练效益

魔鬼训练收获的大小取决于个人的感悟力、态度和价值观,其对被培训人员所产生的影响是他们感官体验和主观理解的综合。在总结过去的培训效果时,我们可以肯定的是,在满足有效培训所需要的条件的基础上,魔鬼训练确实被证明是有效的。这些前提条件是:有明确的培训目标、有效组织和协调培训过程、优秀的辅导团队与及时总结经验教训等。魔鬼训练不仅可以满足个人的职业发展需要,更可以帮助企业应对转型或重建所带来的危机。更多情况下,魔鬼训练被用来增强合作精神,建立组织成员之间的相互信任,帮助小组和个人树立自信心,提升领导力等。

人们通常把魔鬼训练和培养团队精神联系在一起,这种联系在大多数情况下是正确的。除此之外,魔鬼训练还可以帮助个人树立自信心和自尊心,提高团队工作效率,降低离职率,营造和谐的工作环境,提升企业创造力,提升团队沟通能力,提升领导能力,激发团队成员的潜能等。

(九) 故事启迪法

每天进步一点点,坚持就会有成果。关于毅力研究的实践告诉我们,经常给孩子讲励志故事,让孩子体会到那些著名人物在成功过程中经历的艰辛,可培养永不放弃的精神。一个坚持与命运抗争的人,一个积极向上的人,就是时代最美的人。

案例 4-25:

肯德基的创始人桑德斯说过:我一生中经历了 1 009 次失败,但一次成功就够了。

1890 年 9 月 9 日,桑德斯出生于一个美国农庄。家境不是很富裕,但也还过得去。然而就在他 6 岁那年,父亲去世了,留下母亲和 3 个孩子艰难度日。

为了生活,母亲不得不在外面接很多个活来做,白天得去食品厂削土豆,晚上继续给人家缝衣服,自然就没功夫照料幼小的孩子。桑德斯是老大,他挑起了照顾弟妹、为母亲分忧的重任。白天母亲不在家,小桑德斯只好自己做饭,一年过去了,他竟然学会了做 20 个菜,成了远近闻名的烹饪能手。

12 岁那年,母亲再嫁,桑德斯和继父的关系却不是很好,才念到 6 年级,他就再也不想读书了,家里的空气憋闷无比,桑德斯决定去工作,重新换个环境。他到格林伍德的一家农场去做工,虽然辛苦,但也能维持个人温饱。

此后他换过无数种工作,可以说什么活儿都尝试过,做过粉刷工、消防员,卖过保险,还当过一阵子兵,后来他还得过一个函授法学学位,并且在堪萨斯州小石城当了一段时间的治安官。

40 岁的时候,桑德斯来到肯塔基州,开了一家可宾加油站,因为来往加油的客人很多,看到这些长途跋涉的人饥肠辘辘的样子,桑德斯有了一个念头:为什么我不顺便做点方便食品来满足这些人的要求呢?况且自己的手艺本来就不错,妻子和孩子也时常称赞。想到就做,他就在加油站的小厨房里做了点日常饭菜,招揽顾客。

在此期间,桑德斯推出了自己的特色食品,就是后来闻名于世的肯德基炸鸡的雏形,由于味道鲜美、口味独特,炸鸡很快就受到了热烈欢迎,客人们交口称赞,甚至有的人来不是为了加油,而是为了吃可宾加油站的炸鸡。

刚开始这样做的时候,桑德斯是为了扩大自己加油站的生意,但是现在炸鸡的名声反而超出了加油站,由于顾客越来越多,加油站已经容不下了,桑德斯就在马路对面开了一家餐厅专营他的拿手好戏——炸鸡。

为了保证质量，桑德斯投资扩建了可容纳142人的大餐厅。这样，他就创建了一个初级的炸鸡市场。以后的几年，他边经营，边研究炸鸡的特殊配料（含11种药草和香料），使炸成的鸡表皮形成一层薄薄的、几乎未烘透的壳，鸡肉细腻而鲜美。至今，这种配料配方还在使用，但调料已增至40种。而这就是肯德基最重要的秘密武器——正如可口可乐的配方一样。

到了1935年，桑德斯的炸鸡已闻名遐迩。肯塔基州州长鲁比·拉丰为了感谢他对该州饮食所做的特殊贡献，正式向他颁发了肯塔基州上校官阶，所以人们都叫他“亲爱的桑德斯上校”，直到现在。

随着客人越来越多，要很快地把炸鸡端上桌已不是件容易的事。就在这时，他偶然参加的一个压力锅展示会给了他启发：压力锅可以大大缩短烹制时间，又不会把食物烧煳，这对于他的炸鸡而言是再好不过的事情了。

1939年，桑德斯买了一个压力锅，他做了各项有关烹煮时间、压力和加油的实验后，终于发现一种独特的炸鸡方法，用这种方法做出的炸鸡是他所尝过的最美味的炸鸡，至今肯德基炸鸡仍沿用这项妙方。

但二战的爆发使已经66岁的桑德斯从一个受人尊敬的上校变成了一文不值的穷人。为摆脱困境，他突然想起曾经把炸鸡做法卖给犹他州的一个饭店老板——他们每卖1只鸡付给桑德斯5美分。桑德斯开始了自己的第二次创业。他带着一只压力锅、一个50磅的作料桶，开着他的老福特上路了。身穿白色西装、打着黑色蝴蝶结，一身绅士打扮的白发上校停在每一家饭店的门口——从肯塔基州到俄亥俄州——兜售炸鸡秘方，给老板和店员表演炸鸡，如果他们喜欢炸鸡，就卖给他们特许权。但整整两年，没有人相信他，他被拒绝了1 009次，终于在第1 010次走进一个饭店时，得到了一句“好吧”的回答。1952年，盐湖城第一家被授权经营的肯德基餐厅建立了，这便是世界上餐饮加盟特许经营的开始。经历了1 009次的失败，第1 010次的坚持让桑德斯获得了成功。

案例4-26：

华特·迪士尼是世界上最著名的电影制片人、导演、剧作家、配音演员和动画师之一。他是有声动画片和彩色动画片的创制者，曾荣获奥斯卡金像奖。后来，他又根据这些可爱的银幕形象设计和创建了被称为世界第九大奇迹的迪士尼乐园。

华特的童年并不怎么好过，他的父亲经常要求他和哥哥打工，他们一旦表现不好就会挨打。华特在服完兵役后真正开始了他的创业。到达堪萨斯州后，华特通过三哥罗伊的介绍在一家名叫普雷斯曼鲁宾的广告公司做画家，由于公司对他的绘画能力有质疑，他只干了一个月就被解雇了。

1920 年，华特和一位当时也在普雷斯曼鲁宾广告公司工作的同事乌布·伊沃克斯合伙成立了伊沃克斯-迪士尼商业美术公司，由于从一项业务中总共才挣到 135 美元，伊沃克斯-迪士尼商业美术公司成立不到一个月就停业了。

1923 年 7 月，华特·迪士尼到了洛杉矶，准备在好莱坞发展。到了洛杉矶后，华特·迪士尼和哥哥罗伊·迪士尼成立了迪士尼兄弟制片厂，开始制作《爱丽丝在卡通国》系列动画片。

1926 年，位于海布瑞恩的新片厂建成了。随后，迪士尼兄弟开始在新片厂制作《幸运兔奥斯华》系列动画。

1928 年 3 月，华特开始了第一部米奇系列动画《飞机迷》的制作，随后又制作了第二部《飞奔的高卓人》。由于这两部动画的反响很有限，而当时有声电影才刚刚兴起，因此华特决定用帕特里克·鲍尔斯研究出的方法来给第三部米奇系列动画《威利汽船》配音，创作出了世界上第一部有声动画！1928 年 11 月 18 日，《威利汽船》在纽约侨民影院进行首映，反响空前！这一天也被定为米奇的生日。

1930 年，一个名叫乔治·博格费尔特的纽约商人为了给自己的孩子买圣诞礼物，向迪士尼片厂购买了米奇和米妮形象在玩具、书籍和服装上的使用权。接着，华特·迪士尼授权纽约的拜博—兰出版公司发行米奇的出版物。

1955 年，他为了实现建立“地球上最欢乐之地”的美梦，四处向银行贷款，可是他被拒绝了 302 次之多，每家银行都认为他的想法怪异。其实不然，他有远见，并有将之实现的决心。今天，每年有上百万游客享受前所未有的“迪士尼欢乐”，这全部出于他个人的决心。

从刚开始创业就不放弃，无论遇到多少困难，都不停地尝试，正是因为这种毅力，才让全世界拥有了今天的迪士尼乐园。

案例 4-27：

西尔维斯特·史泰龙 1946 年生于美国纽约，1970 年进入演艺圈。1976 年自编自演《洛奇》系列首部电影。1977 年凭借电影《洛奇》获得第 49 届奥斯卡和第 34 届美国金球奖最佳男主角和最佳编剧奖提名。

1982 年自编自演《第一滴血》系列第一部，凭《洛奇》和《第一滴血》两个动作电影系列成为1980年代好莱坞动作明星的代表。1984年留名好莱坞星光大道。1992年获得第17届荣誉凯撒奖。

2002年被授予“千年动作明星奖”。2003年以《第一滴血》“兰博”当选美国国家广播公司评出的“影视作品中的十大铁血猛男形象”之一。

2009年，威尼斯电影节授予其“电影人荣誉最高奖”。2010年获得好莱坞事业成就奖。

著名演员史泰龙的健身教练哥伦布医生这样评价他：“史泰龙每做一件事都百分之百投入。他的意志、恒心与持久力都是令人惊叹的。他是一个行动家。他从来不呆坐着让事情发生，而是主动地令事情发生。”

史泰龙的父亲是一个赌徒，母亲是一个酒鬼。父亲赌输了，又打老婆又打他；母亲喝醉了也拿他出气发泄。史泰龙在拳脚交加的家庭暴力中长大，常常是鼻青脸肿，皮开肉绽。在这样的环境下成长，他的学业一无所成，不久就离开了学校，成了街头混混。

直到他20岁的时候，他醒悟了：“不能，不能这样做。如果这样下去，和自己的父亲岂不是一样吗？成为社会垃圾、人类的渣滓，带给众人、留给自己的都是痛苦。不行，我一定要成功！”

史泰龙下定决心，要走一条与父母迥然不同的路，活出个人样来。但是做什么呢？他长时间思索着。找份白领工作，几乎是不可能的。经商，又没有本钱。他想到了当演员——当演员不需要过去的清名，不需要文凭，更不需要本钱，而一旦成功，却可以名利双收。但是他显然不具备演员的条件，长相就很难使人感兴趣，又没有接受过任何专业训练，没有经验，也无“天赋”的迹象。然而，“一定要成功”的驱动力，促使他认识到，这是他今生今世唯一出头的机会，最后的成功可能。在成功之前，决不放弃！

于是，他来到好莱坞，找明星，找导演，找制片，找一切可能使他成为演员的人，四处哀求：“给我一次机会吧，我要当演员，我一定能成功！”

很显然，他被拒绝了一次又一次。但他并不气馁，他知道，失败定有原因。每次被拒绝之后，他就把它当作是一次学习。

不幸得很，两年一晃过去了，钱花光了，他便在好莱坞打工，做些粗重的零活。两年来遭受到1 000多次拒绝。

他暗自垂泪，痛哭失声。难道真的没有希望了吗？难道赌徒、酒鬼的儿子就只能做赌徒、酒鬼吗？当然不行，我一定要坚持下去，我要成功！他想到了换个方法试试。他想出了一个“迂回前进”的思路：先写剧本，待剧本被导演看中后，再要求当演员。幸好现在的他，已经不是刚来时的门外汉。两年多的耳濡目染，每一次拒绝都是一次口传心授、一次学习、一次进步。因此，他已经具备了写电影剧本的基础知识。

一年后，剧本写出来了，他又拿去遍访各种导演：“这个剧本怎么样，让我当男主角吧！”人们都认为他的剧本挺好，但要让他当男主角是不可能的。他再一次被拒绝了。

他不断对自己说：“我一定要成功，也许下一次就行，再下一次，再下一次……”在他一共遭到 1 850 多次拒绝后的一天，一个曾拒绝过他 20 多次的导演对他说：“我不知道你是否能演好，但至少你的精神令我感动。我可以给你一次机会，但我要把你的剧本改成电视连续剧，同时，先只拍一集，就让你当男主角，看看效果再说。如果效果不好，你便从此断绝这个念头吧！”

为了这一刻，他已经做了 3 年多的准备，终于可以一试身手。机会来之不易，他自然拼尽全力，全身心地投入其中。第一集电视剧创下了当时全美最高收视纪录——他成功了！

史泰龙的故事告诉我们：在人生的道路上，谁都会遇到困难和挫折，就看你能不能战胜它，战胜了，你就是英雄，就是生活的强者。从某种意义上说，挫折是锻炼意志、增强能力的好机会，不要一经挫折就放弃努力，只要你不断尝试，就随时可能成功。而如果你在受到挫折之后对自己的能力或“命运”产生了怀疑，产生了失败情绪，想放弃努力，那么你就已经彻底失败了。

坚持做有利于自己成长的事，日积月累必有所成。家长可给孩子介绍一万小时定律，启发孩子的坚持精神。当孩子选择了正确的道路，有了坚持的精神，成功是必然的事。

第十节　培养孩子良好的性格、习惯

英国唯物主义哲学家、现代实验科学的始祖、科学归纳法的奠基人培根，一生成就斐然。他在谈到培养孩子的好习惯时深有感触地说：“习惯真是一种顽强而巨大的力量，它可以主宰人的一生，因此，人从幼年起就应该通过教育培养一种良好的习惯。”联系现实生活中的人和事，再仔细分析一下，就会越发感到培根的话确实包含着深刻的道理，尤其是在学习问题上，几乎对于每一个人都适用。如果你渴望获得较好的学习成绩，如果你渴望有效地利用时间，如果你渴望在学术上有所建树，那么，就请你尽早养成良好的学习习惯。严格执行学习计划，是实现目标、克敌制胜的法宝。谁能根据奋斗目标制订出科学的计划，并且定时定量地完成计划，谁就能无往而不胜。一般说来，目标比较容易确定，计划也比较容易制订，难的是定时定量地完成。这就是通常所说的“知易行难”。若使“行”成为习惯，世界上还有什么不能实现的目标呢?

如果你开始行动了，并在行动中形成了好的习惯，那么你的美好人生也就启航了。正如印度民谚所说：“播下一种行为，收获一种习惯；养成一种习惯，收获一种性格；形成一种性格，收获一种命运。”由此可见习惯的力量是巨大的。

关于习惯的培养，人们自然想到的是要培养孩子良好的生活习惯、饮食习惯、睡眠习惯、劳的习惯、锻炼习惯、清洁卫生习惯，上述内容在别的书中论述得比较多，本书就不再赘述。但要说明的是，这些基础好习惯的形成是十分重要的，家长一定要培养到位。本书要谈的孩子的好习惯，范围要更广泛一些，视野更开阔一些，特别是对精英人才的培养更具价值。

谈到习惯，我们必须从宏观上全面认识教育，从结构上找准习惯的位置，在功能上认清它在人的成长中的重要作用，在培养上要把握好内容和方法。

一、习惯的概念

在心理学中，对习惯有多种描述：“习惯是人在一定情境中所形成的相对稳定的、自动化的一种行为方式。”“习惯是一种动力定型，也就是稳定的行为、思维模式。”我国儿童心理学家朱智贤教授认为，习惯是人在一定情境下自动化地去进行某种动作的需要或倾向。习惯形成就是长期养成的不易改变的行为方式。习惯形成是学习的结果，是条件反射的建立、巩固并臻至自动化的结果。

二、习惯的好坏

习惯有好习惯与坏习惯之分，好习惯有利于我们的身心发展，而坏习惯则会妨碍我们的健康成长。世界上最可怕的力量就是习惯，世界上最宝贵的财富也是习惯。对于一个班级、一个企业、一个国家、一个民族都是如此，对于人的一生，更是如此。生而为人，每个人都需要踏踏实实地做人，而良好的习惯正是我们构建成功人生所必需的。

俄罗斯著名教育家乌申斯基有句名言:“良好的习惯是人在某种神经系统中存放的道德资本,这资本不断增值,而人在其一生中享受着它的利息。”意思就是说,好习惯是一笔丰厚的存款,让你终生享受不尽利润;而坏习惯则是一笔沉重的债务,终生偿还不尽。

三、习惯的培养

叶圣陶说过:“教育,就是培养好习惯。”好习惯,是指良好的习惯,所谓良好,就是有益,好习惯往往是既有益于自己,又有益于他人。

养成好习惯往往会使人终身受益,做任何事情都充满希望,能够让人轻松拥有积极的人生。

案例 4-28:

苏联教育家苏霍姆林斯基有一个习惯,那就是在清晨尽早开始一天的工作,他每天 5 点半起床,做早操,喝杯牛奶,吃块面包,然后就开始工作。当他习惯了 6 点钟开始工作以后,又努力再提早 15～20 分钟,几十年如一日,从不间断。他的 30 多本教育方面的书和 300 多篇学术论文都是在早上 5 点到 8 点写成的。好习惯成就了一位举世闻名的心理学家和教育学家。

坏习惯往往又被称作恶习,是指不好的习惯,这些习惯会影响和破坏我们的生活,甚至会耽误我们的一生。

案例 4-29:

日本有一家食品公司要招聘一位卫生检测员,一位衣冠楚楚、气度不凡的年轻人自信地走进了总经理办公室。他优雅的谈吐、扎实的专业知识赢得了总经理的好感。没想到就在年轻人转身离开的时候,他下意识地抠了一下鼻孔。这个不起眼的小动作并没有逃过总经理的眼睛。结果可想而知,一个没有良好卫生习惯的人怎么能够做卫生检测员呢?当然,年轻人永远不会知道是他“抠鼻孔”的坏习惯毁了他的工作,使到手的饭碗落入他人之手。

在印度和泰国,驯象人在象小的时候用一根铁链将它绑在钢柱或水泥柱子上,无论小象怎么挣扎都无法逃脱。小象渐渐习惯了,再也不挣扎,即使在长成大象可以轻而易举地逃脱链子时,也不挣脱。

对小孩子来说,最重要的是养成好习惯。在家庭教育过程中,若养成了不好的习惯,长大了想改变是十分困难的事情。好习惯越多,不好的习惯就越少。管住自己,你就是习惯的主人;管不住自己,你就是习惯的奴隶。做主人还是做奴隶,全在于你自己的选择。

少成若天性,习惯如自然。行为养成习惯,习惯形成性格,性格决定命运。可见,从小养成良好的习惯至关重要。

(一) 好习惯的内容

谈到习惯的培养,不少书上仅仅说了学习习惯的培养。其实,一个精英的长成仅靠好的学习习惯是远远不够的。

马云在一次演讲中说过,有许多人羡慕嫉妒他的风光和厉害,但他其实并不觉得自己有多厉害。

马云曾表示:别人说我很厉害,其实我爸妈从来没觉得我厉害,我老婆也没认为我很厉害。他觉得:“远看都很好,近看都差不多。”这个评语他还送给了他的朋友、熟人李嘉诚、比尔·盖茨和沃伦·巴菲特。

原来在事业没有成功的时候,马云看这三个人也是觉得很厉害、很不得了,但在熟悉之后,再看大家其实都是差不多的,都是肉身凡胎,谁也没有三头六臂,有什么神秘之处,好像越是成功的人就越显得普通和平常。你看巴菲特说话,简直就是平平无奇。但凡能成功的人必定有能走向成功的原因,特别是这几位取得如此长远成功的人。

总结来说,马云指出李嘉诚、比尔·盖茨和沃伦·巴菲特有三个特点,非常值得年轻人去学习:

(1) 他们一定是很乐观地看待未来;

(2) 他们永远不抱怨,他们只检查自己的问题;

(3) 他们有超越常人的坚持。

马云认为,如果没有这些素质,就是厉害如他们也是走不远的。实际上,困难和麻烦永远有,只要你去做事,就会一直有困难和麻烦,困难和麻烦是做事必然会遇到的,所以,你要永远相信未来比今天好,“你首先要相信乐观,不乐观的人是不可做创业的”。

再就是“真正成功的人,一定是改变自己的人,改变别人的事情,少做”。因为最大的敌人是自己。“几乎所有的成功者碰上麻烦、犯上错误以后,总是先检查自己,哎呀我这个没做好,我得调一调,我这个不对。”“机会在哪里,机会就在抱怨之中。只要有人抱怨这些方法,顺势去解决就可以。”成功者很少去抱怨这、抱怨那,而且成功者的抱怨不是为了自己抱怨，他们是为同类抱怨，为同行去做改变，他们不是靠幻想，他们是认认真真、脚踏实地去做。

最后，创业者最大的对手是时间，因此还是要坚持。那怎样才算坚持呢？就是在遇到困难和麻烦的时候，沉下心来坚持去做正确的事。最大的失败就是放弃，那意味着你被困难和麻烦打败了。

马云说他这几年最大的福气就是有机会认识了这世界上商界最牛的人，这是他的荣幸。

我觉得这就是马云的厉害之处，他是在“读书”啊，凡是遇到一个很牛的人，马云都可以很快了解、学习到他们身上的核心算法。

更厉害的是马云还无私地分享出来，这可都是成功立业的独门心法啊，所以，大家不要不以为然，心态要放平和，如果你真的去思考、去吸收和运用了这些东西，那对你是有百益而无一害的。

我最看不惯那些叽叽歪歪的人，在那些人眼里好像谁都有毛病，谁都不如他们高明，只要是出名、出风头的人，在他们那儿就一定是这个人很虚伪、浪得虚名，这是典型的见不得人家好、见不得人家高明。这些人其实是有小人之心。

没有人是完人，而且我怀疑就算是完人也不会完全符合小人的喜好，因为他们自己也是心思万变的，他们就没有原则和立场，他们只关心自己的好处、情绪。

孔子说“三人行必有我师”，做人一定要有容人之心，事情要分开看。对别人不好的一面，我们要反思自己是不是也有；对别人好的地方，我们也要“见贤思齐”，要向人家学习。

这才是正理，这样对人对己都好。记住，永远不要让自己变成一个思想混乱、对什么都无所谓的蠢货。

创业之前，马云一度认为这世界没机会了，微软、IBM、沃尔玛它们已经把机会都抢占了。

但是，为什么要和比尔·盖茨、李嘉诚和巴菲特这些人比呢？你应该去和隔壁的老王比、小张比，如果你做的馄饨比他们的更好，客人更满意，那你就更厉害。

不要被成功学和遍地的鸡汤给骗了，机会不在那里，机会只在你身边。

所以马云说，机会其实是均等的！

有一次，马云和朋友去拜访李嘉诚，有人就问李嘉诚一个问题：为什么李嘉诚可以多元化经营，什么都投，而且什么都能做成功，但别的人也想什么都做却不成功？

李嘉诚回答说，做生意要记住，手头上永远要有一样产品是天塌下来你也挣钱的。

那么，想一想，找一找，你手头上有没有“天塌下来你也挣钱”的东西？

读到这里你可能基本明白我前面的观点，一个精英的成功仅有好的学习习惯是远远不够的。一个人应当在思想观念、思维形式、行为方式、学习方面、人际关系处理等方面都形成良好的习惯，才能成为未来社会的精英。

良好的教育首先是帮助孩子“内驱力”的成长，其次是“核心素养”的培养，再次才是知识的获得。这三个方面都要养成好的习惯，并不断修炼自己、磨炼自己，才会一步步走入精英的阶层。知识的获得主要在学校，而“内驱力”的成长主要在家庭，“核心素养”的培养需要家庭、学校、社会的共同努力。

内驱力分为两大类，一是以“生命驱力”为前提，二是由社会责任等后天形成的社会性需求所产生的高级内驱力。

核心素养分三个方面：文化基础、自主发展、社会参与；有六个内容：人文底蕴、科学精神、学会学习、健康生活、责任担当、实践创新。

人的精神成长的核心是人的自我意识的觉醒与自我素质的提升。在人的生命成长过程中，深刻体验到生命的唯一和尊严，具有把握自我的力量，从自在走向自为。

（二）让孩子有坚定信念

“你可以一辈子不登山，但你心中一定要有座山，它可以使你总有一个奋斗的方向，它使你任何一刻抬起头，都能看到自己的希望”，这是著名作家刘墉的人生感悟。过好人生所需要的不是安于现状，而是力求上进。力求上进需要心中具有坚定的信念，要相信目标的价值。要让孩子从小有梦想、有目标，梦想能给你前行的力量。如果你不知道你要到哪儿去，那通常哪儿也去不了。

在孩子小的时候，父母就要不断地将公认的一些成功理念灌输给孩子，如人具有巨大的潜能、天生我材必有用、有志者事竟成、天才出于勤奋、天道酬勤、选择比努力重要等，让孩子懂得人生目标与阶段目标的关系、阶段目标与年度目标的关系、年度目标与每日计划的关系；明白现在决定未来、未来决定现在的辩证关系，自律与自由的关系——人越自律越自由。当孩子心中有梦想时，他的方向将十分明确，他的动力将十分充足，并且永远有用不完的力量，进入乐此不疲、勇往直前的最佳状态。

（三）培养孩子的自信心

我行，我能行，我一定行。多给孩子讲华罗庚、孙膑、罗斯福等名人的故事，从而增强孩子的自信。拿破仑说过，我们的心态在很大程度上决定我们人生的成败，我们怎样对待生活，生活就怎样对待我们。成功者总是说：有可能，一定要试一下；失败者总是说：没可能，绝对没有可能。

家长要时时信任孩子、事事相信孩子，放手让孩子去试、去做、去闯，成功了总结经验，进行表扬奖励；遇到困难给孩子鼓劲加油，如果难度较大给孩子适当地指导帮助；事情没做好时告诉孩子这不是失败，而是暂时没找到成功的方法与路径，引导孩子调整思路，继续探索，直到将问题解决、事情做成。对孩子不批评、不指责，这样在孩子的人生字典中只有成功，根本就没有失败二字。

现在有些家长，不让小孩子干任何事情，一切都包办代替，孩子长大后什么事都干不了，这样的孩子哪有自信可言。

（四）培养孩子积极乐观的心态

乐观对待学习，乐观对待生活，乐观对待身边的一切，那么每一天都是最好的生活。积极是一种人生的力量。凡事应积极思考，求真务实，创新落实。乐观的人总是在危机中看到希望，悲观的人总是在希望中看到危机。

孩子能否拥有积极乐观的心态从而成为一个积极乐观的人跟父母有很大的关系，同时，跟孩子的实际抚养人、孩子的同辈群体以及孩子的老师的关系也不小。如果孩子周围的人都是积极乐观的，孩子一般也会成为积极乐观的人。所以，我一直强调，要想教育好孩子，首先要教育好自己。你自己修炼好了，工作上积极奋进，事业上蒸蒸日上，浑身充满了正能量，爱孩子、爱家人、爱公司、爱国家，时时处处给孩子做好榜样，教育好孩子是件很简单的事情。如果父母修炼不到位，整天抱怨他人的不是，抱怨世道的不平，工作上消极落后，事业上一事无成，人际关系十分紧张，生活在这种环境中的孩子能积极乐观的概率自然就很小。

那么，如何培养积极向上的乐观心态呢？一是想象着做一只鹰。在你的人生中，不论面对怎样的处境，都不要受制于自我的困局，要冲出自制的樊笼，做一只翱翔的飞鹰！二是通过改变环境来调整情绪。当情绪低落时，不妨去看看世界上除了自己的痛苦之外，还有多少美好的事物。如果情绪仍不平静，就积极地去和这些美好的人和事接触，消解自己的情绪，并重建自己的信心。通常只要改变环境，就能改变自己的心态和感情。不要把过多的时间浪费在去看别人悲惨的详细新闻上。在家里、在上班途中多听听积极向上的音乐，可能的话，与一位心态积极者共进早餐或午餐，晚上则多与自己的爱人谈谈心。三是改变你的习惯用语，不要说“我真累坏了”，而要说“忙了一天现在心情真轻松”；在团体中不要抱怨不休，而要多赞扬团体中的人。四是向龙虾学习，龙虾在某个成长过程中，会自行脱掉外面那层具有保护作用的外壳，这时它很容易受到敌人的伤害。这种情形将一直持续到它长出新的外壳为止。生活中的变化是很正常的，每一次发生变化，总会遭遇到陌生及预料不到的意外事件。在这种时候，不要躲起来，使自己变得懦弱；相反，要敢于去应付危险的状况，对于你未曾见过的事物，要有信心去面对它。五是珍视你自己的生命，不要说"只要吞下一口毒药，就可获得解脱。"生命在于运动，而头脑指挥身体如何运动。当人运动时，人的大脑会产生内啡肽和多巴胺，使人产生愉悦感，调节身心。六是从事有益的娱乐与教育活动。如观看介绍自然美景、家庭健康以及文化活动的影像，使你身心愉悦。七是不要过分关注身体状况。在幻想、思考以及交谈中，应表现出你的健康情况很好，不要老是想着一些小毛病。因为心理暗示的作用，你脑中想些什么，你的身体往往就会表现出来什么。八是给需要帮助的人以帮助。在你生活中的每一天里，拜访或打电话给需要帮助的人，向他们展示你的心态，并把你的积极心态传给别人。

（五）引导孩子养成阅读的习惯

朱永新教授（博士生导师，现任十三届全国政协常务委员兼副秘书长，民进中央副主席，中国教育学会第八届理事会学术委员会顾问）被誉为中国阅读推广第一人。他说："一个人的精神发育史就是他的阅读史，一个民族的精神境界很大程度上取决于这个民族的阅读水平。有调查表明，我国中小学学生不读课外书的情况非常普遍，全社会的阅读水平也有比较明显的下降。所以，我一直呼吁建立'国家阅读节'。"从2003年起，他一再向全国人大建言，不厌其烦。他坚信，阅读能改变人生，阅读会提高人文素养，阅读与民族精神的振兴、人类文明的延续有密切的关联，也正因为此，他把"营造书香校园"摆在了新教育实验六大行动的第一位，他的良苦用心可见一斑。

朱永新认为，教育最重要的任务是塑造美好的人性，培养美好的人格，使学生拥有美好的人生。也应该从这样的原点出发，推进教育的改革；也应该从这样的原点开始，让教师与学生过一种幸福完整的教育生活。朱永新的"新教育人"的梦想是，从"书香校园"走向"书香社会""从推进阅读来撬动中国教育改造"。

"没有阅读就没有个人心灵的成长，就没有人的精神发育。"朱永新认为，人的精神发育最重要的途径就是阅读书籍。因为人的智慧、思想没有办法从父母那里通过基因来拷贝、遗传。阅读不能改变人生的长度，但是它可以改变人生的宽度；阅读不能改变人生的物象，但是它可以改变人生的气象。外在的相貌和基因无法改变，但是人的精神可以通过阅读而蓬勃葱茏、气象万千！

朱永新认为，人类能够超越其他动物，就是因为人类有自己的精神世界，而这个精神的世界是离不开阅读的。只有和老子、孔子、孟子这些最伟大的思想家对话，才能达到先秦时代文化思想的高峰；只有与文艺复兴时期的大师们交流，才能登上西方文明的一些最重要的平台。

精神力量取决于阅读的力量。一个民族的精神境界，取决于这个民族的阅读水平。“一个民族的竞争力取决于它的精神力量，而民族的精神力量不取决于这个民族的人口数量，而是取决于它阅读的力量。”朱永新认为，中华民族的共同精神家园建设离不开阅读。“如果没有共同的神话和历史，没有共同的英雄和传说，没有共同的精灵与天使，没有共同的图画和音乐，没有共同的诗歌和小说，我们就永远不可能有共同的信仰、共同的道德标准和对于未来的共同愿景，也就没有所谓的核心价值体系和思想基础，我们的社会就只是一群乌合之众。”

离开阅读就不是真正的教育。一所没有阅读的学校，永远不可能有真正的教育。“学校教育对于一个人的成长来说是至关重要的。但是，学校教育如果离开了阅读，就不是真正的教育，只是训练。”朱永新认为，人的精神饥饿感，是在中小学阶段，尤其是在小学阶段形成的，所以，真正的阅读要从儿童开始，这才是解决中国教育问题最重要的手段，是中国素质教育突破口的最重要的选择和路径。美国著名的心理学家玛丽安·沃尔夫认为，小孩子在5岁以前，父母是否经常讲故事给他们听，决定他们以后的阅读技巧，童年、少年时期得到的故事、读物，对于建设属于他的未来的世界会有决定性的影响。朱永新认为，新教育首先要做的就是拯救阅读，特别是儿童阅读；不但要鼓励学生、教师、家长阅读，还要鼓励教师与学生、家长与孩子共同阅读一本书，这样，教师、家长才能走进孩子的世界，与孩子更好地交流。朱永新还呼吁孩子们远离电视和网络，坚持以“晨诵、午读、暮省”为核心的生活方式。

阅读的起步从父母给孩子讲故事、从父母首先爱上阅读给孩子做好榜样开始，阅读的内容可根据教育部为中小学生推荐的书目和孩子的兴趣爱好选定，阅读的质量跟父母的引领技巧、交流的广度、讨论的深度有很大的相关度。通过亲子共读一本书和深入广泛的交流，孩子能更好地明确方向，更多地吸收书中的精华，获得充足的成长的智慧。

（六）培养孩子形成尊重老师的素养

孩子尊敬老师，尊重老师的劳动，不仅仅是师生和谐相处的基本前提，更是每一个有良知的孩子应该拥有的最起码的品德。一个尊重老师的孩子才会得到老师的尊重,才会学到更多的东西。

学生必须尊敬老师,这是对学生最基本的要求之一。有了尊敬,才能建立良好的师生感情。教师也是人,难免有缺点、有错误,如果因为教师工作中有缺点、有错误就不尊敬他,那是不对的。作为父母,不要站在狭隘的立场对老师评头论足。

有这样一个案例:一个学生问自己的生物老师一棵植物的名字,老师却不知道这是什么东西,就说回家之后查一下书本。这位学生回到家里,把这件事情的过程告诉了自己的爸爸。身为生物学家的爸爸一眼就看出了这棵植物是什么,但是这位父亲却说不知道。第二天孩子上学走的时候,爸爸让孩子带一封信给生物老师,信里边详细介绍了这棵植物的产地及习性,而且还说,这些知识让老师告诉孩子,要比自己告诉他好得多。

案例中的老师说回家之后查一下书本,这种"知之为知之,不知为不知"的科学态度值得肯定;案例中的家长实在高明,有效维护了老师在学生心目中的威信,让学生更加敬重老师。

我国古代第一篇教育类著作《学记》有云:"故安其学而亲其师,乐其友而信其道。是以虽离师辅而不反也。"一语道破了亲师、尊师、敬师对于学生的重要影响:孩子只有在亲近、尊敬自己的师长时,才会相信、学习师长所传授的知识和道理;肩负传道、授业、解惑职责的教师,只有真正做到学为人师、行为世范,才能让学生佩服、信服和尊敬。

在我读书的1980年代,学生顶撞老师是大逆不道的事儿。但近些年来,随着互联网技术的飞速发展,"体罚"学生事件和"校闹"事件多成为网民关注的焦点,一些不良媒体几乎一边倒地谴责教师的不是,这影响了教师在学生心目中的地位和威信。

师道既尊,学风自善。实践证明,凡是教师受尊重的地方,不仅校风好、教风好、学风好,而且青少年违法犯罪率也低。

(七) 引导孩子养成学习好习惯

小学阶段需要养成的高效学习的30个基础好习惯:

1. 课前预习的习惯

(1) 了解知识点、重点、难点;

(2) 前期学习;

(3) 做好各种记录;

（4）精力集中，一丝不苟。

2. 课堂学习习惯

（1）学习工具带齐全；

（2）专心、用心探索，全身心投入；

（3）踊跃发言；

（4）有问题及时发问；

（5）虚心听取同学发言；

（6）善于合作学习；

（7）善于举一反三。

3. 制订学习计划

在家长、教师指导下制订制订切实的每周、每月、每学期学习目标、学习计划，并认真执行。

4. 阅读习惯

（1）每天课外阅读30分钟以上；

（2）做好笔记；

（3）边读边思考。

5. 书写习惯

（1）专心；

（2）保持正确的写字姿势，做到“头正、身直、足平、臂开”；

（3）书写时保护好视力，做到“三个一”；

（4）保持书写整洁；

（5）写好作业，认真检查。

6. 记忆习惯

（1）及时复习、准确记忆；

（2）及时交流。

7. 作业习惯

（1）当天作业当天完成；

（2）独立做作业；

（3）整理资料。

8. 纠错习惯

有错误要及时纠正

9. 总结反思习惯

（1）睡觉前反思；

（2）建立成长记录袋；

（3）记录生活感悟，写好日记；

（4）学期总结。

1～3 年级培养重点：阅读习惯、书写习惯、课堂学习习惯、记忆习惯。

4～6 年级培养重点：阅读习惯、课堂学习习惯、书写习惯、演讲习惯、总结反思习惯。

中学阶段必修的 16 个综合好习惯：

（1）尊重与欣赏老师的习惯；

（2）主动学习的习惯；

（3）自习预习的习惯；

（4）专心听课的习惯；

（5）记笔记的好习惯；

（6）认真写字的习惯；

（7）认真观察、积极思考的习惯；

（8）善于提问的习惯；

（9）切磋琢磨的习惯；

（10）独立作业的习惯；

（11）仔细审题的习惯；

（12）练后反思的习惯；

（13）复习归纳的习惯；

（14）各学科全面发展、不偏科的习惯；

（15）整理错题集的习惯；

（16）客观评价的习惯。

（八）教育孩子学会感恩

感恩是一种处世哲学，也是生活中的大智慧。怀有一颗感恩的心，能帮助你在逆境中寻求希望，在悲观中寻求快乐。“饮水思源”的古训家喻户晓，“滴水之恩当涌泉相报”的思想老少皆知。感恩是中华民族的传统美德，它不仅是一种文明，也是一种美好的情感；是一种修养，更是一种责任。从小让孩子就有知恩的意识、感恩的心、报恩的行动是父母的必修课。懂得感恩，是成功人士的重要修养之一。

培养孩子成为懂得感恩的人，让孩子懂得自己的成长离不开老师、家长的付出以及社会的关爱与扶持，懂得人与人之间要相互扶持，对别人为自己的付出要知道感恩。

让孩子学会感恩可从以下五个方面着手：

1. 感谢父母养育之恩

从小培养孩子的感恩之心，他长大后才会知恩图报，孝敬自己的父母。一个人不懂得感恩就失去了爱父母的感悟基础。而连自己的父母都不爱，将来又怎么可能去爱他人、爱事业、爱国家？一个人连父母都不爱，经常在别人面前抱怨自己的父母、说父母的不是，别人会看不起他，不愿与他相处。在孩子懂事的时候要和孩子“算算亲情账，感知父母恩”：将自己的杂费、生活费、交通费、零花钱等支出加起来，算算家长为自己的投资；利用周末时间为家里做力所能及的家务，如打扫卫生、叠被、洗碗、洗衣物；给长辈捶捶背、揉揉腰、洗洗脚；每年父亲节、母亲节给爸爸、妈妈写一封信，感谢父母的养育之恩。父母要在家庭中开展“做最让爸妈放心的孩子”研讨活动、实践活动，让孩子尽早理解父母，尽早成为让父母放心的好孩子。让父母省心、让父母放心也是感恩父母的最好行动之一。

2. 感谢祖国培养之恩

父母要清楚地告诉孩子要真心爱国。爱国是国家兴旺发达的动力，爱国是中华民族团结的基础，爱国是全体公民的神圣职责，爱国是当代民众的精神需求，爱国是振兴中华民族的旗帜，爱国是中华民族和平发展的必由之路。对于一个不爱国的人，不但国人看不起他，就连外国人也会看低他一等。

父母可以给孩子算算国家对义务教育的投入，让孩子看看国家如何为人民提供安全的生活学习环境、良好的就业机会，再看看处在战乱国家的人民的生存状况，让孩子体会做一个中国人真幸运，真幸福！自然而然地让孩子产生感恩祖国的爱国之情。同时父母可收集祖国的自然风貌、人文景观、经济发展、科技进步、军事强大、文化繁荣、社会和谐等素材讲给孩子听、领着孩子看。有条件的家庭，父母可带着孩子游历祖国壮丽河山，亲身感受祖国之大、祖国之秀美、祖国之可爱，从而感恩祖辈把国家疆土开拓得这么大，把国家建设得这么好，把各民族团结得这么紧。同时父母也要让孩子知道国家近代所蒙受的巨大灾难，使孩子明白落后就要挨打的道理，要求孩子能够铭记历史、不忘国耻、居安思危、发奋学习、增强本领，长大了报效祖国，为把国家建设成世界一流的强国贡献自己的力量。

3. 感谢老师的教诲之恩

老师教给我们知识，教给我们做人的道理，老师是我们人生路上的领路人。老师对我们的教诲之恩值得我们终生感谢。

在家庭开展“学生如何为老师献真情”研讨活动，让孩子明白老师心中的好学生的标准，要想老师所想，努力成为让老师放心的全面发展的好学生。每学期给老师写一封感谢信、做一张贺卡、献一束鲜花、提一个建议、表一个决心，以实际行动表达对老师的感激之情。

4. 感谢同学的帮助之恩

同学是孩子心中最纯也是最真的朋友。大家朝夕相处，也许从没表达过对彼此的感情。其实通过一些活动使同学们学会互相表达感谢之情，也是很有价值的事情。

可以畅谈同学帮助过自己的事迹，为同学做几件有益的事，掀起同学间互帮、互助、互学、互助的热潮，增进同学之间的友谊。

5. 感谢社会温暖之恩

社会是个温暖的大家庭，它给我们带来方便、带来温暖、带来磨炼，给我们广阔的成长空间，促进我们的成长。

鼓励孩子积极参与学校组织的募捐活动，向社会上需要帮助的人伸出援助之手，奉献一片爱心；组织孩子利用课余时间上街参加义务劳动，做社会小志愿者，走进敬老院进行慰问活动，为老年人做点力所能及的事情；推荐孩子看一些感恩主题的电影，如《暖春》《网络妈妈》等，激发孩子的感恩之心。

（九）发挥好家长的榜样作用

孩子天生会模仿。如果家长希望孩子养成哪方面的好习惯，父母首先就要先养成这方面的好习惯，然后给孩子示范，给孩子引导，让孩子训练，适时给孩子讲形成此好习惯的价值，在这样的环境中孩子自然而然地就会养成这种好习惯。

如果孩子发现家长有坏习惯没有改掉，他的坏习惯就很难改掉。例如一个孩子有不守时的坏习惯，他的父亲不厌其烦地告诉他：“一个人对别人做出承诺就一定要兑现。”孩子说：“不一定吧！不兑现承诺的人过得也挺好。”“怎么这么说呢？”“你上星期答应我陪我去玩，你并没有兑现，可你现在过得也不错啊！”一旦孩子发现你有坏习惯和坏行为，你却不允许他像你一样去做，你的话在他心中就大打折扣。

好习惯是走向卓越的源泉。德莱顿说过：“我们首先养出了习惯，随后习惯养出了我们。”行为决定习惯，习惯决定性格，性格决定命运。倘若你想成为高尚的人，就必须养成高尚的习惯；倘若你想成为社会精英，你就必须养成社会精英的习惯。

有一次我在学校做关于好习惯的讲座，有一个家长问我：孩子究竟要养成多少好习惯才能成为社会的精英？我是这样回答他的：一个人要想成为精英，首先要养成基础好习惯，其次，还要养成各个领域精英应有的好习惯，再经过努力方有可能成为精英。

书上有讲过高效人士的七个习惯，我觉得说得很有道理，你可以去实践：一是积极主动——个人愿景的原则；二是以终为始——自我领导的原则；三是要事第一——自我管理的原则；四是双赢思维——人际领导的原则；五是知彼解己——移情沟通的原则；六是统合综效——创造性合作原则；七是不断更新——平衡的自我提升原则。

关于习惯对人的成长有多重要，最后还是以几位伟人语录来做总结。

古希腊伟大的哲学家、科学家、教育家亚里士多德说：“人的行为总是一再重复。因此卓越不是一时的行为，而是习惯。”

教育家霍瑞斯·曼说：“习惯就仿佛一条缆绳，我们每天为它添上一股新绳，很快它就变得牢不可破。”

富兰克林说：“我从未见过一个早起勤奋谨慎诚实的人抱怨命运不好；良好的品格，优秀的习惯，坚强的意志，是不会被假设所谓的命运击败的。”

第十一节　当代学霸特质总结

这几年，我看过50多名高考状元谈自己家庭教育、学习经验方面的文章，共计近200万字。我发现他们生活的家庭虽然各不相同，但他们的家长有很多相似之处，孩子身上也有很多相同的特质。因为前面有关章节有所论述，这里就用一些关键词来总结一下。

1.家长的共同点

人品正，上进心强，工作勤奋，家庭和谐。敬畏心，懂教育，有理性，重方法，好榜样，能奉献。

2. 教育方法多样

多鼓励，多肯定，多表扬，多沟通，多引导。有耐心，有信心，善用心，有恒心。不比较，不浮躁，抓得实，度适当，方法巧。

3. 教育内容全面

重人格，自尊心，羞耻心，荣誉感，责任心，进取心，大爱心，坚毅性，同理心，前瞻性，适合度，会选择。

4. 孩子身上的特点

觉醒早，起步早，悟性好，目标明，路径清，措施实，有自信，能坚持，爱读书，兴趣浓，会学习，勤思考，有激情，很勤奋，特专注，不服输，毅力坚，身体好，习惯好。

5. 学习方面特点

爱看书，写日记，联想丰。认真听，重理解，善记忆，用心想，大胆说，精练习，善总结。

6. 孩子性格方面特点

性格好，独立性，尊重人，乐助人，情商高，不信命，守规则，能自律，有自由。

第五章　提高孩子的情商水平

在生活中，在职场中，在交友中，情商高的人总是受到欢迎、得到重用。即使其实力不一定很强，但容易得到很好的资源。

卡耐基说过，一个人的成功85%取决于人际关系，而知识、技术等方面只占15%。可见，情商对人的成功有很大的作用。本章对什么是情商、如何培养孩子的情商做些论述。

第一节　情商是什么

1. 情商的定义

情商是指一个人管理自我情绪以及管理他人情绪的能力指数。

情绪是指内心的感受经由身体表现出来的状态。

情绪无好坏之分，一般只划分为正面情绪（或积极情绪）、负面情绪（或消极情绪）。由情绪引发的行为、行为的后果则有好坏之分。因此，情绪管理不是消灭情绪，而是疏导情绪，并合理利用情绪。

我国古代有七情说：喜、怒、忧、思、悲、恐、惊。世界上比较公认的人类四种基本情绪是：喜悦、愤怒、悲哀、恐惧。

喜悦：是人达到目的时所产生的满足体验。表现是：舒畅、愉快、快乐、欢喜、狂喜等。

愤怒：是受到干扰而不能达到目的时所产生的体验。表现是：不满、气恼、愤懑、恼怒、愤怒、大怒、狂怒等。

悲哀：是在失去心爱的对象或愿望破灭、理想不能实现时所产生的体验。表现是:忧虑、忧愁、忧郁、哀伤、悲伤、悲痛、痛不欲生等。

恐惧:是企图摆脱、逃避某种危险情境时所产生的体验。表现是:担心、不安、害怕、惊恐和极度惊恐等。

人都喜欢与有积极情绪的人相处。积极情绪状态可用词汇描述为:满足、畅快、充满激情、快活、高兴、欣慰、充满活力、安详、勇敢、幸运、成熟、浪漫、热心、坚定、温柔、安静、柔和、大度、镇定、虔诚、幽默、满意、好玩、乐观、活跃、迷人、无所畏惧、活泼、温暖、淳朴、乐于付出、漂亮、思维敏锐等。上列特质你具备多少？加紧修炼吧！尽快将自己修炼成自带温度和阳光的人、充满自信和智慧的人、充满激情和无限能量的人,始终给自己和他人前行的信心和力量。

消极情绪对自己、对别人都会造成伤害。我们要不断修炼自己,尽力减少甚至避免消极情绪对自己、对他人的损伤。消极情绪状态可用词汇描述为:生气、焦虑、失望、感到不公、发狂、慌乱、紧张、害怕、痛苦、烦恼、激怒、恼怒、疯狂、焦急、猛烈、狂乱、烦躁、歇斯底里、不自在、孤僻、消沉、悲惨、悲哀、苦恼、绝望、孤独、后悔、悔恨、悲伤、目瞪口呆、恐怖、受控、激怒、受挫、无助、不耐烦、不稳定、被动、愤怒、不知所措等。

情商高的人具有了解自己、管控自己的情绪以及了解他人、管控他人情绪的能力,能在人际关系上采取明智的行动。高情商的人能做到说话让人动听,做事让人感动,做人让人难忘。

研究表明,情商不是天生的,可以通过学习与训练提高。情商的理论知识很容易获得,但情商的训练却需要专业的指导。要提高自己的情商,提升能力是关键,修炼善心是核心,智慧行动是路径。

2. 情商的价值

社会上流行的四句话能说明情商的价值:高智商高情商,春风得意;高智商低情商,怀才不遇;低智商高情商,贵人相助;低智商低情商,平庸一生。这里前两句和最后一句不用多解释,大家比较容易理解。对于第三句话,一要说明的是这儿的低智商是指相对于高智商,智商略低一点;二是因为高情商的人能做到说话让人动听、做事让人感动、做人让人难忘,遇到这样的人大家都愿意与他共事合作、共谋发展,遇到的人多了,相信他的人多了,出现贵人的概率会大大增加;三是将自己修炼成高情商的人,其实自己就成了一个贵人,物以类聚,人以群分,贵人都喜欢与贵人在一起说动听的话、干开心的事、过幸福的一生。

情商高有利于学业成绩的提高。澳大利亚学者玛丽·莱安对 375 名维多利亚州 12 年级学生的智商、情商以及大学入学考试成绩进行研究。其中既有特优生（智商 120 以上），也有普通生（智商在 70～120 之间）。

研究结果是：智商相同的情况下，情商高的学生的入学试分数要比情商低的学生高出 30 分；普通组里部分情商高的学生的考分高于特优生中部分情商较低的学生。

3. 父母的高情商对孩子学业成绩有积极影响。

艾瑞深中国校友会网 2017 年发布的《中国高考状元调查报告》对 2007—2016 年全国共约 837 名高考状元进行了家庭背景调查。结果显示，约35.09%的高考状元的父母或父母一方是教育工作者；18.62%的高考状元父母或父母一方是公务员。也就是说，父母是教师、公务员，孩子更容易成绩优秀。

为什么高考状元多来自教师家庭和公务员家庭？

以前，我们总会认为好的教育是拼爹，是花 800 万元买学区房，是报 3 万元的早教班，是带孩子环游世界。

其实培养一个优秀的孩子，物质条件固然很重要——有好的物质条件，就有机会选择较好的学习环境，有机会接触更优质的教育资源，但是父母的教育理念、亲子关系、父母的情商更为重要。

艾瑞深研究院首席专家、中南大学蔡言厚教授说：“作为老师，他们更熟悉教育规律、教育方法，懂得从小为孩子创造良好的学习环境，培养良好的学习习惯，他们了解孩子，能与孩子进行有效的沟通，能有效地疏导孩子的学习情绪，能促使在良性情绪状态下进行高效学习。作为公务员，他们的工作对象是人，长期与人打交道，他们的情商通常都较高，自然他们与孩子能有效沟通，能建立良好的亲子关系，能促进孩子高效学习。”

案例 5-1：

高志华是 2015 年四川省理科高考状元，他的爸爸是当地一所小学的数学老师。记者问到高爸爸培养孩子的秘籍时，他说在儿子上小学的时候，就特别重视孩子专注力的培养。“儿子看书时我们都不会看电视，更不会在家里打牌或娱乐，一般我也会拿一本书默默地看，这种安静的阅读习惯和专注力，潜移默化地影响着孩子。”“大一点的时候，高志华的学习完全不用我们操心，很少见他边玩边学，他做事很容易‘进入状态’，而且不容易受外界的干扰。”

身为教师，高爸爸不仅重视教育，而且对先进的教育方法先知先觉，例如他对孩子专注力的培养比一般普通家庭整整提早了一代人。

吴军老师在《见识》这本书里提到，一个人能走到什么程度，跟父母有很大关系。这里指的不是父母的富有和权势，而是父母有没有看清未来的能力，有没有管控自己与管理别人的能力，有没有强大的执行力。

常听老人说："人分四等：有本事，没脾气，一等人；有本事，有脾气，二等人；没本事，没脾气，三等人；没本事，有脾气，下等人。"人一旦脾气不好，就会下降一个等级，说明能管控自己的情绪是多么可贵。

美国哈佛大学教授丹尼尔·戈尔曼在《情商》"10 周年纪念版"的序言中说："如果情商成为衡量人类素质的基本要素，影响力和智商一样广泛，那么，我相信我们的家庭、学校、行业和社区会变得更有人情味、更生机勃勃。"

爱因斯坦说："青年人在离开学校时，是作为一个和谐的人，而不是作为一个专家。"所以家庭、学校都要高度重视孩子的情商培养，形成"智商诚可贵，情商价更高"的共识。

第二节　情商培养

对于情商的培养一般从五个方面开展：培养自我情绪觉察能力；提高自我情绪调节能力；提升自我激励能力；提升认识他人情绪的能力；提高人际关系处理能力。

一、培养自我情绪觉察能力

（一）自视能力培养

自视是指一个人在尊重自我、认可自身的同时，也能接受自己的不足。健康的自视，就是既能够欣赏自己身上的优点、潜力，也能接受自己的缺点和局限性，同时自我感觉良好。这样的人才是真正的与自己和谐相处，完全的接纳自己。

有一位大师说过：人这一生能做到三个和谐相处，就是一个成功的人。第一是与自己和谐相处；第二是与别人和谐相处；第三是与自然和谐相处。一个完全接纳自己的人，才能与自己和谐相处，才能与别人和谐相处。可见完全接纳自己是多么的重要。如何培养孩子的自视能力，让孩子完全接纳自己呢？我们可从七个方面着手：

1. 父母要为孩子学会完全接纳自我做好榜样

父母首先要接纳自己，内心平静，从不抱怨，感觉良好，充满活力，给孩子做出榜样。同时,父母要完全接纳自己的孩子,哪怕孩子有明显的生理缺陷、有明显的不足都要接受。这样会使孩子有安全感、内心有力量感,给孩子安慰、自信和自足的感觉。如果父母不能完全接纳自己的孩子,难免在心态、语言、行为等方面表现出对孩子的不满,这无形之中会给孩子造成很大的心理影响,同时导致孩子不能接纳自己,让孩子有低人一等的感觉,从而影响孩子的自信,影响孩子的发展。

2. 要引导孩子完全接纳自己

告诉孩子世上没有完美之人。每个人都有不完美之处,甚至是缺陷,唯有这样每个人才会不断地去追求完美,不断地去完善自己。

3. 承认自己的不足,承认自己所犯的错误

尺有所短,寸有所长,高手在民间。我们的身边充满了各路高手,我们在某一方面不如别人是正常之事。我们不要为自己的不足过分担心忧虑,需要的是认识不足、承认不足、规划路径、奋起直追。

人在生活、学习、工作中有失误、有问题、有错误属正常之事。从小就要让孩子知道,知错认错、知错就改仍是个好孩子。不能发现问题是最大的问题,问题不是灾难,而是通向财富和提升的路径。不能发现问题就不知道如何解决,不能解决问题自己就不会有提高。发现了问题,很好地解决问题,就能促进我们提高,给我们带来财富和成功。不知道自己的错误,就会在今后的生活、学习、工作中不知不觉地继续犯同样的错误,让自己多走弯路,从而影响自己的进步。

4. 要引导孩子优化思维,让自视能力得以升华

一个人个子很矮可以这么想:浓缩的都是精华。如潘长江也没有因为长得矮,而影响他成为演艺界的大明星。虽然我很丑,但我很温柔;虽然我很丑,但我很有智慧。如马云在演讲的时候经常自嘲:“有智慧的人就是长成我这模样。”一个人即使有残疾,也可以成功,如华罗庚没有因为腿的残疾而影响他成为世界级的大数学家。

5. 接纳自己的父母,接纳自己的家庭

人的出身是不可选择的,但人的生活方式是可以选择的。我们不可抱怨父母的能力有限、地位不够高、缺少足够的财富等。不应有的抱怨影响的是亲子关系,影响的是家庭的和谐,影响的是自己前进的动力。

6. 扩大优势,缩小劣势,消除劣势

深度了解自己的优势,不断发展优势,设法扩大优势;充分了解劣势,不断缩小劣势,进而消除劣势。

7. 每天进行自视修炼

认识自我，尊重自我，调整心态，接纳自己，改变自己，优化自己。感觉良好，不好也好。接受不能改变的是智慧的表现，改变能够改变的是能力的体现。唯有接纳当下的自己，接纳当下身边的一切，不断修炼当下的自己，才能遇见更好的自己。

（二）情感自察

《心理学大辞典》中对情感的释意为："情感是人对客观事物是否满足自己的需要而产生的态度体验。"普通心理学课程普遍认为，情绪和情感都是人对客观事物所持的态度体验，只是情绪更倾向于个体基本需求欲望上的态度体验，而情感则更倾向于社会需求欲望上的态度体验。

情感是态度这一整体中的一部分，它与态度中的内向感受、意向具有协调一致性，是态度在生理上一种较复杂而又稳定的生理评价和体验。情感包括道德感和价值感两个方面，具体表现为幸福、仇恨、厌恶等等。

情感自察是指能够辨别自己的感情，能将它们加以区别，了解它们是怎样产生的，并能认识到自己的感情对身边其他人的影响。

情感自察，是管理情绪的前提，也自然成为情商开发的起点，是探索和理解自我、做出改变的第一步。

如何进行情感自察呢？我们不妨从以下四点做起。

1. 记录每天的重要感受

一天中要经历很多事情，但总有几件让自己感受深刻的事情。这件事是什么？我感受到什么？我的身体某部位有什么反应（如：当时表情的变化、动作的变化、声音的变化、语速的变化、思维的变化、某一部位有痛感，我的心里有什么感觉等）？记录得越全面，分析才能越透彻，感受才能更深刻。

2. 分析每天的重要感受

在记录的基础上，对此进行全面分析，重点弄清自己为什么会有这种感受，为什么会有这种变化。在自己的思想深处找到原因，为自己从源头上改变做准备。

3. 交流自己的感受

将自己的感受与自己的长辈或高情商的好朋友进行交流，换一个角度来看事情，检验自己的判断和感受能力，反观自己是否反应过度、是否感受不深、是否反应不全、是否观念不对等。这样的交流对促进自己的情感自察有很大帮助。

4. 理解他人的感受

我们遇到一件事后，经常进行情感自察，将会使自己的情感觉察变得敏锐精准，感受变得深刻，记忆变得更为全面。今后，在处理类似事情时就会充分考虑别人的感受，将心比心，推己及人，真切地同情人、理解人。

情感觉察和同理心等能力的激发，对深度了解自己、全面剖析自己，从而准确了解别人的想法和行动有很大的帮助，它是实现人生成功的必要条件。

二、提高自我情绪调节能力

马克思说过："人的本质是一切社会关系的总和。"社会本来就很复杂，而人又是一切社会关系的总和，可见人是多么的复杂。在复杂的人和社会面前，我们每天会遇到各色各样的人、各种各样的事，这样在与人的交往及处理事情过程中保持一个好的情绪状态就显得十分重要。一个高情商的人，应当在压力面前能顶得住，在冲动面前能控得住，事实证据能抓得准，在情绪面前能解问题，乐观精神常保持，快乐心态常拥有。

（一）抗压能力培养

抗压能力是指积极主动地应对压力，从而经受住困难事件和压力形势，不出现身体和情绪症状的能力。

1. 正确对待压力，保持适度期望

做事情总会遇到困难与压力。有困难、有压力说明人在走上坡路，只有走下坡路的人才没有压力。压力是弹簧，你弱它就强，你强它就弱。在压力与困难面前一定要有必胜的信心。我们应将压力转化为工作学习的动力，转化成工作学习的激情，转化成工作学习的壮志，全力以赴地投入到工作学习中去。

减少自责，关注进步。在工作或者是学习中，做完事情后在反思时不要一味地盯着自己没有做好、不完美的地方。在自己已尽力的情况下，可多看看自己在工作学习中取得的成绩，增强自己做好事情的信心。不要求全责备，而应时常关注自己在生活中的进步。

降低期望值。很多时候，一件事情是否失败跟我们自身对它的期望有很大关系。如果你对一件事情的期望过高，那么当你做完事情反思时，你就会觉得结果没有达到自己心中的期望，心中就会有极大的落差感。这也就是所谓的期望越大，失望越大，压力越大。

2. 形成行动方案，精心实施方案

凡事预则立，不预则废。完成一项工作或学习一门课程时，首先要制订完备的工作、学习方案，充分考虑困难点、阻力点、压力点等，然后形成攻克预案，同时确立做成事情的信心，坚信自己一定可以做到。每天可以将计划具体化，完成任务后总结一下能不能做得更好，未能完成的要查明原因，重新规划路径，创造性完成任务。任务完成后可以给自己一个小小的奖励。这样在任务逐渐完成的期间，你就会逐渐发现自己的优点，同时产生强烈的迎接挑战的拼搏精神，你的压力会越来越小，任务也会被完成得越来越出色。

3. 加强体育锻炼，提升身体素质

人是个身心统一体，身体的强健对提高自己的抗压能力是有帮助的。别以为锻炼身体和提高抗压能力无关。不断锻炼身体，让身体强壮，会提高人体自身的免疫力，让身体有更多的能量投入到学习或者工作中去。另外，你在增强体质的同时，看着自己的身材一天比一天好，你的心情自然会很愉悦。在健身中释放压力也是非常不错的选择。

4. 寻找宣泄渠道，释放身心压力

有了压力，最好的解决方式是将压力宣泄出来。但是压力的宣泄不能随心所欲。比如，你压力很大，你去将别人打一顿，这是不对的。压力宣泄不是把自己的快乐建立在别人的痛苦上。而是可以通过写写东西、跑几圈、打打球、摔一下枕头等等不会伤害别人的渠道来缓解。

5. 提前做好准备

这一点不是说你在做事前要把工作相应的工具准备好，而是要你做好思想准备，做好最坏的思想打算。这样你就不至于在事情失败后苦不堪言，不会认为自己真的是失败到底的人。相反，你还会因为工作没有想象中那么差劲而高兴。另外还需做的准备是提升能力。对应列出的困难点、压力点等，你可以用心学习相关知识与技能，提升应对各种困难与压力的全面能力，从而顺利通过困难与压力的考验。

（二）冲动控制力培养

冲动控制指一个人能够延迟或抗拒冲动驱动力或贸然行事的诱惑，在冲动面前能避免莽撞行事和决策，保持镇静，对愤怒、攻击性、敌视及不负责任的行为及时踩刹车，不让自己的负面情绪影响自己和他人。

情绪是可以传染的，控制好自己的负面情绪会给你带来意想不到的收获，不能控制自己的负面情绪会给你及身边的人增添意想不到的烦恼。美国社会心理学家费斯汀格有一个很出名的判断，被人们称为“费斯汀格法则”：生活中的10%是由发生在你身上的事情组成，而另外的90%则是由你对所发生的事情如何反应决定的。换言之，生活中有10%的事情是我们无法掌控的，而另外的90%却是我们能掌控的。

案例5-2：

美国著名心理学家费斯汀格在书中举过这样一个例子：

卡斯丁早上起床后洗漱时，随手将自己的高档手表放在洗漱台边，妻子怕表被水淋湿，就随手将表拿到餐桌上。儿子起床后到餐桌上拿面包时，不小心将手表碰到地上摔坏了。

卡斯丁心疼手表，就照儿子的屁股揍了一顿，然后黑着脸骂了妻子一通。妻子不服气，说是怕水把手表打湿。卡斯丁说他的手表是防水的。于是二人猛烈地斗嘴起来。卡斯丁一气之下早餐也没有吃，直接开车去了公司，快到公司时突然记起忘了拿公文包，又立刻转回家。可是家中没人，妻子上班去了，儿子上学去了，卡斯丁的钥匙落在公文包里，他进不了门，只好打电话向妻子要钥匙。妻子慌慌张张地往家赶时，撞翻了路边的水果摊，摊主拉住她不让她走，要她赔偿，她不得不赔了一笔钱才摆脱。

待拿到公文包，卡斯丁已迟到了15分钟，挨了上司一顿严厉的批评，卡斯丁的心情坏到了极点，下班前又因一件小事，跟同事吵了一架。

妻子也因早退被扣除当月全勤奖。儿子这天参加棒球赛，原本夺冠有望，却因心情不好发挥不佳，第一局就被淘汰了。

在这个案例中，手表摔坏是其中的10%，后面一系列事情就是另外的90%。都是由于当事人没有很好地掌控那90%，才导致这一天成为“闹心的一天”。

试想，卡斯丁在那10%产生后，假如换一种反应，比如，他抚慰儿子：“不要紧，儿子，手表摔坏了没事，我拿去修修就好了。”这样儿子高兴，妻子也高兴，他自己心情也好，那么随后的一切就不会发生了。

可见，你虽然控制不了前面的10%，但完全可以通过你的心态与行为决定剩余的90%。

在现实生活中，常听人抱怨：“我怎么就这么不走运呢，每天总有一些倒霉的事缠着我，怎样就不让我消停一下有个好心情呢，谁能帮帮我？”

这其实是一个心态问题。其实能帮助自己的不是他人，而是自己。倘若了解并能熟练运用“费斯汀格法则”处事，那么一切问题就迎刃而解了。

案例 5-3：

有一个作家出差时，无意中坐了一辆非常有特色的出租车。这辆出租车的司机穿着干净，车里也非常干净。

作家刚刚坐稳，就收到司机递来的一张精美卡片，卡片上写着："在友好的氛围中，将我的客人最快捷、最安全、最省钱地送达目的地。"看到这句话，作家来了兴致，便和司机攀谈起来。司机说："请问，你要喝点什么吗？"作家诧异："这辆车上难道还提供喝的吗？"司机微笑着说："对，我不但提供咖啡，还有各种饮料，而且还有不同的报纸。"作家说："那我能要杯热咖啡吗？"司机从容地从旁边的保温杯里倒了一杯热咖啡给这个作家。然后又给了作家一张卡片，卡片上是各种报纸的名称和各个电台的节目单。只见上面写道：《时代周刊》《体育报》《今日美国》……简直太全面了。

作家没有看报，也没有听音乐，而是和司机攀谈起来。其间这个司机还善意地询问这个作家：车里的温度是否合适，离目的地还有条更近的路是否要走……作家简直觉得温馨极了。

这个司机对作家说："其实，刚开始的时候，我的车并没有提供如此全面的服务。我像其他人一样爱抱怨，糟糕的天气、微薄的收入、堵车严重得一塌糊涂的路况……每天都过得很糟糕。有一天，我偶然在广播里听到一个故事，改变了我的观念。那个广播节目请了励志大师韦恩·戴尔博士，让博士来介绍他的新书。书中重点阐述了一个观点：停止抱怨、停止在日常生活中的抱怨，会让任何人走向成功。他让我突然醒悟，我目前糟糕的情况其实都是自己抱怨造成的，所以决定停止抱怨，开始改变。

"第一年，我只是微笑地对待所有的乘客，我的收入就翻了一倍。

第二年，我发自内心地去关心所有乘客的喜怒哀乐，并对他们进行宽慰，这让我收入更加翻了一番。

第三年，也就是今年，我让我的出租车变成了全美国都少有的五星级出租车。除了我的收入，上涨的还有我的人气，现在要坐我的车，都需要提前打电话预约。而您，其实是我顺路搭载的一个乘客。"

这位出租车司机的话，让这个作家惊讶极了。作家不禁反思自身，其实在日常生活中，自己何尝不是抱怨很多？他决定改变自己，他将这个司机的故事写成一本书。后来有读者受到启发后试着去做了，生活真的发生了改变。这种改变让作家知道，停止抱怨的力量是多么的强大。

俗话说:“车到山前必有路。”只要有突破困境的愿望,改变抱怨的态度,积极地去做当下应该做的事情,那么就一定能突破困难,继续向追求的目标前进。

俗话说“冲动是魔鬼”,但是,并不是人不能产生冲动。一个人总会遇到令人不快的人和事,这时内心自然就会冲动,或者感到愤怒。控制力强的人、成熟的人会懂得如何控制自己的情绪,控制自己冲动的欲望。一个人,如果总是很冲动又无法控制自己,那么,他在人生道路上也很难成功,很容易得罪人,也容易把事情变得更糟。我们在生活中应该控制好自己的情绪,克制自己的冲动。

当我们冲动的时候,这几个小方法能很好地控制住自己的情绪:

一是数数字。当我们生气的时候、脾气快控制不住的时候,我们可以在内心默默数数,从一数到十,如果还非常生气,再往下数,这样能够有效地控制自己的情绪。让自己的脾气在爆发前有一个时间缓冲,这样很可能让你想爆发的欲望减弱不少,甚至连说话都会变回正常的语气。

二是分散注意力。当我们生气的时候,可以暂时分散自己的注意力,不要总是专注在令你生气的事情上,要不你会越来越气。有的人会短暂离开生气的环境,有的人会看一看手机等等,这些都是分散注意力的好办法。让我们的情绪不要总是集中在生气点上,那么,我们的怒火也就容易消散。

三是深呼吸。深呼吸这个方法适用于我们情绪波动的很多时候,比如紧张的时候深呼吸,能够缓解紧张情绪;而在生气的时候深呼吸几下,也能迅速平息我们的怒火和冲动的欲望。

四是心态上的调节。这一点需要不断地锻炼,也需要时间和人生的积累,成熟的人总会不断地调节自己的心态。而我们要懂得,控制自己的冲动、调节自己的情绪很重要。比如当我们生气的时候,我们可以想,气坏了自己身体才倒霉。再比如对一个人很不舒服的时候,可以想,让他嘚瑟吧,反正以后吃亏的是他。有时候,这样换一个角度去想问题,往往会觉得冲动、生气没多大必要。

五是加强修养、静观事态、冷静应对、科学分析,时刻提醒自己,弱者思绪控制行为,强者行为控制思绪。每个人都会有生气、冲动的时候,这一点毋庸置疑。但是,一个人要想成熟,要想成功,一定要懂得控制好自己的情绪。因为情绪化的人生肯定会遇到更多的麻烦。只有控制好自己的情绪,冷静面对问题,才能够立于不败之地。

(三)提高自己的实际验证能力

实际验证能力是指一个人能够客观地看待事物而不主观臆断,并能寻求客观证据来确认自己的感受、感觉和想法,能够对个人感受与客观事实之间的联系做出评估。

当不如意的事情出现时，我们切不可按照自己所希望或所恐惧的方式看待事物，而应实事求是地对事实与感受进行客观的验证。

提高自己的实际验证能力的方法有：一是平时就要养成客观辩证、追求主客观一致、科学评估的好习惯，不断提高个人感知的充分性和对观点看法的辨别力。任何情绪的发生都是有原因的，我们切不可按照自己的主观判断去认定事实，而是要按照客观事实做出正确的判断，经过换位思考，积极引导情绪向好的方向发展。正如前文中费斯汀格所举的例子，设想如果卡斯丁冷静思考，考虑到妻子是怕手表被水淋湿才随手拿过去放在餐桌上，想到孩子真的是无意才将手表碰到地上摔坏的客观情况，他就不会发那么大的脾气，更不会出现更多的麻烦事。二是对身边的人或部下制定合适的目标。期望值不能过高，一定要符合客观实际，人的好多烦恼都是由于期望值太高造成的。三是恐惧不放大。例如，孩子升学考试成绩不理想，未能进入理想的学校，有些家长就觉得是天大的事，所以，几乎每年高考分数公布之日都有本不该发生的悲剧发生。

（四）提高解决问题的能力

解决问题的能力是指一个人可以理解情绪是如何影响决策的，并为掺杂了情绪的问题找到解决办法，能够在带有情绪色彩的情境中解决问题。

在人群中生活工作，遇到不满意的事是正常的。有情绪亦能解决问题是一个人高情商的表现。

有情绪时如何解决好问题？可从以下几方面着手：一是要能知道自己情绪的存在，明白情绪的影响，努力控制负面情绪可能带来的危害。二是延迟决策、延迟解决问题或叫停决策、暂停解决问题，防止出现决策错误，避免问题解决不当将问题复杂化。要先调控情绪再解决问题，不在有情绪的时候做出决策或解决问题。三是用理智管控情绪，用修养平静自己。当要发火的时候，在大脑里学会“叫停”，之后连续做三次深呼吸，可以让血压、心率、交感神经兴奋性快速下降，让自己平静下来，让怒火消失不见。当静下来之后，再回过头反思发火的原因，调整好波动的情绪。常用的调节情绪的方法有：①腹式呼吸法：第一步是调姿，让身体处于放松、挺直的状态；第二步是调吸，使腹部缓慢扩张，鼓到不能再鼓，再缓慢呼出，感受腹部的起伏。②身体扫描法：双脚平踏地面与肩同宽，双手放在双膝上，脊柱挺直，颈部挺直，自然放松，微微闭眼。四是加强学习。熟练掌握相关法律法规、相关技能、相关手段等。技高人胆大，艺精出神奇，当人的能力修炼到一定高度，就没有解决不了的问题。

（五）修炼乐观精神

乐观精神是指一个人遇事总往好处想，在逆境中仍能保持积极的心态。事物总是一分为二的，有积极的一面，也有消极的一面。我们若能够总看到生活中的光明面，总能保持积极的态度，即便面对困境也依旧如此，我们就是一个有乐观精神的人。

乐观精神的修炼可从以下几方面进行：一是不要受制于自己制造的牢笼，要勇于冲破自身枷锁。不要对别人的话人云亦云、深信不疑，不要让这些约定俗成的事禁锢你的思想，要勇于思考、勇于发现更美好的事物。二是要多了解他人的痛苦与不幸。在你情绪低落时，不妨看看周围，你会发现这个世界上还有许多人生活在水深火热中，连最基本的人身安全都不能保证，这时，你会明白，你所有的痛苦和他们相比不值一提。三是多听听愉快、轻松的音乐。好的音乐是有魔力的，可以帮你记住愉悦的心情，今后当这种音乐响起时，你会情不自禁地想起当时愉悦的心情，所以欣赏音乐的魅力吧。四是充分利用语言的魅力。祸从口出，语言是一把双刃剑，用好了，无往不利，相反，可能真的会让你一事无成！所以，当你心情低落的时候，请谨言慎行。平时也可多说说积极的话来激励自己，如每天早晨起来对着镜子里的自己说：每天都是最好的生活，美好的一天开始啦！五是要向龙虾学习。龙虾在生长过程中，有一段时间会因为脱皮而没有那层保护生命的坚硬外壳，而我们生活中也会发生一些变故，这个时候，我们要勇于面对，绝对不能让懦弱占上风面对变故不要认输。六是珍爱生命，永远向他人展示你健康的身体。一个人，如果连自己的身体都不爱惜，如何取得他人的好感？如果你永远都保持一个健健康康的身体，以此来感染他人，你的好人缘会越来越广。七是多参加积极向上的活动，养成爱学习的好习惯。好的活动，往往能带给一个人愉悦的心情，而且经常去学习、去思考，能使你更好地掌握主动权，从而使自己变得更有价值，精神自然会更加乐观向上。

综上所述，一个人保持积极乐观向上的精神，不仅能够使自己更加愉悦，还能够感染身边的每一个人，建立一个同样保持乐观向上的群体。我相信，这样的群体、这样的团队，在面对任何难题的时候，都能够从容面对。

遇事总往好处想，做事向着好处去，多想自己的幸福，若遇难处是考验，山重水复疑无路，柳暗花明又一村。

（六）保持快乐心态

快乐心态是指一个人对自己的生活感到满意，享受自己，也享受他人的存在，并获得乐趣。

快乐心态结合了自我满意感、总体满意感和享受生活的态度。不论是工作还是闲暇，快乐的人常常感觉状态良好和放松。他们无拘无束，并能随时抓住机会享受乐趣。享受当下的一切，享受工作生活的乐趣，是一个人情商状况的副产品和指示器。

忧愁过一天，快乐也过一天，为何我们不快乐地过好每一天呢？要想快乐过好每一天，我们要做好如下的修炼：一是要有一个健康的身体。平时积极锻炼，养成良好的生活习惯，有一项热爱的体育运动，有一群爱运动的快乐朋友，在运动中让自己的身体得到放松，内心更加充实。二是时刻提醒自己要知足。俗话说，知足常乐。好多人觉得不快乐，其实就是始终不知足，过高地估计自己，过低地估计别人，总觉得别人比自己得到的多。三是持续修炼自己，做人明德，做事明道。一个明德的人，才能自由地行走于天下，即所谓德行天下。明德之人方可做人有德行，才能广交朋友，与他人和谐相处，才能享受与人相处的快乐。明道之人，不但能做成事，而且能掌握做事的规律；掌握了做事的规律，才能持续地成功，在工作中才能游刃有余，真正享受工作的快乐。很难想象一个不会做事、不会与人相处的人整天有快乐心态。

三、提升自我激励能力

一个人在小的时候不知道自己的能力有多大、能做什么事，在成长过程中，在父母和老师的激励下，在不断做成一系列事情的过程中，增强了自信，提升了能力，获得了发展，不断发现自己的潜能所在。随着年龄的增长，孩子要发展自我激励能力，即能够自己激励自己去实现真正属于自己的理想。自我激励能力的提升，具体要落实在以下三个方面的能力培养与提升上：

（一）坚定果断能力的培养

坚定果断是指一个人可以表达自己的感受、观点和理念，并坚持自我。包括表达情感的能力；公开表达自己的信念和想法，即使遇到情感阻碍或面临损失也能坚持己见的能力；努力争取个人权利，不被他人干扰或阻截的能力。

坚定果断的人不过度克制或害羞，他们能并且通常是直截了当地表达自己的感受和信念，而且他们的行为不带有侵犯性或侮辱性。坚定果断的人表现出自信的特征，坦率直接、善用技巧、考虑他人，这是情商高的表现。

如何培养孩子坚定果断的性格，让孩子更容易接近成功、创造奇迹呢？

果断是一种性格，让孩子遇事总能当机立断，获得雷厉风行的优势；果断是一种智慧，让孩子更接近成功，创造奇迹。性格决定了孩子一生的命运，所以，父母要注意对孩子良好性格的培养。

心理学家发现，一个人是否有果断的性格要追溯到他的童年，跟家庭教育分不开。阻碍果断性格形成的因素有以下两种：第一，父母过度保护，造成孩子无法获得做事经验，依赖性强。遇见拿主意的事时，就会不知所措，只能寻求别人帮助。第二，父母的要求过分严格，造成孩子自信心不足。父母总是不满足孩子的表现，批评多于赞许，让孩子失去自信。

果断是一个孩子不可缺少的性格特征之一，但果断的性格并不是与生俱来的，它同其他特质一样，需要后天的培养和自觉的锻炼。以下四点方法希望能帮到各位父母。

第一，孩子是父母的一面镜子，孩子的很多习惯来源于对父母的模仿，所以身教胜于言传。父母在孩子面前必须果断，对孩子提出的要求该满足的满足、该拒绝的拒绝，不能出尔反尔、朝令夕改、犹豫不决，这样会潜移默化地影响孩子性格的形成。第二，父母在生活中要多为孩子创造做决策的机会，鼓励孩子做出自己的决定。您可以每周开一次家庭会，会议上讨论家中事务，如家务要如何分配、家中是否要换台电视机等，父母要先询问孩子的意见，并让他说出自己的理由。第三，父母在生活中要善于发现并褒奖孩子坚定果断的精神和行为，善加引导；让孩子分清果断和武断，以免孩子将武断误认为果断。第四，要孩子善于向坚定果断的良师益友学习，善于向书本学习，掌握必要的决策技巧，勤于实践，在实战中提升自己。

表达感受说明自己有想法、有自己的理想、有自己的目标，相信自己是因为想法是科学的、有价值的，坚持自我才能保证目标的实现。

人生不能是第一天梦想、第二天幻想、第三天重想。精彩的人生就应当是有目标、有行动、有坚持。

（二）独立性的培养

独立性是指一个人能依靠自身力量引导和控制自己的思考和行动，摒弃情感依赖的能力。

独立性强的人能自主行动，他们避免了为满足自己的情感需要而依赖别人；他们能自食其力；他们靠自己计划和决策，虽然有时会在做出最后决定前征求和考虑他人的意见，但这并意味着依赖他人。

在西方国家，培养孩子的独立性是一项很重要的教育内容，家长随时随地都要把培养孩子的独立性作为目标装在心里。培养良好的独立性，能够让孩子有主见，自己为自己的明天做主；让孩子学会独立思考和创新，独立做属于自己的事情；让孩子学会为自己负责，为将来多学一些本领，为将来多受一些磨炼。

家长应当根据孩子的年龄特点经常为孩子提供独立活动的机会和条件，帮助他们逐步学会自己做事、自己动脑筋解决问题。具体的培养方法主要有六点：一是放手让孩子做力所能及的事情。孩子的独立性是在实践当中培养起来的。凡是孩子自己能做的应该让他自己做，不要代替他，这是专家们一直提倡的教育原则。父母应当尊重孩子“我要自己做”的独立欲望，不对孩子力所能及的事进行干涉，适时放手让孩子学会自己去安排时间和处理事务，并且对自己的行为负责。父母要扮演一个“引导者”的形象，而不是一个面面俱到的“管家”。二是培养孩子逐步思考的能力。所谓逐步思考的能力，就是勤动脑，不仅要孩子自己独立动手去做事，还要孩子独立地动脑去想问题。培养孩子获取知识的能力，比给他脑子里装多少知识都重要。我们要强调一条原则：“凡是孩子自己能够想的就应该让他自己去想。”自己通过实践总结得来的经验和知识，要比耳提面命式的教学效果好得多。三是创造机会培养孩子自主决策的能力。有的家长认为孩子太有主意不好，以后可能会不听大人的话。实际上，孩子有主见是好事。孩子有自己的看法、自己的认识，家长就应该给孩子创造机会，培养他自己为自己拿主意。传统的教育常常是注重培养孩子顺从听话，却不大注意去倾听孩子的需求，从生活小事一直到孩子的发展方面都由家长一手包办，因此，我们的孩子缺少自己做决定的机会，就很难培养出自我抉择能力。四是培养孩子克服困难的精神。家长在培养孩子独立性的时候，有些孩子一遇到困难就不干了，家长有时候就心软了，就包办代替。这样的“小小纵容”，对孩子独立性的培养是有害无益的。家长的正确处理方法是：当孩子独立做事遇到困难时，一定要从旁鼓励他们克服困难，陪伴他们坚持独立完成任务，但坚决不能直接插手帮助，对那些依赖性比较强的孩子更要如此。五是培养孩子的竞争意识。告诉孩子世界上的各种竞争十分激烈，你要想在各种竞争中取得优势地位，特别是想取得成功，你必须要学会独立思考、独立决策、独立行动，只有你的思考能力独到、决策能力超强、行动能力又超越别人，你才能取得超越别人的优秀成绩。这个世界上最可靠的人就是自己，有独立性的人才能成为真正的自己，一个真正的人才能成就属于自己的梦想。六是培养孩子独立承担后果的能力。孩子自己的事自己做主，有选择权的同时，家长必须告诉孩子要自己承担决策行动的后果。唯有这样，才能让孩子遇事谨慎决策、学会科学决策、独立承担责任，有利于增强孩子的责任心，促进孩子早日成熟。

（三）自我实现需求的激发

自我实现是指为最大限度地开发自己的天赋和能力而不断努力。

进入自我实现状态的人能全力以赴追求有意义、有价值的目标，以此丰富和充实自己的生活，为最大限度开发自己的潜能而持续奋斗，不断向目标前行。

自我实现是个持续和动态的过程，它是一个人为了最大限度地发展自身能力和天赋而坚持不懈地奋斗，在整体上实现自我完善的过程。进入自我实现状态的人，是有信仰、有目标、有追求的人，他们会热情投入、动力十足、精力充沛地把兴趣坚持下去。

鸡蛋从外部打破是食品，是别人的食物；从内部打破是生命。人从外部打破是压力；从内部打破是成长，是积极主动成长，是重生。进入自我实现状态的人是一个真正觉醒的人，会在新的更高平台上再次出发。

如何让自己的孩子尽早进入自我实现状态，让他自发、自动、持续地向着自己的伟大目标迈进？家长可从五个方面对孩子进行引导。

一是家长要做好榜样。家长对孩子潜移默化的影响，引导着孩子的成长方向，也决定着孩子的成长高度。

案例 5-4：

所谓“虎父无犬子”“相门有相，将门有将”，在诺贝尔物理学奖的百年沧桑历程中，也不乏子承父业、青出于蓝而胜于蓝者。其中有三对父子兵，父亲的榜样引领，成就了儿子的诺奖梦。

● 布拉格父子。威廉·亨利·布拉格和儿子威廉·劳伦斯·布拉格通过对 X 射线谱的研究，提出晶体衍射理论，建立了布拉格公式，并改进了 X 射线分光计，父子二人因此共同获得 1915 年诺贝尔物理学奖。

父子两人同获一个诺贝尔奖在历史上绝无仅有。除了研究方向相同，共同获得诺贝尔物理学奖外，父子两人还有着共同的求学之地：剑桥大学三一学院。

● 玻尔父子。1922 年，第 72 号元素铪的发现证明了尼尔斯·玻尔的理论，尼尔斯·玻尔由于对原子结构理论的贡献获得诺贝尔物理学奖。此后，其子阿格·玻尔因发现原子核内集体运动和粒子运动之间的联系以及基于这一联系而发展的原子核结构理论，摘得 1975 年诺贝尔物理学奖的桂冠。

● 汤姆逊父子。1897 年，英国著名物理学家约瑟夫·约翰·汤姆逊在研究稀薄气体放电的实验中证明了电子的存在，测定了电子的荷质比，轰动了整个物理学界，并凭此获得1906年诺贝尔物理学奖。其子乔治·汤姆逊则因在实验中发现电子在晶体中的干涉现象，与戴维逊分享了1937年诺贝尔物理学奖。

除了同样从事物理学研究、获得诺贝尔物理学奖之外，乔治与父亲还有很多共同点，比如都获得了爵士封号，都曾担任剑桥学院院长，更巧合的是父子俩都以84岁高龄去世，算得上是“子承父业”的最好证明。

案例5-5：

曾国藩是晚清时期政治家、战略家、理学家、文学家、书法家，在晚清官场上，有三点最被人称道。一是他创下的功业，二是为官做人，三是家教。曾国藩祖辈虽然是务农出身，却极看重教育，以耕读传家。曾国藩5岁启蒙、6岁入私塾，故对子女言传身教极为看重。

他的一生有三子五女。长子早夭，剩下的两个儿子在父亲的引领下，凭着自己的本事，各自都闯出一片天地。

曾纪泽是曾国藩的次子。他因为曾国藩的地位，承袭了一个爵位。不过，这并不代表他是个没本事的人。跟当时很多人不同，曾纪泽除了学习传统儒家经典，也学习西方文化。

曾国藩去世后，曾纪泽守孝的时候就在案头摆了《韦氏词典》《英话正音》等书籍，零基础学习英语。当时曾纪泽都38岁了，能有这份毅力，实在难得。他的这个做法，受曾国藩影响极大。这个科举出身的父亲，并不希望自己的孩子死读书，学习那些腐朽的八股文，而且，他本人又是洋务运动的先驱，常常鼓励后辈，要先学习国学，后学习西学。这个观点在当时是非常独特和前卫的。

曾纪泽后来正式出任为官后，就担任使臣，访问欧洲各国。他的阅历、见识都高出同时代的许多官员。在办事的时候，曾纪泽主张亲力亲为，又注重廉洁，受很多外国人的敬重。

在洋务运动上，曾纪泽也贡献极大。他力主修建铁路、组建海军，对朝廷的反对声音，进行严厉驳斥。对于修建铁路带来的好处，上了一道完整的奏疏，从国防、河运、商贸、矿物等方面，进行很专业的论述。对于北洋海军，曾纪泽也极力奔走。正是因为他的这些功劳——而不是父亲的余荫——所以才在去世后，被追赠为太子少保，官衔正二品。

跟兄长曾纪泽不同，曾国藩的幼子曾纪鸿对于做官并不感兴趣。对他来说，只有数学、天文、地理才是值得耗费精力去探寻的事物。对于曾纪鸿的这个做法，曾国藩并不反对。他曾说过：“纪鸿儿亦不必读八股文，徒费时日，实无益也。”他强调因材施教，依照孩子自身的本性和天赋，让他们去做一些自己喜欢做的事情，而不是一味强硬相逼。当年曾纪泽读书时，记性不好，但悟性不错，曾国藩就写信告诉家里人，若令其句句读熟则愈读愈蠢，将来仍不能读完经书，只应当每天选个五六百个字，专门教一遍，解一遍，读十遍，就可以了。而且，在这个过程中，要注意言传身教，不要一味地讲大道理。有时候，大道理并不管用，只会招来逆反心理。

曾纪泽正因为有这样的教育环境，才有他后来的成就；曾纪鸿才会在当时的环境中，做出投身数学这样非同寻常的举动，并著有或参与编写《对数评解》《圆率考真图解》《粟布演草》等书籍。正是有因材施教、以身作则的教育理念中，曾国藩才能把两个儿子都培养成才，曾氏后代才能出现人才辈出的盛况。

二是及早告诉孩子实力为王的道理。在人际交往中凭实力说话，靠关系壮大，实力是核心，关系是杠杆、催化剂，所以我们千万不能本末倒置。有些人总是习惯把他人的成功归因于外部环境，如机会、家庭、环境，却刻意无视他们的努力，好像只有这样，才能抚慰内心的不平衡。然而，一个仅凭运气而缺乏实力的人生，就像一只纸飞机，飞得再高也难逃坠落的命运。而对于有实力的人来说，运气有时候就像坐飞机时遇到的气流，虽然偶有颠簸，但终归会在目的地安全降落。

三是让孩子尽早与目标领域成功人士接触。孩子的人生目标确立后，有成功人士的引领，会让孩子倍受鼓舞，会坚定孩子实现目标的信念，会让孩子少走弯路，会使孩子在有困难时得到指导帮助，最终实现自己伟大的人生目标。

四是给孩子路径方法指导。孩子在实现人生目标的时候，作为家长要在自己的能力范围内给孩子指导。

五是给孩子创造必要的条件。根据马斯洛需求层次理论，人的需求可分为五个层次。第一是生理的需要：食物、水分、空气、睡眠、性的需要等。它们在人的需要中最重要的。例如，当人落水时，空气很重要，体会到自尊和爱就没那么重要了。第二是安全的需要：稳定、安全、受到保护、有秩序、免除恐惧和焦虑等。例如，人们希望得到安定的工作或者购买各种保险。第三是归属和爱的需要：与其他人建立感情的联系或关系。例如，结交朋友，追求爱情。第四是尊重的需要：自尊和希望受到别人的尊重。自尊的需要使人相信自己的力量和价值，使自己更有能力，更有创造力。缺乏自尊，使人自卑，没有足够信心去处理问题。第五是自我实现的需要：人们追求实现自己的能力或者潜能，并使之完善。在人生道路上自我实现的形式是不一样的，每个人都有机会去完善自己的能力，满足自我实现的需要。

自我实现需要一般是在前面四个层次的需要实现之后出现，所以家长应当积极创造条件，促进孩子前面四个层次需求的满足，催生自我实现需求的产生，并为孩子实现自己的人生目标增添力量。

四、提升认识他人情绪的能力

在人际交往中，要能认识他人的情绪，首先要培养同理心。

（一）什么是同理心

同理心是指一个人感受并认同他人情感和想法，有能力察觉、理解和欣赏他人的感觉和想法的能力。

同理心表示能够“读懂”他人，与他人产生共鸣。要想“读懂”他人，首先要关注他人，真诚聆听，理解他人行为的情绪表现。如当下他们有什么感受？这种感受有多强烈？为什么会有这种感受？当我们学会区别自己和他人时，我们的同理心便开始产生。在这个过程中，不停地把别人当别人、把别人当自己、把自己当别人、把自己当自己进行角色互换，你就能深度理解别人的情绪表现，正确引导别人的行为与情绪，为建立与别人的良好关系打下理性的基础。

在集体中，一个人只有考虑到他人，他人才会喜欢你、支持你。一个懂得换位思考的人，不会总是感到心里不公平，不会总是对别人有怨恨；一个能将心比心的人，才会真正理解自己、理解别人，既为自己着想，考虑自己的感受，也为别人着想，考虑别人的感受。

（二）同理心的培养

1. 倾听自己的感觉

同理心的起始是让自己“身在其中”，先倾听自己的感觉，假如无法触及自己的感受，就想体会别人的感受，就太难了，因为这个领域对你来说还是一片空白呢！因此，首先你必须把自己调整到可以触及、体会自己的感受。

2. 表达出自己的感觉，重要的是选择表达感受的方式

平时要通过观察、思考感悟当事人的心境，结合自己的感觉，用语言、肢体动作等表达出来。

3. 倾听他人的感觉

只有当你自己的感受与表达方式不再干扰你倾听别人后，你才能开始练习体会他人的感觉，有很多线索可以帮助你体会别人的感受。

4. 用体谅来回答他人的感觉

当你做到以上的三点，那么，你就能够一听到别人的感觉就做出某种反应，并

能让对方知道你听进去了，且能体会他的感觉。

因此，倾听自己以找出自己的感受、表达它们、体会他人的感觉并与之起共鸣，是同理心发生的过程。

当你能站在当事人的角度和位置上，客观地理解当事人的内心感受，并且能把这种理解准确地传达给当事人，与他进行有效沟通交流，当事人就会觉得与你的心是相通的，你是理解他的人，是体谅他的人。这样你们就很容易建立良好的人际关系。设身处地去感受、去体谅他人，对提高自己的同理心是有帮助的。

人心善良事情才会向好的方向发展，将心比心才能达到真正的理解，人心同理才能使人更富理性，心心相通才能建立真正的友谊。

五、提高人际关系处理能力

要想建立良好的人际关系，我们首先要成为一个乐群利他的人，并在人际交往中表现出高超的灵活性，才能建立和维护令双方都满意的人际关系。

（一）做乐群利他的人

一个生活在团体中的人，一定要为所属的团体和社会做贡献，并且行为听从良知，主观上渴望并能够自愿为社会、为自己所处的社会团体，以及为他人的利益做出贡献。在团体中，无论是否与自己的利益有关，都能以积极的态度行事，为他人做事认真尽责，与他人共事不越位、不添堵并尽可能提供便利，始终依照自己的良心和社会准则行事。

为人处世是一门很高深的学问，亦是一场不断磨炼自己的修行，有人终其一生难窥处世之道，有人在人生中游刃有余、如鱼得水，那么为人处世之道到底是何？

星云大师对于为人处世之道，提出了“三好”：说好话，做好事，存好心。星云大师出家已近60年，经历了各种坎坷，看惯了世间沧桑，他早已把人生研究得通透至极，这“三好”是为人处世之道，也是佛家劝导人向善的至理名言。

一是说好话。说好话乃是修口，何为好话？真心话，真诚话，明理话。

我们常在影视剧中听过一句话：“出家人不打诳语。”出家人就是皈依佛门的人，他们要严守清规戒律，不能说谎话，不能说恶语等等。为人处世也应当如此。修口是必须做到的，与人相处之时，一两次谎话，可能对方不会察觉，可时间久了，便心知肚明。

或许有很多朋友把“好话”误会成谄媚话、溜须拍马的话，这是错误的想法。这里的“好话”指的就是真话。

二是做好事。佛曰：救人一命胜造七级浮屠。这也就是劝诫世人要多做好事，星云大师秉承了佛教的宗旨，将做好事归入为人处世的“三好”里。

佛家向来以慈悲为怀，讲究“扫地恐伤蝼蚁命，爱惜飞蛾纱罩灯”，处于佛门之外的我们，也应当多做好事。

做好事，是一种高素质的体现。《管子》中云：“善人者，人亦善之。”也就是说你做了好事帮助了别人，别人自然也会帮助你。

三是存好心。佛曰：人无善恶，善恶存乎尔心。意思是说，人本来没有善恶，只因为心生妄念，而念又有善恶之分，所以这善恶之人也就出来了，既是这样，我们在处世之中，就应当存好心、勿生恶念。那何为存好心？助人为乐，待人以真诚善意，面对事情的时候不是逃避而是积极面对、认真负责等等，这些都是存好心的体现。存好心能使一个人变得阳光快乐，让一个人的人生更加开朗、洒脱！

星云大师这“三好”，既把为人处世的道理教给了我们，也劝导我们事事向善，一个人若能做到这三点，他的各种人际关系就会和谐，人生必然顺心如意。

（二）与人相处的灵活性

灵活性指一个人可以针对不断变化的环境做出调适，能够根据形势和条件的变化调整自己的情绪、想法和行动。

当我们进入一个不熟悉、不可预测的动态情境时，灵活性就显得十分必要。灵活的人机敏，善于察言观色，能对变化做出反应而不墨守成规，做到出什么场，做什么势；见什么人，说什么话。做出的态势，要与情境、与对象需求保持匹配；说出的话要围绕目标，要深入人心，要融洽关系。当发现自己有错时能改变主意，能以开放态度对待不同的想法、偏好、方式和惯例。

“识时务者为俊杰”，因时而变、因人而变是一个高情商之人应有的表现。一个人灵活性的提升可从四方面进行。

一是多读书，对人性有深入的理解。什么立场说什么话，什么样的觉悟做什么样的事。人都是有欲望、有追求的，生理层面，有逃避痛苦、追求快乐的本能；心理层面，受自我观念的局限，受自我价值观的支配；社会层面，受社会关系的制约；心灵层面，受意义规律的支配。

二是掌握一些识人的技巧。如曾国藩的识人口诀就是有一定价值的方法技巧。曾国藩在古人的基础上进行延伸形成了自己的一套识人标准，我们将他的口诀一句句拿出来分析，就会发现曾国藩观人之法的精妙。

案例5-6：

曾国藩的识人口诀

邪正看眼鼻。忠、奸是中国人看人当中最主要的两个方面，用人首先是要辨别忠奸善恶。在曾国藩看来，如果鼻子和眼睛不正，即俗话说的眼斜鼻歪，那么这个人肯定心术不正。相术上说：七尺之躯不如一尺之头，一尺之头不如一寸之睛。所以，看一个人，除整体外，第一就要看鼻和眼是不是长得正。

真假看嘴唇。话从口出，口以方、广、厚为贵，又有“开欲大而合欲小”“两唇相副好文章”。

功名看气概。一个人能否建功立业，曾国藩认为这要看人的气概。咸丰四年(1854)初，胡林翼时任黎平知府，他率六百精兵援助湖广总督吴文镕，但未到达吴文镕便已战死。胡林翼改投曾国藩门下，曾看他气势不凡，称赞他：“润芝之才胜我十倍，可大用。”后来李鸿章也是因为气概不凡，被曾国藩相中，认为是福将。

富贵看精神。这个精神指的是精气神，曾国藩对赵烈文说，有的人即便你着意培养，但因为他不能长享富贵，到头来也是白忙活一场。对于胡林翼他就颇为惋惜，认为胡长了一张苦瓜脸，虽有非凡的英雄气概，却是精气神不足，所以不能长久。古人认为，寿命长则气长，寿命短则气短，具体指的就是精气神，所以曾国藩培养人才很看重精气神，认为长久才是根本。

主意看指爪。意思是说，人有没有主意，主要看他的指爪，也就是手相。古书有“四肢象四时，五体象五形”的说法。曾国藩认为：手掌心中纹络清晰而浅者，心定。这个“心定”就是主意定，临事不慌乱。而手掌纹络浅而乱者，人心乱、心浮。

风波看脚筋。千里之行始于足下，曾国藩认为足以平、厚、正、长为贵。有的人是无风无浪、无灾无难到三公，一生仕途顺畅；而有的人则是一生坎坎坷坷，才最终有所成就，这一类人就属于有风波的人。

若要看条理，全在语言中。这两句倒不是相人，而是观察人。曾国藩做事很有条理，从不慌乱，因此他对这方面尤其看重。他认为人有没有条理是可以通过语言看出来的。而语言的表达方式有两种，一为书面语言，二为口头语言，不管是哪一种，都要看他是否能切中要害、条理清晰。

知道他是怎样的人后，他的话应该怎么听、应该信几分你就基本清楚了。

三是勤于练习。在不同的情境中进行实践，在实践中观察思考，在观察思考中提升。

四是多与有智慧的长者交流。一个有智慧的长者经历丰富、见多识广、思想深邃，与他交流可学到很多书本上学不到的经验，对加快年轻的人成长有很大作用。

（三）建立良好的人际关系

每一个人都希望建立和维护令双方都满意的人际关系，但是，真正如愿的却是少数人。一个情商高的人有能力与他人建立并维持相互满意的关系，这种关系的特点就是既能够“给予”，又能够“接受”，并公开用语言或行动表达信任和同情。

有积极的人际关系能力的特点就是对他人敏感。这不仅意味着渴望与他人培育友好关系，还意味着能在这种关系中感觉轻松舒服，并对社会交往保持积极的期待。

人际关系是情商的检验场，是情商真正发挥作用的地方。人际关系能力决定着生活中的其他人是迫切希望再次见到我们，还是抗拒见到我们；决定着我们的需求、欲望和目标是受到期待、认可、欣赏和尊重，还是受到排斥和忽视。人际关系的质量决定了家庭、邻里和工作场所中的社交和情感氛围。顺畅的人际关系，为我们提供平台，让我们能够与他人分享处世经验，从中享受人生的乐趣。

好的人际关系是常常思念，愿意共处，不想失去，情投意合，心心相印，人人舒畅，离了就想聚，聚了不想离。

第三节　把握高情商的要素

读到这里相信你对情商已经有所了解，希望自己尽早成为一个高情商的人。现归纳一下练就高情商至少要把握的十大要素。

一是交往双方都有如沐春风之感。双方都能得到教益或感化，双方心情都愉快舒服。仅仅是一方感觉良好，另一方却受委屈，说明修炼还不到位。

二是要真正接纳自己，并会观察别人，能识别他人，对别人的人品有准确的判断，对自己和他人的情绪有技巧地管控，不会出现使双方都难堪的情境。

三是把握人性特点，优化沟通效果。与人沟通交流时，要先求对方听得进，接着再求好效果。人人都喜欢听好话，不喜欢听逆耳的话、批评的话，更不喜欢听指责的话。一个人切不可打着“为你好”的旗号信口开河。《孟子・离娄上》说：“人之患在好为人师。”我们要切记，不要动辄以老师或专家的身份去教训别人，以此来显示自己的博学和威严。

四是改变贪婪的劣根性。要学会付出，不要只知索取；要记住别人的闪光点，不要总看别人的缺点；要记得别人对自己的好，不要一事不成就记别人的仇。人若分三等，三等人是只知索取，不知回报；二等人是有付出，想回报；一等人是只付出，不求回报。特别是在家中，对家人、对爱人，索取是可耻的事。

五是做一个高能量、心胸开阔的人。我们要开阔自己的心胸，提升自己的能量，让自己成为一个太阳，既照亮自己又温暖别人。要修大德，正三观，走正道。人的心胸是委屈撑大的，当你的肚子里能撑船的时候，估计你离成功也就不远了。一个心胸狭窄、低能量的人总是在抱怨别人、抱怨政府、抱怨社会，甚至攻击别人，却不知道问题在哪，这样的人是真正的可怜之人。

六是学会倾听十分重要。言为心声，学会倾听别人的心声，才能了解别人，才会理解别人，才会产生同理之心，才能看准别人，从而为建立良好的人际关系打下坚实基础。

七是善于赞美别人。别人成功的时候给人赞美，别人遇到困难的时候给人帮助，别人士气不足的时候给人鼓励，就是给人增添力量，就是助人成功的最好支持。

八是靠谱的品质最重要。说好话，不一定存好心，但只要存好心，就总能说出好话、说对好话，也才会长期说好话、说真话、做好事、做成事。

九是学会拒绝别人。遇到贪婪之人，要学会拒绝，学会保护自己，不要幻想与贪婪之人建立良好的人际关系，不值得为贪婪之人无休止地付出。

十是耳朵要长，舌头要短。要能全方位获取信息、分析信息、加工信息、从而更好地了解别人、理解别人、同情别人，并在力所能及的范围内帮助别人。学会说话，不说别人坏话，不评价别人，真人面前不说假话。在一个单位里，你一旦说了别人的坏话，99%会传到那人的耳朵里，通常情况下那人会想方设法给你打击。“静坐常思己过，闲谈莫论人非”“上等人谈智慧，中等人谈事情，下等人谈是非”都是告诫我们该说什么，不该说什么。

掌握了高情商之人应有的要素，就能成为高情商的人吗？我们的回答是不一定。你要积极践行，并能在实践中创造性地用好各种技法。随着实践的深入，你会有惊喜的发现，更会有新的收获。

一是遇见更好的自己，逐渐让自己成为贵人。随着学习与实践的深入，你能更好地认识自己、善待自己、提升自己，学会认错、变得灵活、懂得生忍、善于沟通、学会放下，从而完善自己。否则，你会错待自己，会结错婚、找错工作、走错道路。什么性格是什么命，什么意志上什么台，什么样的修炼能成为什么样的人。

二是遇见更好的他人，得到贵人相助。贵人也希望身边多一些好人相助，将事业做大，也防止养虎成患之事出现。当你的能量修炼到一定程度，你就会被贵人发现。贵人能识人，能帮助人，也能成就人。

三是构建和谐家庭，享受亲情之乐。纵观名门望族、长寿之家，他们都是十分和谐的。和谐的背后是他们的家族成员普遍具备爱与工作的能力，同时具有很高的情商。

四是构建和谐团队，助力事业成功。和气生财、和谐聚力、和谐发展。

五是促进身心健康，筑牢成功基础。在一个高情商的团队里，大家心情舒畅、相互关心、相互成就、效率倍增。

六是提高个人素质，增强竞争实力。《道德经》中说："知人者智，自知者明。"唯有知人识人才能更好地管控自己，调控他人。要在实践中增强抗压能力、耐挫能力、解决问题的能力；在奋进中让自己变得更坚毅，更具独立性；在交往中始终保持乐观心态、积极心态和高度灵活性；以同理心待人，从内心自然散发出一种气息，处处尊重别人、体恤别人；不断激励自己，开发自己的潜能，实现自己人生的伟大目标。

现在市面上讲情商的书及线上课程不少，但是真正讲得全、讲得深、讲得透的不多。有些人根本就没能抓住本质的东西，是在误导读者与观众。如果将高情商的人与低情商的人进行比较，他们有很多区别。

一是高情商的人说话看对象、看场合、看事情。高情商的人在尴尬的场合说解围的话，遇人遭困说贴心的话，施人恩惠说委婉的话，遇敌对者说友善的话，做到看破不说破，给别人留足面子。《红楼梦》中的薛宝钗就可谓"情商高手"。低情商的人说话全然不顾，想怎么说，就怎么说，最后是伤害了对方的感情，影响了彼此之间的人际关系。低情商的人在尴尬的场合喜欢说拆台的话，让人更尴尬；遇人遭困还说风凉的话，让人更难受；施人恩惠说明白大直话，让人没面子；遇到敌对者说刺耳的话，激怒敌手让自己难堪，这些都是没说好话、不会说话。

二是高情商的人做事在保人面子、给人面子、增人面子、给人实惠。低情商的人做事，只考虑自己面子，不注意别人的面子和感受。

三是高情商的人想别人所想，急别人所急，解别人所难；做人低调，做事高调，该出手时就出手，给人解困、给人帮助、给人力量、给人信心、给人希望。低情商的人心中只有自己，不考虑他人的感受，更别说施以援手了。

四是高情商的人有一颗善良的心，心中有他人，有责任担当，有能力担当，常常做出让人感动的事。低情商的人心思不定，心中只有自己，很少想着他人，有时根本没有他人，没有什么责任担当意识，更没有什么实际的助人行动。

第六章　形成好家风 培育好后代

第一节　什么是家规家训家风

家规是指一个家庭所规定的行为规范，一般是一个家族流传下来的（或者是由德高望重的长辈根据自己的教育经验积累提出的）教育规范后代子孙的准则，也叫家法。所谓“国有国法，家有家规”，就是指一个国家有一个国家的法律，一个家庭有一个家庭的规矩。孟子曰：“不以规矩，不能成方圆。”一个家庭要想兴旺发达，做人做事都要讲规矩。家人违背家规就要像国民触犯法律一样要受到处罚。

家训是指家庭对子孙立身处世、持家治业的教诲。家训是家规的重要组成部分，对个人的教养、原则都有着重要的约束作用。

一个家庭的生活方式、文化氛围即构成了家风。家风就是一个家庭的风气、风格。换一句话说，当一个家庭的家规、家训成为家庭的公众行为习惯即构成了家风，家风也就是一个家庭或一个家族的家文化。

第二节　家规家训家风的作用

一、立家规，正家风，育好人

国有国法，家有家规。没有国法，社会必然混乱；没有家规，家庭自然不会和谐。一个国家的法治水平，反映着一个国家的治理水平，标志着国家的文明程度。

同样一个家庭的家规建设水平，也反映着一个家庭的管理水平，展现家庭的品质品位。家规是建立良好习惯的基础，是形成良好家风的基石。

家规是一个家庭“核心价值观”的浓缩，是家族、家庭发展的纲领性文件。有了好的家规，经过长辈的教诲和榜样示范，家规就能渐渐地融入家族每一个成员的血液里，落实在每一个成员的行动中，继而成为家族每一个成员的自觉行动，这样家风就形成了，所以家风是家规的外在表现形式。一旦有了好的家风，育好人就变得顺畅自然。严家规、好家风，家庭出现好孩子的概率会显著增加；价值观正确、家风纯正，培育出高品格人才是水到渠成之事。

定家规并积极践行，实际上是给后代学习、成长、成功规定了方向，制定了标准，确定了内容，选定了方法，规定了流程，确立了路径，排好了进程，是将成功的路一直修到孩子的脚下的有效做法。

二、探寻名人家规家训家风

好的家规家训家风是伟人成长的基石。

毛泽东同志是伟大的马克思主义者，是伟大的无产阶级革命家、战略家和理论家。毛泽东思想是马克思列宁主义在中国的运用和发展，是被实践证明了的关于中国革命的正确的理论原则和经验总结，是党的集体智慧的结晶。研究发现，毛泽东的成长与他从小受到良好的家训家风熏陶是有关的。

史料考证，韶山毛氏自公元1341年从始祖毛太华公发脉，至2013年已发展到24代，毛泽东是第20代。一本《韶山毛氏家训家戒》世代相传。凡看到过毛氏家族家训的人，就会感到：毛氏家族是一个教养极其严格且文化底蕴很深的家族。而且，这个家族里的家训秉承了中华民族的传统美德，在一定意义上，把中华文化特别是传统的儒家文化，渗透到每一个族人的行为之中。它规范了韶山毛家人的理想、伦理、道德、行为及人生追求等。也正是这些传统美德和中华文化的精华，从侧面影响和造就了一代伟人毛泽东。毛泽东从小的时候就养成了讲究孝道、讲究人情的习惯。

案例6-1：

韶山毛氏家训十则

一、 培植心田

一生吃着不尽，只是半点心田。摸摸此处实无愆，到处有人称美。不看欺瞒等辈，将来堕海沉渊。吃斋念佛也徒然，心好便膺帝眷。

二、 品行端正

从来人有三品，持身端正为良。弄文侮法有何长，但见天良尽丧。居心无少邪曲，行事没些乖张。光明俊伟子孙冒，莫作神蛇伎俩。

三、 孝养父母

终身报答不尽，惟尔父母之恩。亲意欣欣子色温，便见一家孝顺。鸟雏尚知报本，人子应含逮存。

四、 友爱兄弟

兄弟分形连气，天生羽翼是也。只因娶妇便参差，弄出许多古怪。酒饭结交异姓，无端骨肉喧哗，莫为些小竞分家，百忍千秋佳话。

五、 和睦乡邻

风俗何以近古？总在和族睦邻。三家五户要相亲，缓急大家帮衬。是非与他折散，结好不啻朱陈。莫恃豪富就欺贫，有事常相问讯。

六、 教训子孙

子孙何为贤知，父兄教训有方。朴归陇亩秀归庠，不许闲游放荡。雕琢方成美器，姑息未为慈祥。教子须知窦十郎，舐犊养成无状。

七、 矜怜孤寡

天下穷民有四，孤寡最宜周全。儿雏母苦最堪怜，况复加之贫贱。寒则予以旧絮，饥则授之余粮。积些阴德福无边，劝你行些方便。

八、 婚姻随宜

儿子前生之债，也宜随分还他。一时逞兴务繁华，曾见繁华品谢。韩侯方歌百两，齐姜始咏六珈。大家从俭莫从奢，彼此永称姻娅。

九、 奋志芸窗

坐我明窗讲习，几曾挥汗荷锄。驱蚊呵练志无休，诵读不分昼夜。任他数伏数九，我只索典披图。桂花不上懒人头，刻苦便居人右。

十、 勤劳本业

天下有本有末，还须务本为高。百般做作尽糠糟，纵有便宜休讨。有田且勤尔业，一艺亦足自豪。栉风沐雨莫乱劳，安用许多技巧。

案例 6-2：

毛氏家规家训

孝悌家庭顺，清忠国祚昌。礼恭交四海，仁义振三纲。富贵由勤俭，贫穷守本良。

言行防错过，恩德应酬偿。正大传耕读，公平作贾商。烟花休入局，赌博莫从场。族党当亲睦，冤仇要解忘。奸谋身后报，苛刻眼前光。王法警心畏，阴功用力禳。

一生惟谨慎，百世有馨香。

案例 6-3：

毛泽东家风

毛泽东对家属、子女一向严格要求，堪称党内干部家风建设的楷模。他一方面要求子女努力向上，关心他人；另一方面能够坚持原则，不利用自己手中的权力为子女谋职位。在家庭中也是以身作则，关爱他人，慷慨解囊，解危救困。

• 鼓励子女脚踏实地，博览群书，学人之长，克己之短，立志成才。1941 年毛泽东给毛岸英、毛岸青写信：

岸英、岸青二儿：

很早以前，接到岸英的长信，岸青的信，岸英寄来的照片本、单张相片，并且是几次的信与照片，我都未复，很对你们不起，知你们悬念。

你们长进了，很喜欢的。岸英文理通顺，字也写得不坏，有进取的志气，是很好的。惟有一事向你们建议，趁着年纪尚轻，多向自然科学学习，少谈些政治。政治是要谈的，但目前以潜心多习自然科学为宜，社会科学辅之。将来可倒置过来，以社会科学为主，自然科学为辅。总之注意科学，只有科学是真学问，将来用处无穷。人家恭维你抬举你，这有一样好处，就是鼓励你上进；但有一样坏处，就是易长自满之气，得意忘形，有不知脚踏实地、实事求是的危险。你们有你们的前程，或好或坏，决定于你们自己及你们的直接环境，我不想来干涉你们，我的意见，只当作建议，由你们自己考虑决定。总之我喜欢你们，望你们更好。

岸英要我写诗，我一点诗兴也没有，因此写不出。关于寄书，前年我托西安林伯渠老同志寄了一大堆给你们少年集团，听说没有收到，真是可惜。现在酌检一点寄上，大批的待后。

我的身体今年差些，自己不满意自己，读书也少，因为繁忙。你们情形如何？甚以为念。

毛泽东

一九四一年一月三十一日

他还要求岸英持之以恒地学习，不要图虚荣。1947 年 10 月 8 日，他在给岸英的信中说："一个人无论学什么或做什么，只要有热情、有恒心，不要那种无着落的与人民利益不相符合的个人主义的虚荣心，总是会有进步的。"他对李讷的学习也十分关心和重视，并多次给予鼓励和指导。1959 年 12 月 30 日，毛泽东在给李讷的信中讲："要读浅近书，由浅入深，慢慢积累。大部头书少读一点，十年八年渐渐多读，学问就一定可以搞通了。"1963 年 1 月 15 日，他还鼓励李讷："大有起色，大有壮志雄心，大有自我批评，大有痛苦、伤心，都是极好的。你从此站立起来了。因此我极为念你，为你祝贺。读浅、不急、合群、开朗，多与同学们多谈，交心，学人之长，克己之短，大有可为。"毛泽东对李讷学习上取得的进步十分高兴，并要求她读书要树雄心壮志，要循序渐进、团结同学，虚心向人学习。此外，对毛岸英的遗孀刘松林、毛岸青夫人邵华同样鼓励学习进步，立志奔前程，为社会做一番事业。毛泽东不仅督促儿女刻苦读书，而且自己积极带头，树立榜样。一生中仅《资治通鉴》他就读了 17 遍，70 多岁时又开始学英语；直到逝世前夕，他还在看《容斋随笔》《古文观止》等古典文学名著。

• 关爱子女，但是严格要求，从不为子女谋职位，搞特权。新中国成立初，毛岸英被安排到政务院工作，毛泽东对此坚决不同意。他认为毛岸英不够资格进政务院工作，而应当到农村、工厂、部队去锻炼，对李讷、毛远新(毛泽东的侄子)被推选为中共九大代表也坚决不同意。可见，毛泽东坚持党性原则、不谋私利，堪称爱子有方。

• 尊敬他人，礼貌待人。毛泽东重视子女的为人风范，严格要求尊敬他人，礼貌待人。1960 年，毛岸青在大连接受治疗，毛泽东亲自嘱咐毛岸青："对于帮助你的大连市市委同志，医疗组织各位同志，一定要表示谢意，他们对你是很关怀的，很尽力的。此信给他们看一看，我向他们表示衷诚的谢意。"要求毛岸青转达他对大连医护人员的感谢和关心。

• 关心亲属，不失原则，不搞特殊。对自己亲属严格要求构成了干部家风的一个重要方面。对于封建社会那种"一人得势，鸡犬升天"的裙带关系，毛泽东不仅坚决反对，而且严格要求亲属遵纪守法，与广大劳动人民同吃同住同劳动，平等相待，慷慨救济，不给党和人民增添负担。

• 慷慨解囊，资助亲属。杨开慧的母亲过九十寿辰，毛泽东于 1960 年 4 月 25 日请杨开智转去 200 元表示祝贺。得悉杨开慧母亲去世后，他又于 1962 年 11 月 15 日寄去 200 元表示哀悼。堂弟毛泽连家境困难，丧母未葬，又患脚疾未愈，毛泽东于1952年10月2日即寄去300元，用于丧葬和治病。陈玉英曾经在毛泽东和杨开慧家里做过保姆。1930年随杨开慧一起被国民党政府逮捕，在狱中备受折磨。新中国成立后，毛泽东得知她已在长沙工作，十分高兴，写信给予关怀，表示："你如果有困难，可告诉我，设法给你一些帮助。"他的女儿孙燕考取初中后，毛泽东也寄去300元，并表示："以后还可寄一些，不要忧虑。"毛泽东的稿费如今已是不在少数，但不仅他本人生前没有据在名下，而且他的子女、亲属也没有任何一个人提出过继承要求。

• 勤俭节约持家，不沾国家便宜，不失原则，不搞特权谋职位。1949年10月9日，毛泽连在长沙治病，因疗效不佳打算到北京诊治，毛泽东嘱咐："均不要来京，也不宜在长沙住得太久，诊病完了即回韶山为好。现在人民政府决定精简节约，强调反对浪费，故不要来京，也不要在长沙住得太久。"1953年，毛泽东少年时的同学邹普勋、早在安源一同搞工人运动的谭熙春、毛泽东叔祖父毛锡臣提出一同到北京看毛泽东，为不给政府添麻烦，俭省节约，他表示："由你们三人结伴同行，自己出路费，路上买车票等事亦由自己经理。到京住一个月即回家。如果你们同意，即可照这样办。"

一方面，毛泽东严格要求亲属遵守政府法规；另一方面，他还坚持原则，不搞特权，不为亲属谋私利，拒绝不合理要求。1949年10月9日，杨开智计划去北京见毛泽东，并希望解决工作问题。他表示："杨开智等不要来京，在湘按其能力分配适当工作，任何无理要求不应允许。"

• 一切按常规办理，听从当地政府安排，不要有任何奢望。毛泽东的表兄文南松提出要为儿子文运昌安排工作，毛泽东表示："不宜由我推荐，宜由他自己在人民中有所表现，取得信任，争取机会参加工作。"还有他的姑母毛春秀，也曾提出请毛泽东为其儿子安排工作，他同样拒绝："我不能办，他要在当地所属机关自己申请。"

看到这儿，你一定能明白，毛氏家族为什么能出毛泽东，为什么毛泽东能受到全国人民的敬重和爱戴，为什么毛泽东能成为世界伟人。

案例6-4：

周恩来十条家规

（1）晚辈不能丢下工作专程进京看望他，只能出差路过时才可以去看看。

（2）外地亲属进京看望他，一律住国务院招待所，住宿费由他支付。

（3）一律到国务院机关食堂排队就餐，有工作的自付伙食费，没工作的由他支付。

（4）看戏以家属身份购票入场，不许使用招待券。

(5) 不许请客送礼。

(6) 不许动用公车。

(7) 凡个人生活中自己能做的事,不要别人代劳,自我服务。

(8) 生活要艰苦朴素。

(9) 在任何场合不能说出与他的关系,不要炫耀自己。

(10) 不谋私利,不搞特殊化。

周恩来是世界公务员的榜样,这是名副其实的。

第三节　名门望族家训大观

下面列出中国历史上一些有重要影响的伟人和家族的家训供读者学习,希望你从中能悟出一些道理,并对形成自己的家训和家风有所启发,以便更好地指导自己的家庭教育。

一、孔子家训

不学诗,无以言。不学礼,无以立。

二、诸葛亮《诫子书》

夫君子之行,静以修身,俭以养德。非淡泊无以明志,非宁静无以致远。夫学须静也,才须学也。非学无以广才,非志无以成学。淫慢则不能励精,险躁则不能治性。

三、裴氏家训

我们常说,盛不过三代,一个家族的传承很难延续到三代以上。但是有一个家族例外。这个家族传承两千余年,是中国封建社会史上最负盛名的第一大世家。其家族人物之盛、德业之隆,在中外历史上也十分罕见。

这就是河东闻喜(今属山西)的裴氏家族。据《裴氏世谱》统计,裴氏家族在历史上曾先后出过宰相 59 人,大将军 59 人,中书侍郎 14 人,尚书 55 人,侍郎 44 人,常侍 11 人,御史 10 人,节度使、观察使、防御使 25 人,刺史 211 人,太守 77 人;封爵者公 89 人,侯 33 人,伯 11 人,子 18 人,男 13 人;与皇室联姻者皇后 3 人,太子妃4人,王妃2人,驸马21人等,真可谓“将相接武、公侯一门”。正史立传与载列者,600余人;名垂后世者,不下千余人;七品以上官员,多达3 000余人。

这个家族不仅在古代能人辈出,而且在近代,还诞生了世界闻名的考古学家裴文中、弃暗投明的将军裴昌会、女中豪杰裴溥言、革命先烈裴崇纲、老干部模范裴忠治、当代将军裴九州、当代杰出人物裴丽生、上将裴怀亮、科技神童裴益川、农民企业家裴正成等等。

是什么让这个家族如此辉煌?看看裴氏十二句家训,你可能会找到一些答案。

案例6-5:

一个家族能长盛不衰必有它独到的精神品格和家族文化,要了解一个家族的精神品格,家训是最好的窗口。

裴家的家规一共有四个方面,即“重教务学、崇文尚武、德业并举、廉洁自律”。

一、敬奉祖先:慎终追远,木本水源。生事死葬,祭祀礼存。立志向善,做贤子孙。贻谋燕翼,勿忘祖恩。

二、孝顺父母:父母恩德,同比昊天。人生百行,孝顺为先。跪乳反哺,物类犹然。况人最灵,孺慕勿迁。

三、友爱兄弟:世间难得,莫如兄弟。连气分形,友恭以礼。同心同德,团结一体。姜被田荆,怡怡后启。

四、协和宗族:曰宗曰族,一脉相传。勿事纷争,和谐齐贤。尊卑长幼,伦理秩然。远近亲疏,裕后光前。

五、敦睦邻里:同村共井,居有德邻。相维相恤,友助和春。勿生嫌隙,有礼彬彬。基层良风,家国亲仁。

六、立身谨厚:谨身节用,明刊孝经。武侯谨慎,昭若日星。厚德载福,宽让能宁。谦虚自牧,喜怒不形。

七、居家勤俭:勤能补拙,俭以养廉。丰家裕国,莫此为先。秃惰奢靡,祸害无边。惜时爱物,居安乐天。

八、言教子孙:家庭教育,立人丕基。诲尔谆谆,性乃不移。谨信泛爱,重道尊师。传子一经,金玉薄之。

九、读书明德:人不读书,马牛襟裾。学而时习,其乐有余。一技之长,生计无虞。立达希贤,典型规模。

十、惇厚戚朋:朋友五伦,以德辅仁。益友损友,择游宜珍。戚党姻亲,和洽如春。岁时伏腊,晋接礼宾。

十一、慎重言语：一言兴邦，一言丧邦。圭玷可磨，言玷永伤。驷不及舌，语出须防。少说寡祸，发言有章。

十二、讲求公德：置身社会，公德第一。爱惜公物，遵守序秩。时时警惕，留心错失。祛除自私，免贻人疾。

这样的望族、这样的门第，底蕴和内涵实在让人敬佩。而作为一种独特的历史文化现象，两千余年来，裴氏家族经久不变的兴隆与辉煌，引发人们的深思。这样的家族，到底因何久盛不衰？追溯裴氏家族经久兴隆的原因，明末清初思想家顾炎武总结出三点，即联姻、世袭与自强不息。裴氏家族历史上出过驸马、皇后、太子妃、王妃、公主95人，由联姻、世袭所结成的封建裙带关系，无疑是促成裴氏人物显露头角的优越条件，但这并不是主要原因，起决定作用的是他们重视教育，同时“重教务学、崇文尚武、德业并举、廉洁自律”。裴氏曾有家规，子孙考不中秀才者，不准进入宗祠大门，裴柏村至今仍保留着重视教育的传统。

四、颜氏家训

作为传统社会的典范教材，《颜氏家训》开后世“家训”的先河，是我国古代家庭教育理论宝库中的一份珍贵遗产。颜之推并无赫赫之功，也未列显官之位，却因一部《颜氏家训》而享千秋盛名，由此可见其家训的影响深远。被陈振孙誉为“古今家训之祖”的《颜氏家训》，是中国文化史上的一部重要典籍，这不仅表现在该书“质而明，详而要，平而不诡”的文章风格上，以及“兼论字画音训，并考正典故，品第文艺”的内容方面，而且还表现在该书“述立身治家之法，辨正时俗之谬”的现世精神上。因此，历代学者对该书推崇备至，视之为垂训子孙以及家庭教育的典范。纵观历史，颜氏子孙在操守与才学方面都有惊世表现，光以唐朝而言，像注解《汉书》的颜师古，书法为世之楷模、笼罩千年的颜真卿，凛然大节震烁千古、以身殉国的颜杲卿等人，都给人以不同凡响的深刻印象，更足以证明其祖所立家训之效用彰著。即使到了宋元两朝，颜氏族人也仍然入仕不断，令人钦羡不已。

案例6-6：

《颜氏家训》精要

卷　一

序致篇第一

1. 圣训素来谈时易做时难。2. 绳其祖武，慎终追远。

教子篇第二

1. 慈威并济方得良子。2. 妇人之仁终败儿。3. 父子间亲密有度。4. 溺爱等同于戕害。5. 气节尊严不可失。

兄弟篇第三

1. 兄弟分形连气如手足。2. 听妇言,乖骨肉,岂为丈夫。3. 妯娌相处贵在恕己而行。4. 千经万典,孝悌为先。

后娶篇第四

1. 贤人难免遇蛮妻蒙蔽。2. 一夫多妻家无宁日。3. 慎重考虑丧偶再娶。

治家篇第五

1. 教化须自上而下。2. 宽严贵在恰到好处。3. 赏罚有度,不可苛责。4. 进德修身齐家之本。5. 夫唱妇随真和合。6. 婚配嫁娶难得素对。7. 圣经圣书谦恭相待。8. 妖妄之事勿沾染。

卷 二

风操篇第六

1. 言谈举止有礼有致。2. 避讳不当贻笑大方。3. 取名起字有讲究。4. 嬉笑言谈不当招恶。5. 待客之礼贵在真诚。6. 北方颇具华夏遗风。7. 闲聊之中慎谈家世。8. 长幼内外宜法属辞严。9. 离别未必涕泗交零。10. 宗族礼节不可废。11. 遭重丧三日必吊。12. 告慰先人情真意切。13. 成长礼俗富饶趣味。14. 呼天抢地要当心。15. 家族命运损荣相连。16. 义结金兰须志均义敌。17. 接待宾客恭谦有礼。

慕贤篇第七

1. 圣贤难遇随缘相惜。2. 珍惜身边圣贤人。3. 君子不窃人之美。4. 不怨不嫉人之长。5. 贤才关乎家兴国昌。

卷 三

勉学篇第八

1. 官宦子弟也要学习。2. 藏器于身待时而动。3. 学习无用是个谬论。4. 万事万物皆为师表。5. 学以致用是根本。6. 以学自损不如无学。7. 莫等闲白了少年头。8. 治一经可弘圣人之道。9. 尽信书不如无书。10. 谈玄说妙不可取。11. 勤奋好学方成大器。12. 天下之大教育为本。13. 独学无友易孤陋寡闻。14. 知其然更要知其所以然。

卷　四

文章篇第九

1. 文人轻薄多致祸。2. 习文不要勉为其难。3. 文理兼具才是上品。4. 他人文章不妄加评论。5. 细节决定文章的好坏。6. 文人何必常相轻。

名实篇第十

1. 名不副实以为耻。2. 唯至诚能胜至伪。3. 寡欲淡泊方远致。

涉务篇第十一

1. 小来思报国，不是爱封侯。2. 书生戾气需警惕。3. 萧墙之祸始于国风。

卷　五

省事篇第十二

1. 谏言应有自知之明。2. 君子当修德以待时。3. 追名逐利必招祸。

止足篇第十三

1. 安然知足者最幸福。2. 天道忌盈，业满招损。3. 好兵弄武易招祸患。

养生篇第十四

1. 尽其在我，听其在天。2. 养生以少虑祸为本。

归心篇第十五

1. 儒佛两家本为一体。2. 不可以凡夫心测圣人智。3. 凡事有因必有果。4. 不以一眚掩大德。5. 凡事不能责备求全。6. 修道之事大矣哉。7. 五常之道始于心。

卷　六

书证篇第十六

1. 博士未必博识。2. 音辞语调南北相异。

卷　七

杂艺篇第十七

1. 工整之风日渐萎靡。2. 六艺精通未必是福。

终制篇第十八

1. 日月逝矣，岁不我延。2. 奔波操劳只为祖孙计。3. 终身修业以立世。

五、钱氏家训

《钱氏家训》是一篇无价的宝典，是钱家先祖、五代十国时期吴越国国王钱镠留给子孙的精神遗产。民国十三年（1924），武肃王钱镠32代孙、安徽广德人钱文选纂修《钱氏家乘》，根据先祖武肃王八训和遗训，他总结归纳出了钱氏家训。钱氏家训以儒家“修身、齐家、治国、平天下”的道德理想为据，内容涵盖个人、家庭、社会和国家四个方面，对子孙立身处世、持家治业的思想行为做了全面的规范和教诲。千百年来，钱氏族人始终以家训为行为准则，践行着“利在一身勿谋也，利在天下者必谋之”的训言。

《钱氏家训》不只是钱氏后人的行为准则，更是留给每个中国人的宝贵精神遗产，是我们每一个中国人都应该认真学习的成长训言。

钱氏家族近代杰出人物有：国务院原副总理、外交部部长、著名外交家钱其琛；全国政协原副主席、水利水电专家钱正英；中国航天之父、中国导弹之父钱学森，他是中华民族知识分子的典范，是伟大的人民科学家；中国原子能事业的主要奠基人钱三强，他被誉为中国原子能科学之父；全国政协原副主席、世界著名的杰出华人科学家、教育家、社会活动家钱伟长；中国五四新文化运动的倡导者之一钱玄同；中国学术界尊之为“一代宗师”的钱穆，更有学者谓其为中国最后一位士大夫、国学宗师；中国现代著名作家、文学研究家钱钟书，其作品《围城》被誉为不朽之经典；诺贝尔化学奖获得者钱永健。

钱氏家族千年兴盛，近代俊才接踵的原因是重视家庭教育，而《钱氏家训》发挥了重要作用。

案例 6-7：

《钱氏家训》

个　人　篇

心术不可得罪于天地，言行皆当无愧于圣贤。曾子之三省勿忘，程子之四箴宜佩。持躬不可不谨严，临财不可不廉介。处事不可不决断，存心不可不宽厚。尽前行者地步窄，向后看者眼界宽。花繁柳密处拨得开，方见手段；风狂雨骤时立得定，才是脚跟。能改过则天地不怒，能安分则鬼神无权。读经传则根柢深，看史鉴则议论伟。能文章则称述多，蓄道德则福报厚。

家　庭　篇

欲造优美之家庭，须立良好之规则。内外六闾整洁，尊卑次序谨严。父母伯叔孝敬欢愉，妯娌弟兄和睦友爱。祖宗虽远，祭祀宜诚；子孙虽愚，诗书须读。娶媳求淑女，勿计妆奁；嫁女择佳婿，勿慕富贵。家富提携宗族，置义塾与公田；岁饥赈济亲朋，筹仁浆与义粟。勤俭为本，自必丰亨；忠厚传家，乃能长久。

社　会　篇

信交朋友，惠普乡邻。矜孤恤寡，敬老怀幼。救灾周急，排难解纷。修桥路以利从行，造河船以济众渡。兴启蒙之义塾，设积谷之社仓。私见尽要铲除，公益概行提倡。不见利而起谋，不见才而生嫉。小人固当远，断不可显为仇敌；君子固当亲，亦不可曲为附和。

国　家　篇

执法如山，守身如玉。爱民如子，去蠹如仇。严以驭役，宽以恤民。官肯著意一分，民受十分之惠；上能吃苦一点，民沾万点之恩。利在一身勿谋也，利在天下者必谋之；利在一时固谋也，利在万世者更谋之。大智兴邦，不过集众思；大愚误国，只为好自用。聪明睿智，守之以愚；功被天下，守之以让；勇力振世，守之以怯；富有四海，守之以谦。庙堂之上，以养正气为先；海宇之内，以养元气为本。务本节用则国富，进贤使能则国强；兴学育才则国盛，交邻有道则国安。

六、范仲淹家训

“先天下之忧而忧，后天下之乐而乐。”范仲淹一生坎坷，在仕途上几起几落，但其虚怀若谷、谦恭宽厚的品格一直为后人所敬仰。有《家训百字铭》《训子弟语》等传世。

案例 6-8：

《训子弟语》节选

妄想莫起，想亦无益。美色莫迷，报应甚速。待人莫刻，一个恕字。作事莫霸，众怒难犯。

女色莫溺，汝心安乎。淫书莫看，譬如吃砒。立身莫歪，子孙看样。果报莫疑，眼前悟出。

降惊莫损，及早回头。淫念莫萌，怕有报应。暗室莫愧，君子独慎。国法莫玩，政令森严。

七、司马光《家范》

为人母亲者，不患不慈，患于知爱而不知教也，慈母败子。司马光自己说，《家范》比《资治通鉴》更重要。

八、王阳明家训

幼儿曹，听教诲：勤读书，要孝弟；学谦恭，循礼义；节饮食，戒游戏；毋说谎，毋贪利；毋任情，毋斗气；毋责人，但自治。能下人，是有志；能容人，是大器。凡做人，在心地；心地好，是良士；心地恶，是凶类。譬树果，心是蒂；蒂若坏，果必坠。吾教汝，全在是。汝谛听，勿轻弃！

九、曾国藩家训

曾国藩是晚清名臣、政治家、军事家。其家训只有十六字：家俭则兴，人勤则健，能勤能俭，永不贫贱。

综上可以看出，名人名家的背后都有一个科学的家规做基石，有纯正的家风熏陶，有良好的环境影响，有一个好家训指引，确保家庭成员始终方向正确、道路对头、方法管用。家风正，能不断给他们提供强大的正能量，促进他们健康成长、快速成长。

立家规、正家风，是从教育的源头抓起，保证全过程优化、全要素优化，这就抓到了点子上，必须要用力抓、用心抓、持久抓，直至抓出成效。

第四节　形成好家规好家风

立家规、正家风是立德树人的重要举措之一。家规科学并被严格执行，将促进好家风的形成。源头正，则后代正。培养出德才兼备的孩子既是家庭之大事，更是国家之幸事。

一、如何立好家规，形成好的家风

首先是开好一个家庭会。确定立好家规家风、培养好后代的目标，形成同心同德培养好每一个孩子的共识。确定框架、内容、执笔人等事宜。

其次是选择一个好样本。根据家庭发展的目标，选择好历史上的同类样本，深刻领会其内涵，参照样本内容与时俱进订出自家的好家规。

第三是形成一个好家风。家长要做好榜样，给孩子做好示范，给孩子细心指导，表现出充分耐心，人人践行家规，坚持正面引导，做到有错必纠，长期坚持再坚持，好的家风自然形成。

第四让好家风代代相传。家长加强自身修养，将家规内化于心、外化于行，创造性践行家规。有新成员进入家庭，首先要认可家规，同时认真学习家规、全面践行家规。家庭成员间互相学习、互相帮助、相互监督，从而达到共同提高的目的。

二、好家规的标准

一是与社会主义核心价值观相一致。二是与社会发展大趋势相一致。三是与时俱进，将和善、正义、诚实、勤奋、严谨、崇知、坚毅、向上、责任、担当、感恩等重要内容纳入其中。四是内容全面。如何为人、怎么做事、怎样当官要有明确要求；全面理解格物致知、诚意正心、修身齐家治国平天下的内在逻辑关系；将修炼自己、提高自己、完善自己作为永恒追求。五是操作性强。六是文字简洁。

三、践行好家规

提出家规易，践行家规难，形成好家风更难。在实践过程中要根据孩子的年龄特点、心理特点分步推进、循序渐进、严格要求、全面训练、按时到位。

对于小学生的要求：记内容、重养成。如在吃、坐、站、说、洗、睡觉、家务、礼仪等方面形成好习惯，让孩子基本上能做好自己。

对于中学生的要求：牢记内容、明确意义、见诸行动、形成习惯。如要做到有目标、基本独立、全面自理、严格自律、毅力顽强、和谐相处、三观正确、切合家规、遵纪守法、有责任担当等。

对于大学生及以上人员的要求：拓展家规内容、积极探索实践、提升文化价值、引领家族发展，追求更高层面、更快、更好的发展。在全面理解家规、积极践行家规上起表率作用，并在此基础上，用更科学、更先进的理念、修身方法等充实家规，让家规在更高层次上得到完善，让家族的成员得到更好的发展。

家是最小国，国是千万家，家庭是国家发展、民族进步、社会和谐的基础，而家规是人形成良好教养的基石。家规严、家风正，则后代正，则源头正，则国正。每一个家庭兴旺发达，则国家必然兴旺发达。

望子成龙，望女成凤，希望自家的孩子成名成家、成为国家的栋梁之材，是天下父母的共同心愿。怎样才能如愿以偿呢？其实，这里是有规律可循、有路径可走、有方法可实现的。决定孩子成长的因素很多,但最关键的因素有两个,一是遗传,二是环境。遗传因素我们很难改变,但对于环境的优化,我们可做的工作太多,可改变的空间极大。孩子生长于家庭、成长于学校、成熟于社会,家庭环境是对孩子影响最广泛、最久远、最深刻的。在家庭中,如果父母懂教育,深知德行出气质、礼仪出君子、智慧出方向、学问出能力的内涵,父母对孩子有科学明确的要求,能正确理解孩子,能与孩子有效沟通,能给孩子做好榜样,能对孩子有方向的引领、理性的铸就、精神的塑造,孩子需要时有经验分享,孩子遇到困难时有及时的帮助,则出现优秀孩子的可能性会大幅增加。

愿我们每个人都能经营好一个和谐、幸福、智慧、温暖的家庭!祝愿我们的孩子都能成为国家栋梁之材!

附　录

家庭搞好了 教育才会好

朱永新

万丈高楼平地而起。楼越高,基础越需要牢固。教育大厦也不例外。我一直认为,从不同角度来看,教育存在着两大基石:阅读与家庭。

从教育发生的各种场域来看,家庭无疑是教育的基石。从教学采用的各种方法来看,阅读无疑是教育的基石。

关于阅读,我曾经讲过几个基本的观点:一个人的精神发育史就是他的阅读史;一个民族的精神境界取决于这个民族的阅读水平;一个没有阅读的学校永远不可能有真正的教育;一个书香充盈的城市才能拥有美丽的精神家园;共读共写共同生活才能够拥有共同语言共同密码共同的价值。正因为如此,新教育实验一直把阅读作为最根本、最基础的工程,把"营造书香校园"放在新教育的"十大行动"之首。

我也一直主张:我们所有的学科都应该有深度的阅读,只有通过深度的阅读,才能真正地把孩子们带向学科的广博与深邃,把知识的小溪汇聚到海洋。阅读绝对不仅仅是语文老师的事情,应该是所有学校的事情,所有学科的事情,是教育最基础的事情。我一直对新教育的同仁讲,我们即使其他事情都不做,我们只要把阅读这件事情真正地抓好抓实了,我们对中国教育的贡献也就很大了。

关于家庭,我常思考,家庭教育为什么很重要?是的,中国有4亿多家庭,太需要也太欠缺好的教育了。

第一,家庭是人生最重要的场所。人生是从家庭开始的。父母亲对孩子的成长具有非常关键的作用。他们带给孩子什么，往往就决定孩子会成为什么。第二，童年是人生最神奇的阶段。儿童对我们而言还是一个黑匣子。儿童的很多神奇之处、伟大之处我们没有认识到。儿童是怎么认识这个世界的，儿童的个性又是怎么形成的？我们必须很谦卑地承认对这些问题的认识还很不充分，还需要更多探索。第三，父母是孩子最长久的老师。父母本身就是儿童最初的世界，他们不仅是第一任老师，实际上也是儿童终身的老师、最长久的老师。第四，家庭是人真正诞生的摇篮。人的行为习惯、个性特点、认知风格等，都是在家庭中初步形成的。人的所有问题，几乎都可以追溯到儿童时代，追溯到家庭生活。

正因如此，家校合作是如此重要。我每年都要走访上百所学校，听许多老师讲述他们的故事。前不久新教育完美教室叙事研讨会在北京师范大学举行，我又聆听了9位一线老师在教室里耕耘、创造的故事。所有的老师几乎都无一例外讲到了家校合作问题。生命的成长，必须经历四个重要的场域，依次分别是：母亲的子宫、家庭、教室和职场。家庭和教室是与学生生命关系最大的生命场。离开了母亲的子宫以后，儿童就生活在家庭里，在父母的影响与养育下成长。到了学龄阶段，儿童来到了一个叫作学校的地方，在一个叫作教室的地方成长。教室就是一个小小的社会，就是他们生活的家园。从此，白天在教室，晚上在家庭，上学在教室，放学在家庭。教室离不开家庭，家庭也离不开教室。教室和家庭紧密相连。一间好的教室，一定会吸引父母的全力参与。父母的教育素养也直接导致家庭教育的品质，直接影响到学校教育的效果。

我经常跟很多老师讲，孩子来到你的教室的时候，已经是一个半成品了。他的人格特征，他的认知风格，他的行为习惯，他的很多基础性的东西已经形成。有一些孩子的基础已经很好，你只要继续呵护他、帮助他，给他更好的滋润，让他发展得更快。有一些不是很理想，就需要你用心矫正，而这种矫正，有父母们的支持和帮助就一定会事半功倍，有时甚至需要矫正的正是父母。因此，无论面对哪种类型的孩子，没有父母参与的教育，一定是残缺的教育，一定是不完全的教育。

正是由于阅读与家庭的重要性，我们新教育研究院成立了两个研究所，一个是新阅读研究所，抓书目研制，解决读什么的问题；抓“领读者”计划，解决如何读的问题。我们先后研制发布了“中国幼儿基础阅读书目”“中国小学生基础阅读书目”“中国初中生基础阅读书目”“中国高中生基础阅读书目”“中国企业家基础阅读书目”等，今年将发布中国大学生、父母、教师、公务员阅读书目。每年还公布我们研制的“中国童书榜”。一个是新父母研究所，抓父母教育素养的普及与提升，抓种子教师的培育和养成，通过萤火虫工作站开展各类教育活动，帮助父母和教师携手打造家校教育共同体。新父母研究所在全国40多个城市建立了萤火虫分站，有数万名父母、上千名教师参加。儿童文学作家、新父母研究所所长童喜喜正在进行的100所乡村学校的“新孩子乡村阅读公益行”活动，在每一所乡村学校分别为父母和教师进行免费的公益讲座和交流，正为了将这家校教育共同体的打造从城市推向乡村。

阅读和家庭是整个教育最重要的基石，而阅读与家庭两个基石，本身又可以合并成为一个更大的家庭基石。因为，阅读的种子，是在家庭播下的。在《朗读手册》一书的绪论部分，有一首诗《阅读的妈妈》，其中有这样一段：“你或许拥有无限的财富，一箱箱的珠宝与一柜柜的黄金。但你永远不会比我富有——我有一位读书给我听的妈妈。”如果在进入学校以前，孩子就已经热爱阅读，具有初步的阅读习惯、阅读兴趣与阅读能力，我们的教育就会更加顺利，更有成效。

前不久我受中国教育学会的委托，担任了家庭教育专业委员会的理事长，经过一段时间的调研，更加深刻地感受到家庭教育的意义。基于对家庭教育意义与价值的高度认同，在国务院领导和教育部以及相关企业的大力支持下，中国教育学会家庭教育专业委员会决定与中国家庭教育媒体联盟合作，实施中国家庭教育知识传播激励计划，在《光明日报》《中国教育报》《少年儿童研究》《中国妇女报》《父母课堂》等报刊，介绍全国家庭教育优秀案例，传播更多的家庭教育科学知识，分享更多的家庭教育好经验。

家庭好了，教育才会好；父母好了，孩子才会好；家庭教育好了，学校教育就会轻松高效。这是一个非常简单却管用的道理，需要我们全力践行。

（有修改）

（作者系民进中央副主席）

参考文献

[1] 苏霍姆林斯基.苏霍姆林斯基选集[M].北京:教育科学出版社,2001.
[2] 夏擎荷.北大状元的家庭教育[M].北京:世界知识出版社,2002.
[3] 夏擎荷.清华状元的家庭教育[M].北京:世界知识出版社,2002.
[4] 木村久一.早期教育与天才[M].胡世发,王艳华,等译.海口:海南出版社,2002.
[5] 董进宇.培育优秀子女的规律[M].北京:中国妇女出版社,2006.
[6] 魏书生.精讲学生高效学习法[M].南京:河海大学出版社,2005.
[7] 王金战.我是这样考上北大清华的[M].成都:四川少年儿童出版社,2016.
[8] 尹建莉.好妈妈胜过好老师[M].北京:作家出版社,2017.

后　记

2019年暑期，我给一个区的实验学校老师做“家校协同，共育英才”专题讲座。讲座的主要内容是：学校如何有效指导家长做好家庭教育，教师如何做好家庭教育示范引领。原来安排给我的时间是2小时，中途休息时，校长说：“上午就全让你讲吧！”结果讲了近4个小时。讲座结束时，孙校长总结说：“这是我校近10年来，教师听到的最好的一个专家讲座。这个讲座好在接地气，有系统性，更具操作性和实效性。教师一听就明白，回家立即就可用，开学就可根据讲座内容指导家长科学地实施家庭教育。”在吃饭交流时，孙校长又说：“你要是能根据讲座提纲，写成一本书就更好了。这样可让更多的教师和家长学到科学的家庭教育知识，好让更多的人受益。”

刚参加工作的时候，我有几个问题百思不得其解：同样的学校，同样的班级，同样的老师，三年下来学生的成绩为什么会有惊人的差距？为什么同样成绩的学生，走上社会后差距会越来越大？造成差距的最主要的根源在哪里？

经过多年的教育实践与研究，我找到了答案，也找到了解决问题的部分方案。所以，我就准备写一本有关家庭教育方面的书，提出我的解决方案。孙校长的肯定与鼓励，让我加快了撰写这本书的进度。在学校工作期间，我与各种层次的家长有很多交流，我知道家长最喜欢读的书是既科学实用、通俗易懂、具有操作性又有成功案例的。从动笔到第一稿完成，我花了一年多时间。这一年是我进一步系统学习家庭教育理论的一年；这一年是我全面思考家庭教育系列问题的一年；这一年是我深入研究家庭教育的一年；这一年是我加深对问题孩子及家长的同情与理解的一年。正是对问题孩子及家长的深深同情、理解及必须改变现状的责任感给了我写好本书的动力。

家庭是孩子的第一所学校，在孩子的第一所学校里，家长的差异是非常大的。由于家长对教育的认识不同、理解不同，家长在对孩子实施家庭教育时，在教育理念、内容、方法、手段、时间起点等的选择上存在很大的差异,正是这个至今还未被不少家长发现的“不明显”的差异,导致了后来各种差距的不断扩大。

要缩小家庭教育效果的差距,首先要缩小家长对教育理解的差距。让家长懂教育,让家长对家庭教育理论有较全面的把握是当务之急。家庭教育要全程抓,要全面抓,要抓全面,要抓落实。起步要早,从选择另一半开始,给孩子配好第一任老师;从怀孕开始,对孩子实施胎教;抓实关键发展期,对孩子实施科学早教;坚持立德树人,重视人格培养,让孩子成为大写的人;注重综合素质提升,让孩子有广阔的发展空间;形成好家风,让家族代代兴旺。

感谢东南大学出版社,使这本书得以正式出版,能让更多的家长看到,让更多的老师看到。如果这本书能帮到更多家长和老师,那是我最大的安慰。

如果读者朋友们对本书观点有疑问和不同意见,或者有什么需要咨询和反馈的,欢迎通过作者简介处的联系方式联系我。我愿意尽我所能和大家沟通交流,互相学习。

愿天下每个家长都真懂教育,每一个孩子都有好父母。每一个孩子有好父母,孩子的家庭教育就有高质量,各级学校老师就有好学生;孩子全程享受好教育,孩子就有好的未来。这是我的使命和愿景,这也应是天下每一对父母的使命和愿景!

愿生活更美好,明天更美好!

张益华

2021年3月18日